AF151036

Das Paradies auf Erden…
Weltreisegeschichten
Karsten Deicke & Pia Schirmer

Bibliografische Information der Deutschen Nationalbibliothek:
Die Deutsche Nationalbibliothek verzeichnet diese Publikation
in der Deutschen Nationalbibliografie; detaillierte bibliografische
Daten sind im Internet über http://dnb.dnb.de abrufbar.

© 2014 Karsten Deicke

Illustration: Franz Brothysz
weitere Mitwirkende: too many to mention

Herstellung und Verlag: BoD – Books on Demand, Norderstedt
ISBN: 978-3-7357843-6-0

Das Paradies auf Erden...

Weltreisegeschichten

Karsten Deicke & Pia Schirmer

WEISHEITEN VON UNTERWEGS

SEI DU SELBST. ALLE ANDEREN SIND SCHON VERGEBEN.

DAS LEBEN IST, WAS DU MIT DER GEBURT BEKOMMST.

ZU LEBEN IST, WAS DU DARAUS MACHST.

DENKE GROSSE GEDANKEN, FÜHLE TIEFE GEFÜHLE, SPRICH KLARE WORTE.

DIE HAND DERER, DIE GEBEN, IST NIEMALS LEER.

DUNKELHEIT KANN DUNKELHEIT NICHT VERTREIBEN. NUR LICHT KANN DAS.

HASS KANN HASS NICHT VERTREIBEN. NUR LIEBE KANN DAS.

ES GEHT NICHT DARUM ZU WARTEN, BIS DER STURM VORÜBER IST,

SONDERN DARUM, DAS TANZEN IM REGEN ZU LERNEN.

ICH LIEBE ES, MIT WEIN ZU KOCHEN. MANCHMAL SCHÜTTE

ICH SOGAR EIN PAAR TROPFEN IN DIE SAUCE.

KAFFEE IST BALSAM FÜR HERZ UND SEELE.

WAS WÜRDEST DU ALLES VERSUCHEN,

WENN DU KEINE ANGST HÄTTEST ZU SCHEITERN?

WEINE NICHT, DASS ES VORBEI IST, FREUE DICH, DASS DU ES ERLEBT HAST!

SLEEPY TOURISTS IM SLEEPY SAM'S

Nach 11 Stunden Flug, angenehm schnellen Zollregularien und noch angenehmerer Taxifahrt auf den nachtleeren Autobahnen Singapurs fallen wir um 5.11 Uhr Ortszeit endlich in eines der Betten von Sleepy Sam's Bed & Breakfast.

Selten wurden wir so freundlich und zuvorkommend empfangen. Der Weg in unser Zwei-Bett-Zimmer führt durch die Küche, eine steile Treppe hinauf – selbstverständlich ohne Schuhe –, links eine Tür, mitten durch einen voll belegten Schlafsaal mit den entsprechenden Gerüchen und Geräuschen. Im Zimmer dann die hier wohl unverzichtbare Klimaanlage, überall steht die heiße, nasse Luft wie eine Wand, kein Unterschied zwischen drinnen und draußen. Davon können wir uns beim Zähneputzen überzeugen: Fenster gibt es keine, wir stehen mit einem Bein unter freiem Himmel. Wer genau uns geweckt hat und in welcher Reihenfolge, wissen wir morgens nicht genau – der Muezzin, der Guinnessbuch-reife Schnarcher hinter den pappdünnen Wänden, die Baustelle nebenan, die unten im Hof lautstark erzählte Lebensgeschichte eines jungen Amerikaners? Egal, die Weltreise hat begonnen, und das gar nicht mal schlecht.

VON ENGELN UND ELEFANTEN

Schon in der zweiten Nacht stellt sich die befürchtete Frage: Sind wir zu alt für so etwas – also Pseudo-Wände, die schlaf- und partysüchtige Touristen nur optisch voneinander trennen? An der Tür zu den Schlafsälen steht: „Walk like angels" und „Hush". Leider verstehen hier viele „Stumble like elephants", und die Zeit zwischen letzter Diskussionsrunde über jugendliche Sinnfragen und erstem Weckruf des benachbarten Muezzin ist zu kurz. Bleibt nur: Wecker stellen und sich morgens rächen, wenn das Volk Kater hat. Das frühe Aufstehen lohnt sich: Singapur und Rio de Janeiro sind die einzigen beiden Städte auf der Welt, in denen es ein Reservat mit primärem Regenwald innerhalb der Stadtgrenzen gibt. Also ziehen wir das erste Mal nach etlichen Tagen wieder festes Schuhwerk an und rein geht's in die U-Bahn, hier MRT genannt. Das hat nix mit Magnetresonanz zu tun, ist aber ebenso neu und ganz ohne Archiveinsturz oder

irgendwelche Verzögerungen gebaut worden. Danach steigen wir in einen nagelneuen MAN-Bus, wie ihn sich deutsche Städte längst nicht mehr leisten können.
Dafür mangelt es an Hinweisschildern für Fußgänger. Wir finden – nach einem
kurzen Picknick an einer Shell-Tankstelle – den Eingang zum Reservat nur mit
Mühen. Die sind es aber wert. Mitten in der Stadt wächst ein für Tropenanfänger
beeindruckender Regenwald mit hunderten von grünstrotzenden Pflanzenarten
und ebenso vielen Tiergeräuschen. Dabei erhöht sich die Luftfeuchtigkeit mit jedem Meter Anstieg auf engen Pfaden, und wir sind am Gipfel zwei tropfende
Häufchen Elend. Darauf hatte uns nicht mal unser weltbester Laufcoach vorbereitet. Daher heißt unser Wunsch für das Training nach der Reise: Steigerungs-
läufe in der Sauna, am Besten im Dampfbad!

MORE SHOPS AHEAD

Auch wenn wir Singapur anfangs wenig Chancen gegeben haben – dafür war
das Hostel zu laut, die Luft zu feucht und zu heiß, der Jetlag zu heftig –, hat die
Stadt in den paar Tagen unseres Aufenthaltes einen Teil unseres Herzens erobert.
Die freundlichen Menschen, die verschiedenen Kulturen und Religionen friedlich
nebeneinander, tolles Essen von wiedererkennbar bis völlig exotisch, die Sauberkeit, imposante Bauten, die hervorragende Organisation von Bus und Bahn, das
und mehr bleibt uns in guter Erinnerung. Gleichzeitig ist die Stadt aber oft genug
so fußgängerfreundlich wie das Frankfurter Kreuz. Ein städtebauliches Konzept
ist nicht zu erkennen, den Blick aufs Meer muss man sich hart erarbeiten und
so interessant Gegensätze eine gewisse Zeit sind, so waren wir doch irgendwann
genervt.

Last but not least: Es ist nicht clever, DIE Shoppingmall-Metropole überhaupt am
Anfang einer Rucksack-Weltreise zu besuchen. Denn wenn es eine Grundregel
für Singapur gibt, dann diese: Wenn Du glaubst, Du hättest in allen Shopping-
Centern dieser Stadt alle Läden gesehen, steht am Ende doch irgendwo noch ein
Schild und zeigt den Weg zu „More Shops ahead"!

II. Australien und Neuseeland

„DEVILBITCH" IM „AWKWARD"

Schon nach einem Tag ist klar: Bis wir Vancouver gesehen haben, ist Sydney die schönste Stadt der Welt. Angeblich liegen die beiden in einem inoffiziellen Schönheitswettbewerb miteinander. Sydney geht damit völlig gelassen um: Wunderschöne Lage, natürlich gut aussehende, noch besser – in einem Mix aus sportlich, elegant oder lässig-cool – gekleidete und sehr freundliche Menschen, tolle Läden, traumhaft schöne Viertel und Straßen, das Meer nie sonderlich weit entfernt. Hin und weg sind wir, auch wenn die Stadt sich ihren Charme teuer bezahlen lässt: Hier fließt das Geld nur so aus dem Portemonnaie bzw. von der Kreditkarte. Jeder Cent ist es bisher wert gewesen, auch die 5 Euro teure 375-Milliliter-Flasche australisches Coopers, das wir hier im „awkward" trinken, das gar nicht peinlich oder unangenehm ist, sondern einfach nur cool. Das Passwort für kostenloses Internet in der Kneipe ist „devilbitch". Any Questions?

WANDERNDE DÜNEN UND FAHRENDE MONSTER

Nur wenige hundert Meter von der größten wandernden Sanddüne der südlichen Hemisphäre entfernt werden wir heute unser extrem müdes Haupt betten. Sydney hatte wirklich alles für uns parat – allein der Coastal Walk von Bondi nach Cogee Beach ist die Reise um den Globus wert –, nur keine vernünftige Nachtruhe. Dafür konnte die Stadt aber nichts, wir sind immer noch gejetlagt: nachts wach, morgens und mittags hundemüde, nachmittags komplett durch den Wind. Die Internetversorgung war auch nicht überragend – bis auf ein paar öffentliche Computer in zugigen Supermarkteingängen, per Münzeinwurf zu zahlen. Wir waren also in der schönsten Stadt der Welt offline – mit Symptomen wie Schweißausbrüchen, zittrigen Händen, Augenflimmern (okay, nur bei IHM).

Heute Mittag hat die erste längere Tour der Weltreise begonnen, mit einem gefühlt 23 Meter langen Ford-Kombi-Monster von Sydney gen Norden. Ohne Navi hatten wir dabei Gelegenheit, die Innenstadt der australischen Metropole noch einmal im Detail zu besichtigen, inklusive Harbour Bridge, die wir auf jeden Fall meiden sollten, weil sie mautpflichtig ist, und man dafür einen Account für die

Sydney-Road-Irgendwas benötigt. Der Account gilt aber nur für Sydney, in Brisbane und Melbourne wird es andere Systeme geben. Es lebe die australische Kleinstaaterei.

Der Mietvertrag des Wagens beinhaltet einige interessante Klauseln. Zum Beispiel sollten wir – hat uns die Autovermietung geraten – den Wagen zwischen 16.00 Uhr nachmittags und 7.00 Uhr morgens stehen lassen. Nicht weil er in der Gewerkschaft ist und Ruhezeiten einzuhalten sind, sondern weil wir in dieser Zeit keinen Versicherungsschutz bei Wildunfällen haben. Offensichtlich gehört es zu den Initiationsriten junger Kängurus und Koalas, vor Mietwagen europäischer Sabbaticalisten zu hüpfen. Bisher haben sie uns nicht ins Visier genommen, so dass wir gleich friedlich in unseren Busch-Bungalow in Annas Bay schlüpfen. Wunderschön ist es hier, dabei hatte unser Reiseführer, dem wir zu der Zeit noch alles geglaubt haben, empfohlen, die Gegend links liegen zu lassen. Wir können es kaum erwarten, die Landstriche zu besichtigen, die die Reisebibel als besuchenswert beschreibt. Unsere Nachbarn sind übrigens zwei Deutsche, drei Engländer, ein Hund, ein paar Koalas in den Bäumen, eine angeblich friedliche Python und Millionen Moskitos.

KOALAS, KÄNGURUS, HIRSCHE, ÄLTERE MENSCHEN

Nach rund 700 Kilometern ist der Monster-Wagen auf Normalmaße von ca. 6 Metern geschrumpft, jedenfalls beim Vorwärtsfahren. Nur beim Blinken gehen bei dem Rechtslenker immer wieder wie von Geisterhand die Scheibenwischer an.

Den Bungalow im Busch haben wir nach zwei Nächten verlassen. Das war so geplant, wurde aber auch nochmal durch den Einzug eines Teils der Flodder-Family in das Nachbar-Appartement im selben Bungalow – bei gemeinsamer Badnutzung – bestätigt. Es treten auf: Kathleen, ca. 35 (die Mutter?), Kettenraucherin ohne Vorderzähne, mit allem, was geht, in eine Leggins gezwängt; Jessica, ca. 14 (die Tochter?), Kettenraucherin, das Sweatshirt bauchfrei tragend und im Dauernörgelmodus; dazu ein namenloser Er, ca. 20 (Beziehung zu den beiden Grazien unklar); außerdem 37 Koffer, Taschen, Rucksäcke, Eimer, offensichtlich der ganze Hausstand. Alles aus einem ehemaligen Auto herausgezerrt, ehemalig, da nur Motor und das Fahren an ein Auto erinnern, der Rest ist ein Kunstwerk aus Alu, Plastikplane und einem Rest Windschutzscheibe.

Die drei geben uns ein bislang ungelöstes Rätsel auf, als eindeutige Geräusche zwischenkörperlicher Aktivitäten aus ihrem Appartement dringen: Wer übt hier mit wem Gefälligkeiten aus? Jede der drei möglichen Paarbildungen scheint uns unmöglich, aber die Geräusche sprechen eindeutig eine andere Sprache. Das ergibt eine letzte Frage: Was macht wohl die dritte Person in der ganzen Zeit? Mit? Oder TV gucken oder skypen, facebooken, twittern? Phantasie und Kopfkino können ganz furchtbar sein.

Für uns heißt das, einmal kräftig das Haupt zu schütteln und das Thema wechseln: Autofahren in Australien ist sehr interessant, was vor allem an den vielen „Roadworks" mit ihren menschlichen Ampeln, den immer gleich aussehenden Bauarbeiter/innen mit STOP- oder SLOW-Schildern, liegt. Und natürlich an den vor allerhand Getiers warnenden Hinweistafeln. Danach könnten folgende Lebewesen die Straße queren: Koalas, Kängurus, Hirsche und „aged people". Letztere dürften wir ja offensichtlich auch zwischen 16.00 Uhr nachmittags und 7.00 Uhr morgens anfahren, ohne den Versicherungsschutz zu verlieren. Das ist beruhigend.

Beim nächsten Stop, in Bellingen, starten wir eine neue Stufe der Verwilderung. Wir schlafen auf unserer neuen Matratze im Kofferraum unseres Ford Falcon-Stationwagon. In die Vorfreude mischt sich Panik, es gibt nur ein einziges Mantra, das beruhigt: Prost, Prost, Prost.

MY HOME IS MY CAR

Nach nur zwei Nächten im Kofferraum unseres Wagens fangen wir an, das Wort „floddern" zu konjugieren. „Ich floddere, Du flodderst, wir floddern, wir flodderten, wäre dieser Campingplatz hier nicht so sauber (Konjunktiv!)." Dabei geht es uns nicht anders als jedem anständigen Häuslebesitzer: Dauernd ist etwas zu tun am Dach überm Kopf. Windschutzscheibe gegen die Sonne abkleben, das Wageninnere mit Sagrotanspray entgiften (die Vormieter waren Schweine), das Rückfenster gegen mögliche Blicke neugieriger Nachbarn verblenden, an alle auffindbaren Haken nasse Wäsche hängen und die hinteren Seitenfenster mit blauem Geschenkpapier abdichten (was anderes haben wir nicht), da der Wohnwagenbesitzer rechts die Nacht über sein Türlicht brennen lässt.

Wenn man dann mal liegt, ist es richtig gemütlich. Wir haben in keinem Hostel so gut geschlafen wie in diesem Kofferraum. Und schon vor der dritten Nacht haben wir den Flüssigkeitskonsum ab 18.00 Uhr komplett eingestellt, denn mal zu müssen, ist wirklich Sch… bzw. Pi… . Das nächtliche Bedürfnis bedeutet: Schlafsack öffnen, Reißverschluss klemmt, Nerven behalten, in embryonaler Stellung (der Kofferraum ist niedrig!) aus dem Schlafsack drehen, Brille finden, ohne auf die Gläser zu tatschen (es gibt wohl nur in Deutschland Brillenputztücher!), das Auto nach dem Schlüssel zum Sanitärhäuschen absuchen – er ist nie da, wo er abends lag –, Flip-Flops finden (die Nase hilft), Fenster der Autotür kurbeln (die Tür geht nicht von innen auf), die Tür von außen öffnen, das Ganze in totaler Düsternis, damit keine Moskitos zu Besuch kommen, raus aus der Karre, rein in die Hose, die vom Vordersitz zwischen die Pedale gerutscht ist, dann Haken, Seilen, Baumstämmen, Kleinstzelten, Tieren und tierähnlichen Schatten ausweichend quer über die Wiese zum Häuschen und schon ist es geschafft. Die gleiche Prozedur retour, und es beginnt bereits zu dämmern. Gute Nacht!

MIKA SALO GEWINNT – WIR AUCH!

Heute sind wir – von Sydney nordwärts die Ostküste entlang – den tausendsten Kilometer mit dem langen Ford gefahren und in Brisbane angekommen. Die ersten Tage on the road waren viel abwechslungsreicher, vor allem grüner und nasser als erwartet. In einigen Orten waren sogar Straßen wegen Hochwassers gesperrt. Aber egal wo wir uns aufhielten: Die australische Sonne brannte in nie erlebter Intensität, als hätten wir eine alte 40-Watt-Birne gegen eine neue 60er ausgetauscht – viel heller als ihr europäischer Zwilling leuchtet sie das kleinste Detail von Land- und Ortschaften aus.

Nach den zwei Nächten in dem Buschbungalow mit den Flodders und der Uraufführung von „My home is my car" auf dem Bellinger Showground, einem kleinen Sportplatz, erkunden wir bei einer längeren Wanderung im benachbarten Dorrigo-Nationalpark einen märchenhaften Regenwald – mit unwirklich ineinander verschlungenen Bäumen, idyllischen Wasserfällen und Vogelstimmen, wie man sie in Europa nur aus Zoohandlungen oder Entspannungs-Saunen kennt. Auf dem weiteren Weg nach Norden verlassen wir die Hippie-Hochburg Byron Bay trotz zahlreicher Empfehlungen nach kurzer Stippvisite geradezu fluchtartig. Der ganze Küstenabschnitt ist übervölkert, denn wir hatten uns ein langes Wochenende mit gleichzeitigem Indy-Car-Rennen in der Region (190.000 Besucher, Sieger: Mika Salo) ausgesucht. Auf dem letzten Holidaypark ein Stück weiter nördlich finden wir dann aber doch noch den vorletzten Stellplatz für unsere Schmuddelkarre und geben weiter erfolgreich den Mehrakter „My home is my car".

Hastings Point heißt dieses erneut wunderschöne Fleckchen Erde (misstrauisch deutsch sind wir selbst irritiert von dem häufigen Absingen von Lobeshymnen. Es sind aber tatsächlich keinerlei Drogen im Spiel, sondern viele Kilometer lange Sandstrände, wilder Pazifik und Walbeobachtungen vom Strand aus – ein ganz unglaubliches Erlebnis!). Erst in Brisbane haben wir wieder ein richtiges Dach überm Kopf und sind unsicher, ob wir damit klarkommen. Was wir mit der Matratze auf vier Füßen mitten im Raum machen sollen, haben wir vergessen. Wir legen uns daneben, davor oder darunter.

ÜBERTRIEBEN GIFTIG UND ZU WENIG POWER ZUM DENKEN

Da ist es passiert – wir sind in die berühmt-berüchtigte Geheimtipp-Falle getappt. Wenn der Welt größter Reiseführer einen Ort als friedlich und unberührt und daher besonders lohnenswert beschreibt, mindestens jeder zweite Individual-Reisende aber ein solches Buch mit sich führt und daran glaubt, kann man sich vorstellen, was hier, in Rainbow Beach, los ist. Klein ist das Dorf tatsächlich und wunderschön mit Blick auf Fraser Island, der größten Sandinsel der Welt, gelegen, aber eben ziemlich voll. Die einladend klingenden nur zwölf Räume in diesem Hostel sind in der Realität auch nicht mehr so toll, wenn jeder zweite ein voll belegter Acht-Bett-Schlafraum ist, und es insgesamt nur zwei Badezimmer gibt. Immerhin hat unser Auftauchen statistisch nachweisbare Wirkung gezeigt: Der Altersdurchschnitt ist signifikant nach oben gegangen.
Alles halb so schlimm, die Latte liegt nach dem wirklich schönen Aufenthalt in Brisbane einfach sehr hoch. Die Stadt ist herrlich, modern, mondän und doch gemütlich, mit einer interessanten Mischung aus Business, Lebensgefühl und ganz vielen sportlichen Menschen jeden Alters, sehr fußgängerfreundlich, mit idyllischen Flusspromenaden und einem üppigen botanischen Garten im Herzen der Stadt. Für den Höhepunkt unseres Aufenthaltes dort sind wir dann aber eine Dreiviertelstunde mit dem Bus gefahren, zum Lone Pine Koala Sanctuary, in dem wir nach den Walen von Hastings Point erneut australisches Wildlife sehen konnten: boxende Kängurus, dösende Koalas und giftige Schlangen, Gott sei Dank hinter Glasscheiben.

Letztere gibt es in beeindruckender Anzahl hier in der Region. Gut, dass wir gelernt haben, dass sie taub und fast blind sind. Sie spüren an den Bodenvibrationen, ob die unrasierte Brillenschlange auf dem Weg ins Beuteschema passt. Das potenzielle Schlangen-Essen auf zwei Beinen sollte Folgendes tun: Stehen bleiben, Schlange vorbei lassen oder laaaaaangsam zurück und gut. Ob wir dafür die Ruhe haben, ist noch zu beweisen, denn wir haben auch gelernt, dass es zum Beispiel ein Taipan sein könnte, die giftigste Landschlange der Welt, 50 mal giftiger als eine Kobra. Womit klar wäre, dass auch die Natur übertreibt. Einmal tot würde uns genügen. Dann doch lieber einen Koala kuscheln (übrigens keine Bären, sondern Beuteltiere wie die Kängurus). Jetzt wissen wir auch, warum sie immer ziemlich gelangweilt in den Bäumen hängen und ruhen: Koalas ernähren sich ausschließlich von Eukalyptusblättern, deren Energiegehalt sehr gering ist. Den Tierchen fehlt einfach die Power. Wenn also der Kollege am Schreibtisch gegenüber den ganzen Tag Eukalyptusbonbons lutscht und aus dem Fenster starrt, ist der Grund jetzt klar. Nochmal übrigens: Koalas sollen auch zum Denken zu wenig Energie und ein Hirn so klein wie eine Walnuss haben.

LEARNING ENGLISCH: HINTERLAND, KINDERGARTEN, ABSEILING

Das Thermometer ist dramatisch gefallen, unter 20 Grad, und wir tragen das erste Mal seit fünf Tagen wieder geschlossene Schuhe – nicht nur wegen des Kälteeinbruchs, sondern auch, weil wir uns heute ins Landesinnere wagen, den Vortrag des Schlangendompteurs im Nature Reserve nahe Brisbane noch bestens in Erinnerung. Wir fahren nach ein paar entspannenden Tagen am Traumstrand von 1770, dem Ort, an dem Captain Cook erstmals australischen Boden betreten hat, ins „Hinterland". Das heißt hier tatsächlich so, Englisch lernen kann so einfach sein, schon im „Kindergarten" (auch das ist Englisch) lernen die so was hier. Und dass man sich nicht von Brücken abseilen darf, auch („abseiling forbidden").

Wir erkennen während der Fahrt, dass Kängurus suizidale Tendenzen haben. Am Straßenrand liegt eine Beuteltier-Leiche neben der anderen. Da uns auf 100 Kilometern ins Hinterland vielleicht gerade mal 20 Autos begegnen, muss schon verdammt viel Pech, Absicht oder Doofheit dahinter stecken. Letzteres ließe sich durch das ständige Gehopse erklären, bei dem die Hirnmasse sicher einmal mehr als gesund gegen die Schädeldecke gepresst wird – wobei wir gelesen haben, dass Springen für eine mittlere Geschwindigkeit die effizienteste Art der Fortbewegung ist. Da fragt man sich natürlich automatisch, warum die Krone der Schöpfung nicht hüpft. Wahrscheinlich ist sie entweder immer zu schnell oder zu langsam unterwegs.

Als wir Springsteen-Fans den Bruce-Highway verlassen, landen wir ohne Vorwarnung auf dem Dawson Highway im Nirgendwo. 100 Kilometer nichts, Buschland und sonst nichts. Der dicke gelbe Punkt auf der Karte ist Biloela und entpuppt sich als Tankstellendorf mit nur einer, der Durchgangs-Straße. Eben haben wir noch über die Entfernungsschilder gelacht (Townville 853 Kilometer, Cairns 1.193 Kilometer) und schon packt uns die Faszination der Einsamkeit und Leere. Schweigend cruisen wir dahin und genießen die besten Radiosender der Welt – Rockmusik vom Feinsten, statt totgenudelter Hits der perfekte „on the road"-Sound von John Mellencamp über Southside Johnny, Sammy Hagar, Steve Earle, Dire Straits-Klassiker genauso wie gut abgehangene Green Day-Songs und natürlich Bruuuuuuce. Das meiste 10 bis 20 Jahre alt, so dass man sich fragt, was denn in 10 bis 20 Jahren hier im Radio läuft, bei all dem Casting-Band-Mist, der heute so produziert wird.

Von Biloela biegen wir ab auf eine zweispurige Landstraße, aus der eine einspurige Piste wird, dann eine unbefestigte Straße. Rinder mit Schafsohren lassen uns meistens gnädig durch, aus ein paar Tropfen wird heftigster Dauerregen, Teile der Schotterpiste sind überspült, der Ford wundert sich, ist aber ehrgeizig genug, um uns kräftig durchgeschüttelt ans Ziel zu bringen: die Ranch „Kroombit Station", auf der wir die nächsten Tage übernachten werden. Sie steht ziemlich unter Wasser, und wir wissen nicht, ob es uns beruhigen oder nervös machen soll, dass alles auf Stelzen gebaut ist. Egal: An der Bar bekommt das Bier billiger, wer einen Hut und ein Halstuch trägt. Also schnell umziehen und ran ans Getränk.

VOM WISSEN DER STERNE UND DER HOFFNUNG DER HAIE

Zurück an der Küste, an einem Fleckchen Erde, an dem sogar Bewohner der Gold Coast Urlaub machen, wie unser Nachbar auf dem Campground in der Nähe von Rockhampton, zeigen überlebensgroße Figuren von Bullen (die Tiere sind gemeint), dass wir uns in der Fleischhauptstadt Australiens befinden, in der bis vor wenigen Jahren sicher selbst Vegetarier auf den Grill gekommen wären. Heute überleben sogar diese hier.

Das auf Campingplätzen übliche Schwätzchen mit Nachbarn, Mitcampern, Verkäufern, Hundebesitzern und weiterem bunt gemischtem Volk ist uns schon in Fleisch und Blut übergegangen. Das Interessanteste dabei ist, dass bisher alle nahe Verwandte aus Europa benannt haben, mindestens die Großelterngeneration, oft stammen auch Vater oder Mutter aus Kroatien, Deutschland, Schottland, England und so weiter.

Wir uralten Deutschen müssen immer etwas schmunzeln, wenn uns irgendein Gemäuer aus 1920 oder so als wahnsinnig historisch verkauft wird. So jung das „neue" Australien auch ist, so alt ist die Insel selbst. Sie hat sich erst vom Urkontinent, dann von der Antarktis abgespalten und anschließend – während sich die anderen Kontinente voneinander losrissen, aneinander schubberten und vulkanische Feuerwerke veranstalteten – geologisch kaum noch verändert. Alles, was hier wächst, krabbelt und fliegt, hat – bis auf den Menschen – eine entsprechend ewig lange Ahnentafel und ist hoch spezialisiert auf die oft ziemlich lebensfeindlichen Bedingungen eingestellt. Das erklärt zwar immer noch nicht, warum sich manche Schlange zur Weltrekord-Giftspritze entwickelt, oder Quallen, so genannte Stingers, bei Berührung tödlich sein können, beeindruckt uns Zivilisten aber nachhaltig.

Bei jedem Schritt auf unseren Wanderungen durch das Buschland in der Nähe der Kroombit-Station vermuteten wir Schlangen im halbhohen Gras, sahen wir hunderte Kakadus, mächtige Leguane, rannten große Emus und hüpften kleine, giftgrüne Frösche durchs Gelände (von allem gibt es da reichlich). Ein Rancher erzählte abends eine Geschichte, wie sie nur im ewig großen Australien passieren kann. Seine Familie, der die Kroombit Station gehört, musste 1994 ein riesiges Stück Land an den Staat Queensland verkaufen, der daraus einen Nationalpark machen wollte. Sie konnte den Verlust verschmerzen, da es für die Viehhaltung nutzloses Land war. Als Ranger das Gebiet tagelang erkundeten, am Boden und aus der Luft, fanden sie ein großes Flugzeugwrack eines viermotorigen Bombers, der im 2. Weltkrieg abgestürzt war und von dem niemand wusste, dass er dort lag, nicht mal der Grundbesitzer selbst. Nur die Dingos, Wildhunde, wussten Bescheid. Von der Besatzung waren nicht mal mehr Knochen zu finden, acht Identifizierungsmarken lagen noch herum. Wir fragen uns, wann zuletzt ein europäischer Bauer ein Flugzeugwrack auf seinem Gelände hatte, ohne dass es jemand je dort gesehen oder etwas davon geahnt hätte. Sprich: Das sind schon andere Dimensionen hier.

In Rockhampton ist das Meer für uns zum Greifen nah, aber unerreichbar weit weg. Die erwähnten Stinger bevölkern das strandnahe Wasser von November bis März und zwar die nächsten tausend Kilometer die Küste hoch. Das heißt im Klartext: Paradiesische Strände, 30 Grad, Sonne, leichter Wind, die Frisur hält, aber kein Mensch ist zu sehen. Zum Strandspaziergang ist es zu heiß, zum Schwimmen zu tödlich. Weiter draußen geht es wieder. Daher haben wir uns mit

Anti-Seekrankheit-Medizin (Tabletten, Ingwer, Qantas-Kotztüte) versorgt und werden morgen vor der Great Keppel Island am Südrand des Great Barrier Reef schnorcheln. Eine von uns auf jeden Fall, ob ER sich traut, wissen die Sterne (und hoffen die Haie).

Wenn Klone, Tacho und Puls miteinander korrespondieren

Nach fast 600 Kilometern Fahrt auf der A1, dem schon bekannten Bruce Highway, sind wir in Bowen angekommen, der Kulisse für den Film „Australia" (Nicole Kidman et al.). Das hat unsere Ortswahl aber nicht beeinflusst, vielmehr haben wir wieder ein Plätzchen gesucht – und gefunden –, an dem der vermaledeite Reiseführer nicht „Party all night" verspricht, sondern in dem WIR selbst bestimmen, wann Party ist und wann Schlaf.

Während der neun Stunden Fahrt werden wir Zeuge von gefühlt 53 Baustellen, so dass schon das Wort „Roadwork" uns den Schaum vor den Mund treibt. Denn was sich hier so großkotzig Highway nennt, hat die Ausmaße einer handelsüblichen deutschen Landstraße mit zwei Spuren, eine von Norden ins Nirgendwo, eine aus dem südlichen Nirgendwo ins Nirvana. „Roadwork" heißt also: Eine Spur ist gesperrt, der komplette Verkehr läuft wechselseitig über die andere Spur, gebändigt allein von einer der menschlichen Ampeln und ihren neckischen Schildchen. Auf der Vorderseite, die der Fahrer vor uns noch sieht, steht „Slow". Geschwind dreht das Ampel-Männlein das Schildlein und auf der Rückseite steht: „Stop". Danke, Mate, der Gegenverkehr ist dran. Puls 190, pro Warteminute kommen zehn Schläge drauf, bei 260 dann sehen wir das „Slow", heben mit letzter Kraft und Fassung lässig den Zeigefinger vom Lenkrad und bedanken uns herzlich für die 42. der 53 nicht erbetenen Pausen.

Da wir also genügend Zeit für Baustellen-Feldforschung hatten, hier einige Ergebnisse: Die australischen menschlichen Ampel-Schildchendreher sind bestimmt Klone und entstammen nur drei Originalen, einer mittelalten Hausfrau, einem Riesen mit dickem Bauch und ZZ TOP-Bart sowie einem Hutzelmännchen vom Typus 70-jähriger Azubi. Sicher kommen alle australischen Bauarbeiter mit einem anderen Temperaturempfinden auf die Welt, als wir es haben. Bei über 40 Grad im Schatten tragen sie lange Sicherheitshosen, dicke Jacken, große Helme und schwere Schuhe. Es muss an den Ray-Ban-Sonnenbrillen liegen, die sie tragen, da muss ein Kühlschrank eingebaut sein. Interessanterweise funktionieren australische Baustellen wie ihre tausende Kilometer entfernten deutschen Pendants: Drei Mann arbeiten, sieben diskutieren, weitere zehn tragen die Verantwortung. Last but not least: Australische Bauarbeiter haben ausnahmslos – wie sagt man das heute politisch korrekt – helle Hautfarbe. Braun gebrannt, klar, aber wir haben nicht einen einzigen offensichtlich asiatisch stämmigen oder sonst wie erkennbar migrierten Menschen gesehen.

Übrigens: Schnorcheln vor Great Keppel Island war ein Traum, der schönste Tag unserer bisherigen Reise. Und kein Hai im Wasser, kein Wunder, die hatten ihren traditionellen November-Feiertag, Aller-Hai-ligen…

Die *ZEHN* schönsten Übernachtungsplätze der Reise

1770 Camping Ground, Seventeen Seventy, *Australien*

Breakwind Farm, Hopkinton, *USA*

Casa Helbling, Quito, *Ecuador*

Cottage in Gabarus, Cape Breton, *Kanada*

Jober's Cottage, Jasper, *Kanada*

Kookaburra Inn, Brisbane, *Australien*

Old Slaughterhouse, Hector, *Neuseeland*

Studio Llao Llao bei Bariloche, *Argentinien*

WWoof-Privatunterkunft in Summertown, *Australien*

Wright's Mill Lodge, Tahakopa, *Neuseeland*

Wie die Echternacher Springprozession bewegen wir uns grob nordwärts durch Australien. Von Bowen aus sind wir rund eine Stunde wieder gen Süden gefahren, um ab Shute Harbour bei Airlie Beach auf die autofreie Insel Long Island – eine der Whitsunday Inseln, die der allgegenwärtige Mr. Cook am Weißen Sonntag entdeckt hat – überzusetzen.

Es ist paradiesisch hier im Long Island Resort, einer kleinen, idyllischen, auch weil halb leeren Hotelanlage direkt am Wasser: Nach sechs Tagen Schlafen im Kofferraum für zwei Nächte mal wieder ein eigenes Bad und ein echtes Bett – mit Blick auf Strand und Wellen, das ist grandios. Das Meer haben wir auch schon einmal auf dem Weg zum nächsten Strand per Kajak überquert – was mehr Gleichgewicht erfordert als gedacht. Dank Schwimmweste hat ER seine Kentermanöver überlebt. Die lebensgefährlichen Stingers haben sich vor Lachen ineinander verheddert und sind aufs offene Meer getrieben. Denn ohne Boden unter den Füßen diese Kajaks wieder einzunehmen und oben zu bleiben, ist eine echte Herausforderung für Waldschrate und eine eigene Folge „Pleiten, Pech und Pannen" wert.

Damit sind wir auf jeden Fall bestens präpariert für das nächste Abenteuer: Wir stürzen uns ins Pool-Getümmel mit eigener Bar (die Barhocker stehen im Wasser). Da die anderen Gäste sich bereits seit der Ankunft zügig, aber ohne Hast alkoholisieren, steht sicher eine Menge Spaß an. Zumal der Pool-Barkeeper eine echte Granate ist. Eben standen vier je 150 Kilo schwere Mädels an der Bar und bestellten Burger. Seine lässige Gegenfrage: „Meint Ihr nicht, dass es auch ein Salat tut?" Geschäftsschädigend, aber ehrlich.

DEUTSCH-AMERIKANISCHE ZEUGEN UND RÖMISCHE VÖGEL

In Mission Beach, das wir gestern nach halbstündiger Schiffs- und sechsstündiger Autofahrt erreicht haben, bleiben wir wider Erwarten nur eine Nacht. Das liegt sicher nicht an diesem angeblich preisgekrönten Campingplatz direkt am Meer, mit viel Platz, Schatten und sauberen Sanitäranlagen. Genauso wenig liegt es am sagenhafte 14 Kilometer langen, nahezu menschenleeren Sandstrand direkt vor der Haustür, den wir an diesem Morgen schon um 7.00 Uhr – bei fast 30 Grad – entlang laufen. Auch der Kriminalfall, den wir gestern beobachtet haben, treibt uns nicht weiter. Dabei zeigt sich hier, wie unterschiedlich Amerikaner und Deutsche als Zeugen taugen.

Passiert ist Folgendes: Betrunkene Jugendliche brettern mit einem Geländewagen am Strand entlang und fahren dabei Tisch und Bänke eines Grillplatzes am Ufer zu Klump. Das wenige Meter daneben stehende deutsche Weltreise-Pärchen haben sie nicht erwischt. Dieses eignet sich aber wegen der unmittelbaren Beobachtung ideal als Zeugen für die wenig später eintreffende Polizei. Wenn da nicht Dan aus Michigan gewesen wäre, ein in der Juristensprache so genannter „Knallzeuge", der etwas gehört und nichts gesehen hat, dafür aber auf den Polizisten zustürzt und diesen zuschüttet mit seiner Version. Die lautet: Heller Kombi rast von der Straße auf den Grillplatz, überfährt Tisch und Bänke, brettert dann am Strand entlang davon. Was macht Officer? Fährt auf dem Strand davon und kehrt später zurück.

Erneut überlässt der Deutsche dem Amerikaner den Vortritt, um sich dann doch in das kaum verständliche Gespräch einzumischen: „Es war ein dunkelroter alter Geländewagen mit vier Jugendlichen, die vom Strand den falschen Ausweg Richtung Straße nahmen, dabei Tisch und Bänke – nicht die Deutschen – überfuhren, dann zurück auf den Strand, die richtige Ausfahrt gefunden, auf der Straße davonrasten, um dann links in die Pampas abzubiegen." Wir werden nie erfahren, was daraus geworden ist, haben dann aber ein sehr angenehmes und unterhaltsames Gespräch mit Dan und Gattin Lynn über Australien, Amerika, Deutschland, Gott und die Welt. Im mittleren Westen haben sie übrigens ein halbes Jahr Winter, unglaublich.

Der Grund, warum wir so schnell weiterfahren, ist, dass die hier einen Vogel haben. Das mannshohe Vieh heißt Cassowary und sieht aus wie eine Mischung aus römischem Legionär und Strauß – ein Traum für jeden Vogelphobiker. Denn auch charakterlich steht das Tier seinem Aussehen in Nichts nach, eine Mischung aus Mike Tyson und Oliver Kahn – jedenfalls unangenehm genug, dass einem jedes der nur noch rund 1.000 Exemplare auf der Welt (alle hier in der Ecke wohnhaft) auf die Nerven gehen kann. Da sind uns doch Krokodile viel lieber, die schnappen und Ende ist. Man wird wenigstens nicht auch noch verkloppt. Daher fahren wir jetzt wieder ins Landesinnere und zehren immer noch von unserem traumhaften Inselurlaub zuvor auf Long Island.

DIE SONNE VERSCHWINDET (EINEN TAG NACH UNS)

Vier schöne Tage lang haben wir im Atherton Tableland das schlechte Wetter genossen: Der Himmel wolkenverhangen, die Sonne ohne richtige Chance, dazu ein kühles Lüftchen, dass man abends schon eine Jacke brauchte und nachts im Auto schlafen konnte, ohne im eigenen Saft zu ertrinken. Die Landschaft ist eine Mischung aus Eifel und Irland, eingerahmt von afrikanischer Steppe, die wiederum eingefasst ist von tropischem Regenwald. Riesige saftig-grüne Wiesen mit zahllosen Kühen darauf machen das Bergland zum Milchproduzenten von Queensland. Hier liegt auch das höchste Dorf des Sunshine-States, Ravenshoe, auf 920 Metern. Das Cruisen erinnert auch von den Straßen her an Irland, auf dem ein oder anderen Hügel stehen sogar Windräder, große Schilder warnen vor dichtem Nebel. Die Region ist vulkanischen Ursprungs, einige herrliche Seen liegen idyllisch im Wald, etliche Wasserfälle sind zu entdecken.

Um dem europäischen Gefühl noch mehr Auslauf zu geben, haben wir natürlich in Nick's Pizzeria gegessen, die offensichtlich einem italienischen Südtiroler gehört. Die Pizza war die beste seit Langem. Das Restaurant ist wie eine Schweizer Hütte aufgemacht, an der Wand hängen Original-Almabtrieb-Kuhglocken mit deutsch-sprachiger Gravur. Und es gibt sogar Flensburger Pils. Für die australischen Gäste scheint das zusammen zu passen, sind ja nur 1.000 Kilometer oder so zwischen Schweiz und Ostsee. Aber wir sind nicht in Europa, Straßenschilder warnen vor Baum-Kängurus, Pythons und natürlich Krokodilen.

Und sage noch einmal einer den Deutschen Perfektionismus nach. Was die Australier auf einem Campground am See aufbauen, ist kaum zu glauben. Mehrere Stunden errichten zwei Männer, während die Frauen Tonnen von Salat und Gemüse schneiden, Schlafzelte, Unterstände, Barbecue-Grills, Tische, Stühle, Sessel, TV-Raum und etliches mehr. In tiefster Dunkelheit – das ist in diesen Breiten gegen 19.30 Uhr – kommt noch ein Pärchen dazu und baut eine weitere Zeltstadt daneben, bevor das Boot vom Anhänger geladen wird, mit dem die Horde am nächsten Morgen um 6.15 Uhr schon mit Wasserskifahren beginnt. Die spinnen, die Australier…

Dennoch sind wir mit zwei weinenden Augen zurück an die Küste gefahren, wo das Wetter wieder wie ein nass-heißer Waschlappen, und Cairns (der Australier sagt: „It sucks!") wirklich ätzend ist, denn: Die Region ist von tausenden Irren überrannt, die nur wegen der Sonnenfinsternis am folgenden Mittwoch angereist sind. Davon haben wir nix außer vollen Campingplätzen, denn wir fliegen am Dienstag weiter an die Westküste…

UNSERE AUSTRALISCHE RESTE-RAMPE – TEIL 1

Während eine antiautoritär erzogene, ca. drei Jahre alte Göre neben uns auf Tisch und Bänken in der Campküche nervige Sprungübungen macht und gleich sowohl das erste „Nein" bzw. „No" genauso wie den ersten Anschiss ihres Lebens hört, versuchen wir, die noch unbenutzten Reste unserer Notizen der australischen Ostküstenwochen aufzuhübschen und anzubieten. Eine abstruse Mischung von Volk überflutet mittlerweile den Campingplatz hier in Ellis Beach, ca. 40 Kilometer nördlich von Cairns. Offensichtlich haben viele, die normalerweise Hotelzimmer nutzen, hektisch Zelte gekauft, um im Epizentrum der Sonnenfinsternis diesem wohl erhebenden Ereignis zuzusehen. Es fehlen nur noch Rollatoren vor den Zelten. Stattdessen sehen wir Riesenteleskope, Kameras mit unanständig großen Objektiven, Wagen von Space Observation Institutes und ehemalige Autos (s. Flodders) von jugendlichen, nicht mehr jugendlichen und richtig alten Sinnsuchern.

Wir haben versucht, darüber mit einem Nachbarn zu witzeln, mit der Pointe, dass wir hier am Tag vor der „Eclipse" abreisen, um nach Perth zu fliegen, entsprechend mit dem ganzen Gedöns nichts zu tun haben („What's all that fuzz about?"). – FETTNAPF!!!!! Wienerisch bräsig kommt zurück: „I bi do, um dös für d'NoASA oafzenemen, dann koannst dös in Pörth live in Dein Läpptopp oanschoaen…". Nein, Danke.

Zeit für unsere Reste-Rampe: Australien ist eigentlich zu teuer zum Weltreisen. Gut, dass wir mittlerweile gerne campen. Was anderes könnten wir uns gar nicht leisten. Essen und Trinken ist außerdem fast unbezahlbar, beispielsweise kostet ein kleines Stück Billigmarke-Käse (80 Gramm) mindestens 5 Euro, genauso viel wie ein kleines Bier im Pub. Pizza Margerita „small": 12 Euro, ein Pfund Tomaten: 5 Euro, ein kleiner (!) Naturjoghurt: 2,50 Euro. Wir kaufen hier nur das Preiswerteste und reißen trotzdem das Budget. Entsprechend können und wollen wir uns die meisten kostenpflichtigen Attraktionen, die die Ostküste so spannend machen, nicht leisten. TIPP: Statt als Weltreisestation eignet sich der Landkontinent eher für einen schweineteuren Urlaub, ist dann aber jeden Cent wert.

Der Australier an sich ist unglaublich freundlich und hilfsbereit. Angefangen bei den Zöllnern und Quarantäne-Spezialisten am Flughafen bis hin zum ganz normalen Passanten. Wir haben uns in Sydney mit vollem Gepäck im stärksten Berufsverkehr in die Bahn gequetscht und sind trotzdem supernett behandelt worden. TIPP: Wenn der Köbes in Köln mal wieder motzt: Ab nach Australien!

Je leerer die Festplatte im Kopf von Arbeits- und Alltagssorgen ist, umso mehr Erinnerungen aus vergangenen Tagen und kreative Ideen schießen durchs Hirn. Dass die einzigen Fragen sich um „Hunger!", „Durst!", „Müde!", drehen, ist beruhigend, entspannend, heilsam und spendet eine Menge Energie. TIPP: Krankenkassen, bezahlt Weltreisen!

Australier achten das Allgemeingut sehr hoch (auch wenn die männliche Form bevorzugt stehend im fürs Sitzgeschäft vorgesehenen Bereich uriniert, selbst wenn das dafür vorgesehene Objekt direkt daneben angebracht und nicht besetzt ist). Öffentliche Toiletten sind sauber, die Duschen, die es hier überall gibt, auch, genauso sehen die öffentlichen Barbecue-Grills, die an den Stränden alle 50 Meter stehen, trotz üppiger Nutzung aus wie geleckt. Apropos: Barbecue ist hier Volkssport. Wenn auf dem Campingplatz zum Abendessen der letzte Fleischbollen gebraten, die letzte Zwiebel geröstet ist, steht schon wieder der erste da und grillt sein Frühstück. TIPP: Vegetarier, runter von der Insel!

Trampen ist in Australien extrem ungewöhnlich. Wir haben unser Schiff zum Riff-Schnorcheln nur in letzter Sekunde bekommen, weil eine Dame uns auf ihrem Weg zum Allerheiligen-Gottesdienst als gute Tat des Tages am Straßenrand aufgegabelt hat. TIPP: Nur wenn ein Fischsymbol auf dem Auto ist, lohnt es sich, den Daumen raus zu halten. Deren Chef ist nämlich Menschenfischer, und das gilt auch für angeranzte Tramper, die sich fühlen wie Wölfe und riechen wie Schafe. Gott sei Dank!

UND GANZ DA HINTEN, DA IST AFRIKA!

Nach fünf Stunden Flugzeit und einigen tausend Kilometern Strecke sind wir nun in der abgelegensten Millionenstadt der Welt angekommen, in Perth. Von hier aus sind asiatische Großstädte schneller zu erreichen als die nächste australische Metropole. Die kommenden Tage nutzen wir, um mit einem kleinen Mietwagen durch die südwestliche Ecke des Kontinents zu kurven. Wir wollen einen

Eindruck von Westaustralien bekommen, das, wäre es ein eigenständiger Staat, das zehntgrößte Land der Welt wäre. Wenn wir uns ans Meer stellen und gaaaaanz weit nach Westen gucken, sehen wir die Ostküste von Afrika.

Dank unseres Fluges quer durchs Land haben wir nun den Indischen Ozean vor der Nase, nicht mehr den Pazifischen, wir haben europäisches Frühsommerwetter und endlich nicht mehr den heißnassen Waschlappen Queenslands im Gesicht. Auch die Tierwelt ist angeblich friedlicher, wir schauen jedenfalls nicht mehr vor jeder Nutzung unter der Klobrille nach, ob sich da eine Spinne, ein Krokodil oder ein Känguru befindet. Was wir hier für Typen statt der Sonnenfinsternis-Jünger antreffen, wissen wir noch nicht, denn wir waren noch nicht richtig vor der Tür. Auch ein Inlandsflug kann Jetlag auslösen, vor allem, wenn zwei Kinder in der Reihe unmittelbar vor uns rekordverdächtige fünf Stunden wie am Spieß durchbrüllen. Immerhin ist die Sonne ja noch da, davon ging mindestens die Hälfte unserer Nachbarn auf dem Campground in Sonnenfinsternis-Ellis Beach nicht aus.

KOKS, KALASCHNIKOW UND DRECKELIJE FÖÖSS

Verdammter Mist. Wir hatten wirklich gedacht, mit zweieinhalb Monaten Australien hätte es sich dann erledigt, und der ewig lange Hinflug ist nie wieder nötig. Nun sind wir in Westaustralien, und es ist schon am zweiten Tag klar: Hier müssen wir nochmal hin. Der Tropical-Queensland-Überdruss ist verflogen. Das ist ein ganz anderes Land hier, ein ganz anderes Wetter, ein ganz anderes Meer. Selbst die Warnschilder halten sich in Grenzen, Kängurus mit suizidalen Tendenzen, „aged people", und das war's. Stell Dir vor, Du hast paradiesisches Meer vor der Tür, und Du darfst drin schwimmen, da weint der Queenslander vor Neid!!! Schon Perth hat uns von Anfang an gut gefallen, auch wenn der Spürhund am Flughafen an unserem Handgepäck-Rucksack schnüffelte und anschlug. Er ist aber weder ein Drogen-, noch ein Sprengstoff-, sondern nur ein Quarantäne-Hund, der unseren Apfel gerochen hat. Obst von Ost nach West einzuführen, ist in Australien streng verboten, wegen der Fruchtfliegen, haben wir so gelernt. Die Kalaschnikow und das Koks hat der blöde Hund aber nicht gefunden.

Trotz seiner 1,6 Millionen Einwohner ist Perth kompakt und gut zu erwandern. Cafés und Kneipen sind schön, von außen jedenfalls, denn in der schönsten (Old Brewery) haben wir uns ein Hefeweizen und ein kleines Pils gegönnt, dafür

20 Euro bezahlt und anschließend sofort jeglichen Genussmitteln abgeschworen. Sechs Stunden sind wir durch die Stadt gelatscht, haben einen mal wieder wunderschönen Botanischen Garten erwandert, coole Läden, noch viel coolere und vor allem sportliche Menschen gesehen, jugendlich irgendwie, egal wie alt sie sind. Die viele Sonne das ganze Jahr über und der frische Meereswind um die Nase scheinen doch zu wirken.

Der Stadt und dem Teil von Westaustralien, den wir auf unserer heutigen rund 350 Kilometer langen Fahrt nach Süden, nach Margret River, in Augenschein nehmen, ist ein gewisser Reichtum anzusehen. Öl-Dollars sorgen für gute Straßen, teure Häuser und nagelneue Luxus-Autos. Dass Deutschland auch hier einen guten Ruf genießt, haben wir im Schaufenster eines Staubsauger-Geschäftes namens „Sauber" entdeckt. Dort wurde mit dem Slogan „Sauber is German for clean" geworben. Nicht mehr ganz sauber waren nach dem Marsch unsere mal wieder in Flip Flops steckenden nackten Füße, woraus sich für uns eine immer noch nicht gelöste Frage ergab: Wie können zwei mal zwei Füße, die die gleiche Strecke auf dem gleichen Weg gelatscht sind, so unterschiedlich dreckig sein?

„HAI NOON" BEIM URLAUB VON DER REISE

Wir machen gerade Urlaub von der Weltreise und bleiben eine ganze Woche in der Jugendherberge von Margaret River. Die Gegend am Südzipfel des Kontinents ist einfach traumhaft: Sie ist eine der Weinzentren von Australien, Weinfeld reiht sich an Weinfeld, denn Weinberge brauchen die bei der Sonne hier nicht. Daneben erstrecken sich ganz viel grüne Wiesen mit hunderten von schwarz-weißen, Heimatgefühle auslösenden Kühen, mit Schafen oder Heuballen, soweit das Auge reicht. Es reicht bis zum nächsten Wald, hier stehen mit die höchsten Bäume des Landes.

Und das Schönste ist: Das Meer ist immer nur wenige Kilometer weg, mit traumhaften Stränden, glasklarem Wasser zum Schwimmen, spektakulären Wellen für die Surfer oder wild-romantischer Küste, einfach nur zum Gucken. Machen ist auch gerade nicht so einfach, hat ER sich doch eine Sehnenentzündung beim Kajaken auf dem Mouth-River zugezogen. Das ist doch mal eine Krankmeldung! Die Jugendherberge ist auch der Hit, das Zimmer kostet für hiesige Maßstäbe spottbillige 65 Euro – das ist das Günstigste, was man in Australien außerhalb eines Mehrbettzimmers bekommt. Es hat ein eigenes Bad und Kühlschrank, außerdem einen tollen Garten, in dem wir täglich frühstücken. In der Küche nebenan zaubern wir uns ein paar leckere, günstige Gerichte.

Wir wollen ja nicht darauf herum reiten, aber man rechne bitte mal folgenden Snack mit, den wir heute in einem Allerwelts-Café essen: 2 überbackene vegetarische Panini, 1 Cola, 2 Cappuccino und 1 Muffin = 39 EURO… Im Gegensatz zum Preis sind die Kalorien relativ schnell verdaut, denn wir haben hier tolle, markierte und vermessene Laufstrecken direkt vor der Haustür, mit Waldboden, abwechslungsreicher Landschaft und meist auf einsamen Pfaden. Bei all dem Genießen muss man aufpassen, nicht über irgendwelches Getier zu stolpern wie SIE, die heute fast ein Pärchen von karnickelgroßen Leguanen näher kennen gelernt hätte.

A propos Tierbegegnungen: Wir sind immer noch in Australien. Als SIE an der Südwestküste an einem der schönsten Meeresflecken der Welt relativ weit raus schwimmt, kommt am Strand direkt eine einheimische Dame auf IHN zu, mit der dringenden Bitte, SIE zurück zu rufen. Warum? Haie greifen hier weiter draußen immer wieder Surfer und Schwimmer an. Heißt also: In Strandnähe Paradies und Himmel zugleich, weiter draußen die Hölle.

AUSTRALISCHE LEBENSART – UNSERE RESTE-RAMPE 2

Wir nutzen die Woche Urlaub in Margaret River auch, um weitere Spezialitäten der australischen Lebensart, die wir seit Mitte Oktober kennen lernen durften, zu notieren. Auf zum zweiten Teil unserer australischen Reste Rampe:
Nach sechs fernsehfreien Wochen ist ein eigenes TV im Zimmer schon etwas Besonderes. Da fast alle Sender englische Untertitel anbieten, kann man durch Hören UND Mitlesen sogar noch die ein oder andere Vokabel lernen. Jahrelang hat ER versucht, sich zu merken, was „Zufall" heißt. Dank einer neuen Folge „Wallander" geht es jetzt: Coincidence!!! Den James Bond „Ein Quantum Trost" mitzulesen, ist übrigens langweilig, so wenig Text schafft selbst Hollywood selten. Ohne das ganze Kawumm und Karacho wäre der Film in fünf Minuten vorbei. Trotzdem gut, wer braucht schon Inhalte. Untertitel anzubieten heißt im australischen TV tatsächlich überall Untertitel, bei Liveshows wie „X-Factor" oder „Big Brother" genauso wie bei der Werbung, damit auch der Taube auf jeden Fall bei „Bunnings" oder „Woolworth" einkauft und nicht woanders.

Das gepflegte Alkoholisieren will hier gelernt sein. Nicht jedes Restaurant oder Café bietet auch alkoholische Getränke an, selbst im Supermarkt sucht man den Schnappes vergebens. Der erfahrene Trinker kennt die Regeln: Gaststätten, die „fully licensed" sind, schenken den Lebenssaft aus. Wenn beispielsweise ein Café die Lizenz zum Alkohol nicht hat, schreibt es „BYO" an die Tür. Das bedeutet: „Bring your own", der Gast darf also seinen eigenen Alkohol mitbringen und zum Essen hinter den Knorpel meißeln (Danke für das Zitat an Gerd Köster). Wir nehmen also die bösen Blicke und Gedanken („Wie asozial!") in Richtung unserer Tischnachbarn, als wir das das erste Mal beobachteten, hiermit zurück.

So ganz nachvollziehbar ist die Lizenzregel aber nicht. Kaufen wir ein Coopers an der Herbergsrezeption, die eine fully licensed Bar hat, müssen wir das Bier dort trinken und dürfen es nicht mit aufs Zimmer nehmen. Eine von uns woanders gekaufte Dose Bier dürfen wir sowohl im Zimmer als auch in der Rezeptionsbar verzehren. Woanders heißt dabei wie angedeutet nicht Supermarkt, sondern nur in speziellen Trinkhallen, so genannten „Bottlemarts" bzw. „Liquorshops". Da kauft man dann 24 Dosen Bier für 56 Dollar, ein echtes Schnäppchen. Tragen muss man das Päckchen nicht, natürlich gibt es Drive Thru Bottlemarts, da muss man nicht mal den Motor abstellen, geschweige denn aussteigen. Denn es soll ja weitergehen hier, weiterlaufen, der Australier an sich trinkt Bier, wo und wann auch immer es geht. Bier zur Frühstückspause morgens um 9.00 Uhr gehört zum guten Ton dazu. Wer hat da „Paradies!" gerufen?

Zum Schluss noch eine Frage: Wachsen Mangos in der Erde, am Boden, an Büschen oder an Bäumen? Hätten wir vorher auch nicht gewusst, bis sie bei einem idyllischen Spaziergang plötzlich links und rechts, vor und hinter uns einschlagen. Zuerst halten wir angreifende Paviane für die Ursache. Es ist aber der Wind, der durch die Bäume fegt und die reifen Mangos zum Fallen bringt. Ein tolles Geräusch und nochmal etwas ganz anderes, als einen Apfel an den Kopf zu kriegen. Als wir am Folgetag nochmal denselben Weg gehen, ist er komplett von Mangoglibber bedeckt, das ist fast wie Lauftraining auf Glatteis, nur fällt man weicher und süßer.

WALDLAUF, HARPUNEN UND EINE EISKALTE COKE

Ein Wunder – heute regnet es das erste Mal seit unserem Aufenthalt auf der Kroombit Ranch, was gefühlte Monate her ist. Zwar sind es nur einige Schauer, aber immerhin. Das Wasser macht die Wald- und Wiesenlandschaft hier noch bunter und lässt sie herrlich duften. Hier wachsen – ein Genuss für Augen und Nase! – Zitronenbäume genauso wie Birken, Palmen, Weiden und natürlich viele einheimische Bäume wie die Karris. Einer der größten Australiens steht um die Ecke unseres Motels in Pemberton, wir haben ihn uns heute beim Waldlauf angesehen. Der Gloucester Tree ist mehr als 60 Meter hoch und diente früher als Aussichtspunkt, um Waldbrände früh zu entdecken. Die Eisenstiegen, die bis zur Spitze in den Stamm gehämmert sind, halten angeblich immer noch. Leider ist dort heute eine Schulklasse zugange, wir können also nicht hoch. Gott sei Dank. Auch der Blick auf den Boden lohnt sich: Im Wald wachsen im Frühling – und den haben wir hier im November ja noch – ganz viele bunte Wildblumen in den schillerndsten Farben. Selbst Lavendel entdecken wir bei unseren Fahrten auf den reizvollen so genannten „Scenic Drives".

Was hier aber als für alle Autotypen befahrbare Waldstraßen gilt, will man nach 15 Kilometern Schlaglochspringen mit dem Kleinwagen gerne nochmal mit dem Fuzzy vom Visitor Centre besprechen, wenn man nur noch einen geraden, wackelfreien Satz herausbekäme. Wer beim ständigen harten Kontakt zwischen Gehirnmasse und Schädeldecke nicht völlig verblödet, schaltet den Sender 100.0 FM ein. Dort erhält der Interessierte Informationen zu den Sehenswürdigkeiten an der Buckelpiste, auf der wir gerade so überleben. Das meiste davon ist leider zwischen unserem Geschrei und Gefluche untergegangen. Trotzdem: Die Gegend ist traumhaft, gerade im Oktober und November, sie gehört auf jede Wunschziel-Liste! Verbunden mit einer Diät ist dann tatsächlich der Flug das Teuerste, nicht die Nahrung.

Immer wieder zieht es uns im Südwesten Australiens an die Küste. Instinktiv vergleichen wir ja doch jedes Mal den aktuellen Blick auf die See mit der Magie, die der allererste Meeresbesuch als Kind oder Jugendlicher innehatte. Gerade in Westaustralien hat es uns so richtig gepackt, was an der irren Kombination von Wald, Land, wilder Küste, weißestem Persil-Sand und natürlich an den größten Säugetieren der Welt liegt. Wir haben hier vom Land aus ganze Herden von Buckelwalen gesehen, ein erhebender Anblick. In der Region werden zwischen September und November täglich über hundert Walbeobachtungen notiert. Die Muttertiere bekommen ihre Kälber in Äquatornähe, da die Wälchen oder wie der

Walologe auch immer sagt, anfangs nur ganz dünne Haut haben und keine Kälte vertragen. Sind sie etwas älter, zieht es die Herden an Australien vorbei nach Süden, bis sie dann in der Antarktis „übersommern". Sobald es dort zu kalt wird, ziehen sie wieder Richtung Norden. Eine der beliebtesten Raststätten an der weltumgreifenden Walautobahn ist die hiesige Geographe Bay. Hier ruhen die Tiere aus, tanken auf und machen Showtänzchen für die Gaffer am Strand. Wahrscheinlicher ist, dass sie die Menschen erst wahrnehmen, wenn ihnen eine japanische Harpune im Kreuz hängt und dann ist es leider zu spät. Wer diese majestätischen Tiere einmal hat schwimmen sehen, wünscht jedem Walfänger seine Harpune in den Allerwertesten.

MELBOURNE – ODER: DIE VON IHREN HIGH HEELS STÜRZTE

Wenn eine Stadt bei uns auf dieser Reise einen bescheidenen Start hatte und uns dann doch im Handumdrehen um den Finger gewickelt hat, dann ist es Melbourne. Nach dreieinhalb Stunden gemütlichen Fluges mit Tigerairways werden wir am Wurmfortsatz von Terminal 4 aus dem Flieger gespuckt und müssen drei Kilometer zu einem offensichtlich in aller Schnelle gebauten Käfig wandern, in dem uns ein einsames Gepäckband, ein Mülleimer und Toiletten erwarten. Kein Personal, kein Service, nicht mal einen Fruchtfliegenhund wie in Perth gibt es hier.

Mit Gepäck nehmen wir eine weitere Wanderung zum Taxistand in Angriff. Rund 45 Dollar haben wir für die nächtliche Fahrt bis vor die Hosteltür errechnet, gegenüber den rund 35 Dollar für den Airport-Shuttle zum Hauptbahnhof scheint uns das vertretbar. Der Wagen hält, Mike Tysons – des hoch-englischen nicht mächtiger – entfernter Cousin entriegelt von innen statt des Kofferraums den Tankdeckel. Dann steigt er aus, beim Einladen hilft er nicht. Er steigt wieder ein, besser gesagt: Er wuchtet sich in eine Art Robocop-Fahrersitz Marke „Bodyguard". Eine an drei Seiten dichte Plexiglasummantelung schirmt ihn vor uns Ausländern ab. Dabei haben wir schon mal deutlich schlimmer gerochen. Die Fahrt ist gemütlich und lang, nur das ständige Blinken der auf „0" stehenden Tankfüllanzeige beunruhigt uns. Aber wer braucht schon Sprit, Sicherheit geht vor. Das Taxi hält vor dem Hostel „Ritz", das Taxameter bei 60 Dollar, dafür hätten wir 3 Nächte auf einem Campground schlafen können.

Das „Ritz" empfängt uns mit dem Spruch „Where the party never ends". Genau das brauchen wir nachts um 23.45 Uhr. Der Laden hält, was er verspricht. Kindergeburtstag auf allen Fluren, der Rezeptionist entschuldigt sich, dass das an Samstagen und an Freitagen, äh, eigentlich jeden Tag, dort so ist. Unser Zimmer ist wider Erwarten sauber und geräumig. Dann kommt, was unser Reiseführer als „es kann ein bisschen lauter sein, wenn in der Kneipe darunter Live-Musik läuft" beschreibt. Das ist leicht untertrieben, denn unser Zimmer liegt über dem Club-Teil der Kneipe, in Deutschland würde man es Diskothek nennen. Das Bett steht offensichtlich genau über dem wandgroßen Bass-Booster des Schuppens. Jedenfalls vibriert und hüpft die Matratze im miesesten Technotakt. Nicht eine Gitarre erleichtert das Ganze. Was tun? Da Kneipen oft um 1.00 Uhr schließen, Clubs aber erst um 3.00 Uhr, verlassen wir das Trampolin-Zimmer fluchtartig und stürzen uns ins Nachtleben dieses als „beschaulich" beschriebenen Viertels.

Beschaulich ist anders, zu schauen gibt es aber einiges. Wenn die jüngere Australierin des Wochenendes am Abend ausgeht, sieht sie aus, als müsste sie zuerst zu einem exklusiven Ball und anschließend sofort, ohne sich umzuziehen, zum Arbeiten auf den Straßenstrich. Geschätzte 95 Prozent der gerne in grellen Pastelltönen gehaltenen Kleider enden am obersten Ende der Oberschenkel. Das ist bei jungen Damen, die es tragen können, 5 Minuten lang interessant, danach ist man satt wie nach einem ganzen Tag lang „All you can eat" nicht („Eine Feder bitte!"). Bei Damen, die es nicht tragen können, es hier aber trotzdem tun, ist es leider jedes Mal und den ganzen Abend lang unangenehm, ja schmerzhaft anzusehen. Dagegen sind die Jungs interessanterweise okay. Auch sie sind sehr exklusiv gekleidet, vielleicht ist manches Mal die Hose oder das Hemd etwas zu eng anliegend, aber man(n) misst sich ja gerne miteinander.

In bester englischer Tradition wird dabei der Alkohol von beiden Geschlechtern nicht genossen, sondern mit aller Macht und höchster Geschwindigkeit reinge-prügelt – bis zur Peinlichkeit. Wir haben in wenigen Minuten Bilder gesehen, für die der Kölsche Karneval eine ganze Nacht braucht: Beim Hinsetzen vom Stuhl gefallen, beim Versuch, an der roten Fußgängerampel anzuhalten, in den Vor-dermann gestürzt, mit dem Ellbogen zum Abstützen die Tischkante verfehlt, statt-dessen mit Karacho das Kinn darauf geparkt. Der absolute Höhepunkt: Eine 200-Pfünderin stürzt vollkommen alkoholi- und traumatisiert von ihren High Heels wie zum Fußballer-Torjubel auf die Knie. Sie wird sich am nächsten Morgen mit dickem Kopf und ohne Erinnerung sicher über die blutigen Beine gewundert haben.

Die Hauptstadt Victorias ist ein absolutes Muss für alle, die länger als zwei Wochen in Australien sind. Schon das Vorhandensein von Heizungen in den Räumen des schönen Guesthouses, in das wir nach der Partynacht im Hostel gezogen sind, zeigt, dass es hier mehr Jahreszeiten gibt als „heiß", „heiß und feucht" und „sehr heiß und sehr feucht". Ergo: Das Klima ist angenehm und einladend. Die Stadt ist es auch: Kostenlose – und nicht überfüllte – Touristenbusse fahren uns kreuz und quer hindurch und halten zum Ein- und Aussteigen an interessanten Plätzen. Melbourne hat dabei keinen Eiffelturm, keine Sydney Opera und auch keinen Weltkulturerbe-Dom, es ist eher das Gesamtbild der Stadt, das sie so reizvoll macht.

In Schnitt, Stadtbild und auch von den Straßen- und Viertelnamen London ähnlich ist Melbourne bestens zu erwandern, außerdem fahren überall noch – zum Teil alte – Straßenbahnen, die jede Stadt aufwerten. Eine dieser Trams ist wieder kostenlos und kreist um die City. Dann ist Melbourne die Stadt der Gassen und Häuserkunst, kleine Wege mit Pflastersteinen sind nur wenige Schritte von Prachtboulevards entfernt. Ganz viele Häuser sind mehr oder weniger kunstvoll bemalt, Graffitidreck ist dagegen kaum zu sehen. Die Stadtteile sind geprägt von vielen schönen Häusern mit tollen Gärten, in denen sogar Orangen- und Zitronenbäume wachsen.

Typisch englisch ist Melbourne auch wegen seiner Parks, große Grünflächen und Alleen bringen Natur in die Stadt. Mittendrin gibt es wieder einen wunderbaren botanischen Garten, der von einer 3,8 Kilometer langen Laufrunde umgeben ist, mit Uhr am Start und zur Hälfte und außerdem komplett bis tief in die Nacht beleuchtet. Da wünscht man sich für die Stadt, in der man lebt, doch mal einen Läufer als Oberbürgermeister, damit eine solche Investition auch dort möglich ist (Ironie aus…). In Melbourne jedenfalls sind von früh bis spät hunderte Läufer unterwegs, es motiviert richtig, mitzurennen. Viele scheinen auch den Weg zur und von der Arbeit sportlich zu nehmen und sich dann im Büro umzuziehen. Wir haben etliche Leute in Sportklamotten gesehen, mit Aktenkoffer in der Hand. Auch Bürokleidchen und dazu Laufschuhe ist sehr beliebt. Ach ja: Der Yarra, Melbournes Fluss, ist den ganzen Tag voll von Ruderern, und Radfahrer gibt es auf den Uferwegen zahllose. Die meisten sind auf richtig teuren Bikes unterwegs. Der Melbourner an sich hat offensichtlich Geld, was man auch den Autos ansieht. In keiner anderen australischen Stadt haben wir so viele deutsche Luxuswagen gesehen: Nagelneue Porsche, dicke Audi, BMW, Mercedes-Benz (und nicht die Elch-Klasse), aber auch Jaguar und sogar Rolls Royce sind unterwegs.

Zum Spielen haben dann noch erkennbar viele einen Oldtimer, teilweise 100 Jahre alte
Modelle genauso wie heiße Schlitten aus den 60ern oder liebevoll gepflegte VW-Bullys.
Die Nummernschilder kann man sich in Australien ziemlich frei gestalten. Beliebt ist die Anlehnung an das europäische Nummernschild (also: links der blaue Euro-Streifen, dann V für Victoria, beispielsweise AC für Ann-Cathrin und 67, weil AC in dem Jahr geboren ist).

Von der Trockenheit, die Melbourne so beherrschen soll, haben wir in diesen Tagen nichts bemerkt. Es ist eher irritierend, überall im Guesthouse die Schilder zu lesen, man möge doch wegen der Dürre bitte nur 3 Minuten duschen und draußen schüttet es wie aus Eimern. Das ist ideales Wetter für Kunstausstellungen, für die darüber hinaus oft der Eintritt frei ist. Die zeitgenössische australische Kunst hat uns nicht so ganz überzeugt. Der (wegen des schlechten Gewissens?) mega-gehypte Aborigine-Stil ist sehr eigenständig, hat aber für uns eher was von Kinderkunst. Was wir sonst gesehen haben, sah ziemlich geklaut aus. Bisschen Dali, bisschen Ernst und einen Schuss Picasso drüber. Das Interessanteste war das wirklich geniale Ausstellungsgebäude, die National Gallery of Victoria am Federation Square. Da werden Treppen und Fenster selbst zur Kunst. Wie unterschiedlich zwei Menschen aber – je nach kunstpädagogischer Herkunft – an solche Ausstellungen herangehen können, zeigt dieser denkwürdige Dialog zur zeitgenössischen australischen Kunst: ER: „Pfff, na ja." – SIE: „Die Hängung so völlig ohne System macht mich nervös." Im Prinzip meinten wir dasselbe.

Lange Rede, kurzer Sinn: Werdet Gärtner im Advent!

19.30 Uhr Ortszeit, das sind nur noch zwölf Stunden Schlaf, bis die Arbeit wieder ruft. Und wir freuen uns darauf, auch wenn alle Muskeln schmerzen, selbst die, die sich uns vorher ein Leben lang nie vorgestellt haben. Nicht nur wegen der Arbeit schlafen wir hier, in Summertown in den Adelaide Hills, so gut wie die ganzen bisherigen zwei Reisemonate nicht. Wir haben ein großes Zimmer mit Veranda und eigenem Bad für uns alleine. Absolut friedlich ist es hier, weit vor den Toren der Stadt, das letzte Haus ganz am Ende eines kaum besiedelten Feldweges. Um uns herum Gärten, Wiesen, Wälder, dazu ein herrlicher Blick auf Adelaide mitsamt Hafen und Meer dort unten im Tal.

Am vergangenen Samstagmorgen um 6.30 Uhr sind wir in der Stadt angekommen, nach einer zehnstündigen Fahrt mit dem Bus ca. 800 Kilometer von Melbourne. Wie gut man sich erholt, wenn links vorne Stinkfüße, hinten links Schnarchnasen, vorne rechts Telefonsüchtige und hinten rechts Leselampen mitfahren, kann man sich vorstellen. Zur versuchten Wieder-Menschwerdung gehen wir erst mal ins Adelaide Aquatic Center, wir duschen und schwimmen ein paar Bahnen. Vor Müdigkeit ertrinken wir fast, aber wenn man Haie, Schlangen und Spinnen in Australien überlebt hat, ist es eine Frage der Ehre, nicht in einem Schwimmbad zu ersaufen.

Zurück zum zentralen Busbahnhof, wo uns dann gegen 12.30 Uhr Ella mit ihren Söhnen Tjuruparu (6) und Nolie (3) – beides australische Aborigine-Namen – abholt und zur Barbecue-Party einer guten Freundin mit circa 23 Kindern und doppelt so vielen Erwachsenen schleppt. Wir schlagen uns tapfer, auch wenn wir die Geschichte, warum gut situierte alte Säcke wie wir unbedingt für Umme im Garten von Fremden arbeiten wollen, hundert Mal erzählen müssen, dabei immer mindestens ein Kind auf den Schultern oder dem Kopf (zuletzt auch im Gesicht, nur weil ER dem Kleinen erzählt, dass er winzige Tiere im Bart hat, die eine Notreserve sind, wenn das Essen mal aus ist. Kein Bart auf der ganzen Welt ist je so gründlich untersucht worden…). Am Nachmittag kommt dann auch Ellas Freund Thomas, und wir fahren zusammen nach Summertown.

Ella ist Lehrerin, Thomas Krankenpfleger, Tjuruparu Schüler und Nolie – noch – anhänglich. Die Familie versucht, so viel wie möglich von selbst Angebautem zu leben. Entsprechend ist der 3,5 Hektar große Garten voll von Obstbäumen, Gemüsebeeten und natürlich einem Hühnerstall. Dazwischen stehen herrliche Blumenstauden und Büsche, das Ganze idyllisch naturbelassen, mit kleinen Pfaden, die sich durch das Gelände schlängeln und die man besser etwas lauter ertrampelt. Richtig, wegen der Schlangen. O-Ton Ella: „Denkt daran, die Schlangen kommen bis ans Haus, und JEDE Schlange hier ist giftig." Aber war das nicht bei Adam und Eva auch schon so? Egal, wir haben bisher keine Schlangen gesehen. Von überall hat man aber, da das Gelände etwas abschüssig ist, den tollen Blick auf Adelaide. Das Paradies hier hat einen großen Nachteil: Es macht viel Arbeit und da die Erwachsenen Vollzeitjobs haben, ist Vieles noch nicht fertig. Zumal die beiden wirklich liebenswerten und tollen Typen zusätzlich immer mal wieder neue Pläne haben, die sie dann auch angehen, ohne dass die anderen umgesetzt sind. Ein solcher neuer Plan ist unser Hauptprojekt, die Gemüsebeet-Tanks („veggie patches").

So sehen unsere Tage hier aus: Aufstehen, gemeinsames Frühstück mit der Familie, dann kümmern meist wir uns um den Abwasch. Ab in die – vor Dreck schon stehenden – Arbeitsklamotten und ran ans Werkzeug. Jeder der großen Tanks braucht zuerst eine Bewässerung, also vergraben wir Schläuche („tubes") tief im Boden und führen sie in die einzelnen Tanks. Dann kommen zehn Zentimeter Kies („gravel") drauf. Natürlich steht der Kieshaufen nicht neben den Veggie Patches, sondern ganz am Anfang des Gartens. Also schippen wir das schwere Zeug wie blöde in die Schubkarre („wheel barrow"), fahren das Ding armverlängernd weit durch die Pampas (manchmal zieht die Karre mehr, als dass man sie fährt), nehmen fast immer den richtigen Weg, bremsen fast immer vor dem richtigen Tank ab und schippen die Karre dann wieder leer.

Ist der Boden ausreichend mit Kies bedeckt, legen wir eine Spezialfolie – wofür auch immer, sind wir Gärtner??? – drüber und füllen den Tank mit Erde. Das bedeutet, die Kiesprozedur zum Quadrat nehmen, denn zuerst muss die Erde aus dem steinigen Lehmboden (Haufen links vom Kies) und guter Muttererde (Haufen rechts vom Kies – oder war es umgekehrt?) in der Mischung ein Drittel/zwei Drittel zusammengemischt werden. Das bringt Akademiker echt zum Nachdenken. Wir sind mittlerweile sicher, dass 7/14 Schippen auch richtig ist. Wenn es Nudeln zum Lunch gab, dann auch mal 8/16, mehr geht nicht.

Puls, Muskeln und Sehnen senden irgendwann Signale wie Alarmanlagen aus, daher gibt es noch jede Menge Nebenprojekte mit denen wir uns beschäftigen können: Altrosenrupfen, Unkraut jäten (Tonnen!!!), Johannisbeerenernten, Zitronenbeimnachbarnpflücken (der Baum trägt das ganze Jahr über bestimmt hundert Früchte!), Wegefreischneiden (wegen der Schlangen), Sonnenblumenbeetanlegen etc. pp. Das Allerschlimmste dabei: Es macht tierischen Spaß, auch wenn es unglaublich anstrengend ist, was aber auch viel mit unserem deutschen Ehrgeiz, die Dinge fertig zu kriegen, zu tun hat. Bezahlt werden wir mit der tollen Unterkunft und allerbestem, immer selbst gemachtem, frischem Essen. Das gemeinsame Dinner und der Abwasch läuten den Feierabend ein.

Und da ja Advent ist, liest die ganze Familie anschließend zusammen mit den hundemüden Gastgärtnern jeden Abend ein paar Absätze aus der Weihnachtsgeschichte. Maria, Josef und der Esel – alle aus Filz – marschieren jeden Abend einen Schritt weiter von einem Stein zum nächsten in Richtung Krippe. Unter jedem Stein liegt ein kleiner Klebestern, den dann jeden Abend ein anderer an ein buntes Tuch über der Krippe pinnen darf. Das ist nicht annähernd ein Ersatz für Advent mit Familie und Freunden, aber trotzdem fühlen wir uns hier schon ein kleines bisschen zu Hause…

Mit einem Tränchen im Augenwinkel verabschieden wir uns heute von unserer Gastfamilie, nachdem wir gestern als einen schönen Abschluss der Arbeit noch ein neues Beet für einen Orangenbaum angelegt, ummauert und mit Erde gefüllt haben. Dabei hatten wir zum ersten Mal Besuch von einem wild lebenden Koala, der in einem der Bäume auf dem Nachbargrundstück wohnt. „Whitebottom“, wegen des weißen Popos, kommt wohl jedes Jahr im Sommer vorbei. Auch wenn wir froh sind, dass die müden Knochen und Muskeln nach sechs Tagen Schuften erst mal keinen Garten mehr beackern müssen, werden wir die Arbeit und vor allem unsere Gastfamilie vermissen. Wir haben in den Tagen viel mehr über Australien gelernt als in den zwei Monaten der Reise vorher, was sicher auch daran liegt, dass wir bei aller Verschiedenheit doch ähnlich sind in den Vorstellungen, wie ein Leben sein sollte und wie nicht.

Zum Beispiel hat uns Ella die Geschichte von Wolfie erzählt, der im nächst größeren Ort, in Stirling, einen Schallplatten- und CD-Laden hat. Natürlich sind wir da bei einem kurzen Einkaufsbesuch reingestolpert – ein wirklich toller Laden mit gebrauchten und neuen CDs, eben solchen LPs und Singles (unter anderem von Mireille Mathieu und dem Loriot-Hund Wum vom „Großen Preis“!!) und mit nagelneuen High-Tec-Schallplattenspielern, ein Traum für jeden Musikfan.

Eine Freundin von Ella jedenfalls hat, berichtet sie weiter, über einen gewissen Wolfgang, den ortsansässigen Immobilienmakler, Interesse an einem Haus bekundet und ein paar Wochen nach dem Erstgespräch noch ein paar Fragen dazu stellen wollen. Sie marschiert also wieder in das bekannte Büro des Immobilienmaklers und steht mitten in einem Plattenladen. Die Leute in dem Laden sind die gleichen wie vorher in dem Maklerbüro, aber es ist jetzt definitiv ein Plattenladen. Die Bedienung erklärt der Verwunderten, dass „Wolfie“ schon immer mal einen Plattenladen haben wollte und nun eben einen eröffnet habe. Die Maklerakten seien im Keller, sie könnten also durchaus noch Fragen zu dem Haus beantworten, aber den Verkauf habe ein anderes Büro übernommen. Vom Immobilienmakler zum Plattenhändler, das sind Menschen ganz nach unserem Geschmack.

Ella hat ein dazu passendes Gebet ausgeschnitten und an die Kühlschranktür gepinnt: „Gott helfe uns bei der Veränderung. Dabei, uns selbst und die Welt zu verändern. Dabei, um die Notwendigkeit der Veränderung zu wissen. Dabei, mit der Angst davor umzugehen und die Freude daran zu spüren. Dabei, die Reise anzutreten, ohne das Ziel zu kennen. Die Kunst einer sanften Revolution.“

Sicher nicht fehlen wird uns das laute Organ von Nolie, der einem schon am

Frühstückstisch den Trinkspruch „Cheers, big ears" oder einfach „Go away" entgegen brüllt und den wir am Ende nur noch „Feuerwehrsirene" oder wegen seines Lieblingswortes „Mr. No" nennen.

Erfolgreich vorbeigekommen sind wir am Sauerkraut. Offensichtlich ist man in dieser Ecke Australiens der Überzeugung, dass alle Deutschen Sauerkraut lieben. Der Ruf wird etwas nördlich von Adelaide auch nachhaltig gepflegt: Im 19. Jahrhundert sind evangelische Deutsche aus Preußen hier hin ausgewandert und hatten neben der lutherischen Bibel vor allem Weinsetzlinge dabei. Mittlerweile ist dieses Barossa Valley eines der beliebtesten Weingebiete Australiens, Orte wie Hahndorf oder Lobethal sind berühmt – auch für Pretzels, Mettwursts, Sauerkraut und Oompha-Bands. Das Ufftata für die Touristen werden wir uns aber nicht geben, wenn wir unsere Reise mit dem Campervan zurück nach Sydney im Barossa Valley beginnen.

WEIHNACHTSLIEDER FÜR KÄNGURUS AM KAISERSTUHL

Es ist schon beeindruckend, was aus den paar Setzlingen der deutschen Flüchtlinge von vor 170 Jahren so geworden ist: Eine unglaubliche Fülle von Weingütern in dem nur knapp 30 Kilometer langen Tal. Selbst Bierfreunde wie wir kommen nicht an einem Vinetasting, einer australischen Weinprobe, vorbei. Prompt wandern zwei Flaschen aus dem Weingut „Jacob's Creek" – weiß und rot, wie es sich gehört – in die Einkaufstüte.

Der Rote ist dabei schon fast vollständig einer köstlichen Pasta-Begleitung in der Campingplatz-Küche hier in Nuriootpa an einem Ende des Tales zum Opfer gefallen. 1842 zuerst von Briten besiedelt sind die erwähnten lutherischen Deutschen schon sehr bald in diese Gegend gekommen und haben sie nicht nur durch den Weinbau stark geprägt.

Wir fahren durch die heiß-trockene, unverkennbar australische Landschaft und biegen plötzlich in eine Hoffnungsthal-Road ein, fahren am Dorf Seppeltsfield mit dem Weingut Langmeil vorbei, wandern im Conservation Park Kaiserstuhl (Little Kaiserstuhl und Steingarten sind direkt daneben). Das Möbelgeschäft im Ort wird von Familie Wohler geführt, Firmen gehören den Herrschaften Linke, Juncken, Hampel und Graetz. Wer wohl die benachbarte Ortschaft Verdun und den Marne River eingeführt hat? – Je ne sais pas…

Nur rund 50 Kilometer von Summertown in den Adelaide Hills sind wir am ersten Tag gefahren, haben nochmal in Stirling eingekauft (unter anderem bei Wolfie's

Records!), um dann in Nuriootpa direkt neben einem Cricketfeld zu campen. Entsprechend beginnt der heutige Tag mit Sportschau live. Gerade findet ein großes Turnier der unter-zwölfjährigen Staatsauswahlen im Cricket statt. Die Kids spielen fast eine ganze Woche lang jeden Tag sechs Stunden Cricket – ein Spiel, das hier ziemlich die Medien bestimmt, wahrscheinlich weil es für alle Nicht-Cricket-Nationen völlig unverständlich ist. Stundenlang stehen die schick gekleideten Spielerinnen und Spieler auf dem Rasen rum, es passiert wenig und noch weniger. Das Publikum ist in innigste Gespräche vertieft, bis dann aus dem Nichts kurz und heftig gejubelt wird – warum auch immer. Danach geht es ebenso aktionslos weiter, manchmal stunden-, manchmal aber auch tagelang. Das ist ein Spiel für Leute, die viel Zeit haben.

Also nicht für uns, wir machen den Camper fit für die Reise, das heißt Vorhänge und Matratzenbezüge waschen, alle Flächen desinfizieren, was wohl am fortgeschrittenen Alter liegt. Wenn man sich schon fragt, was die Vormieter in der Karre gemacht haben, ist es schlimm, wenn man es sogar sieht, dann ist es widerlich. Nun, nach dem Frühjahrsputz im Dezember, ist es gemütlich mit unserer Betty Boop, die alle Seiten des Campers ziert. SEINE Hoffnung „nur nicht Oasis" ist also erfüllt. Nun ist es der erste sexy Comicstar der Welt, aus den 1920er Jahren. Wir fallen also überall auf, spätestens wenn wir aussteigen, denn, so sagt der Angestellte beim Vermieter Wicked Campers: „Normalerweise mieten Studenten unsere Wagen". Wir fühlen uns dagegen wie Luxus-Camper, denn gegenüber dem Ford Falcon ist Betty der Knaller. Wir haben eine kleine Küche im Kofferraum, eigene Stühle und einen Tisch, wir haben Vorhänge, Stauraum und müssen nicht immer alles umbauen, wenn wir losfahren wollen.

Last but not least: Der Wagen stammt ursprünglich aus Westaustralien. Er hat einen Aufkleber der Margret River Surf School in der Fahrertür und erinnert uns an die tolle Zeit dort. Ein gutes Omen für Betty!

Von der großen Leere Südaustraliens (1,4 der 1,6 Millionen Einwohner des Staates wohnen in Adelaide) haben wir noch nicht viel mitbekommen, was sicher daran liegt, dass wir in einer der touristischsten Gegenden des Bundesstaates unterwegs sind und uns auch ein paar Highlights aussuchen: Eine Schokoladenfabrik (wir waren die schlanksten Kunden!!), eine Lavendelfarm (ein Traum für Augen und Nase) und eben ein Weingut, unterbrochen von einer tatsächlich völlig einsamen Wanderung rund um den hiesigen Kaiserstuhl, bei der wir nur zwei Kängurus im Mittagsschlaf stören. Als das eine aufspringt und sich angriffslustig die Hände reibt, brechen wir unsere Konversationsversuche ab und ziehen unter Absingen von Weihnachtsliedern von dannen. Es ist der Zweite Advent.

Endlich sind wir wieder am Meer, rund 300 Kilometer südlich von Adelaide, an Salzseen vorbei die Limestone Coast runter. Dank des Tipps unserer Garten-Gast- und Arbeitgeber Ella und Thomas sind wir an einem wunderschönen Fleckchen namens Robe gelandet, von Engländern unter einem Governor Robe gegründet. Der besondere landschaftliche Reiz des Örtchens an der Guichen Bay (zuerst von einem Franzosen entdeckt und nach dessen Chef benannt) ist, dass es – auf einer spitzen Halbinsel liegend – zwei völlig unterschiedliche Arten Küste miteinander verbindet: Auf der einen Seite 18 Kilometer langer weißer – läuferfreundlicher Sandstrand mit friedlichem Meer, das überall zum Schwimmen und Surfen einlädt. Der Strand ist so breit, dass die meisten der wenigen Besucher direkt mit dem Wagen auf den Sand fahren, zwei, drei Kilometer am Meer entlang, um dann ein einsames Plätzchen für sich und den Truck alleine zu haben. Auf der anderen Seite des Ortes beginnt dann eine felsige Kalksteinküste, die zu Klippenwanderungen und Fotoaufnahmen einlädt.

Der Ort selbst ist (natürlich für australische Maßstäbe) alt: Anfang des 19. Jahrhunderts gegründet, stehen noch rund 90 Häuser aus den ersten Jahrzehnten. Das sieht dann doch auch für europäische Augen mal richtig gut aus: Steingemauerte Häuschen mit bunten Gärten davor. Aber auch die neuen Gebäude haben uns gefallen. Schön geschnitten, Terrassen mit Meerblick und riesige Fenster – ideal, um einen Lottogewinn anzulegen. Oder eben nur schön anzusehen und um in einen Briefkasten davor Weihnachtspost einzuwerfen. Weltreisen macht genügsam. Außerdem ist der Campingplatz – an einem See und nicht weit von Ort und Küste gelegen – top.

Beziehungsweise: Er war top. Haben wir und Betty in der ersten Nacht noch gut geschlafen, haben uns heute in tiefster Dunkelheit Insekten den Krieg erklärt. An die dummen hiesigen Fliegen sind wir fast schon gewöhnt, auch wenn sie immer wieder versuchen, in Augen, Nase, Ohren und Mund zu fliegen. Letzteres ist beim Essen besonders lustig: „War das jetzt eine kleine Kaper oder eine große Fliege, auf die ich gebissen habe?" Vergangene Nacht aber haben uns Moskitos überfallen. Wir zählen je über 20 Stiche. Obwohl SIE mehr als ein Dutzend von ihnen eigenhändig tötet, surrt, fiept und sticht es immer weiter – eine der übelsten Nächte seit der Nachtbusfahrt von Melbourne nach Adelaide, wenn nicht gar seit Singapur.

Die Schlacht ist verloren, der Überraschungsangriff der feindlichen Viecher an allen Fronten erfolgreich. Der Krieg ist aber noch lange nicht entschieden. Wir decken uns mit Munition und Kampfstoffen verschiedener Art ein (die Genfer Konvention gilt hier nicht): Moscito coil (eine Art Räucherstäbchen gegen die Monster), Anti-Insektenkerzen, Anti-Insektenarmbänder und ein Spray namens „Rapid kill – Insect Killer". Wir werden sie besiegen, auch wenn gerade eine neue Front eröffnet wird: Eine Schulklasse mit rund 15 Mädels, 3 Jungs und 2 Lehrern ist eben angekommen und baut Zelte direkt neben uns auf. Der Campingplatz-Betreiber hat uns netterweise Ohrenstopfen und die Möglichkeit des Umzuges auf einen anderen Platz angeboten. Aber wir sind standhaft und weichen nicht!

DIE *ZEHN* PRÄGENDSTEN TIERBEGEGNUNGEN

FLAMINGOS IN DER LAGUNA COLORADA, *BOLIVIEN*

GUANACOS IN PATAGONIEN, *ARGENTINIEN*

HÖRNCHEN AM WEGESRAND IN CANMORE, *KANADA*

KARIBUS IM JASPER NATIONALPARK, *KANADA*

KOALA „WHITEBOTTOM" IN SUMMERTOWN, *AUSTRALIEN*

KONDOR BEI PUTRE, *CHILE*

(GESTRIEGELTE UND GEGELTE) PUDEL IN *PANAMA CITY*

SCHWARZBÄR IM JASPER NATIONALPARK, *KANADA*

SEESTERNE AM PLAYA DE LAS ESTRELLAS, *PANAMA*

WALE VOR DEM STRAND VON HASTINGS POINT, *AUSTRALIEN*

„Die Nähe zum Südpol beeinflusst unser Wetter enorm!" – Wir halten den über-teuertes Bier verkaufenden Barmann in Peterborough zuerst für einen Quacksal-ber, aber wenn man sich eine Weltkarte und das derzeitige, überhaupt nicht australische Wetter genauer ansieht, liegt der Gute vielleicht doch nicht so falsch. Zwischen hier, der Great Ocean Road im Süden Victorias und dem Südpol gibt es nur noch flüssiges oder gefrorenes Wasser und dem Mitteleuropäer sein Azo-renhoch ist dem Victorianer eben das Südpoltief. Kurz: Das Wetter ist höchst wechselhaft. Kratzen die Temperaturen an einem Tag an den 40 Grad, und scheint die Sonne erbarmungslos, sind es tags darauf unter 20 Grad, und es reg-net junge Hunde. Heute Nacht hat ein Gewitter alles gegeben und unsere Betty einem Dichtigkeitstest unterzogen. Leider ist die Dame inkontinent, und ER liegt irgendwann im Wasser.

Haben wir in Australien – wahrscheinlich aus Heimweh – immer mal wieder eu-ropäische Assoziationen („hier sieht es fast aus wie in…"), so sind wir seit zwei Tagen tatsächlich in Irland. Wir überlegen immer noch, in welchem unserer Se-kundenschlafe während der Fahrt (vor den Microsleeps warnen immer wieder große Schilder) es uns über tausende Kilometer auf die grüne Insel getragen hat. Der Eindruck kommt nicht nur vom derzeit typisch irischen Wetter – vier Jahres-zeiten an einem Tag. Auch der von Westen aus gesehen erste Teil der weltbe-rühmten, fast 250 Kilometer langen Great Ocean Road ist Irland pur: Die Straße, die Farben, der Bewuchs, die saftig grünen Hügel und Felder und natürlich die herrlich zerklüftete Küste wie an den Cliffs of Moher im Westen Eires.
Das Bild runden dann eingewanderte Paddys ab, die die irische Fahne in ihren Gärten wehen lassen, ihr Pub Dublin Inn, den Campground Belfast Holiday Park und einen größeren Ort Killarney nennen, exakt 17.001 Kilometer Luftlinie vom „echten" Killarney im County Kerry entfernt. Beinahe halten wir an und kaufen von Makler Bill O'Halloran das nette Häuschen am Ortsrand. Gut, dass wir das nötige Kleingeld in den vergangenen Wochen bereits für Lebensmittel ausgege-ben haben…

Ein gutes Stück hinter den Twelve Apostels, bei denen wir kurz einen Massen-tourismus-Schock bekommen, führt die Straße von einem Kilometer auf den an-deren plötzlich aus Irland raus mitten in den Regenwald. Wenigstens hat uns dichtgepackter Nebel den Übergang erleichtert, in Fantasy-Filmen ist das auch immer so: Eine Welt, Nebel, eine andere Welt, damit können wir umgehen. Statt Strandspaziergang latschen wir also zu Mittag plötzlich durch üppigen Wald und lassen uns von dem mannshohen Farn an den Ohren kratzen. Der Weg soll uns zu einem riesigen, 60 Meter hohen und 300 Jahre alten Baum führen. Erst an der Stelle, an der er dann endlich stehen soll, werden wir informiert, dass er 2009 umgefallen ist. Die Wanderung hat sich trotzdem gelohnt.

Regenwald, Nebel, neue Welt – jetzt sieht die Great Ocean Road aus, wie wir sie uns vorgestellt haben: direkt an der Küste entlang, Klippen hoch, Klippen runter, Haarnadelkurven, links bröckeliger Fels, rechts geht es steil runter in schäumendes Meer. Den Fahrspaß erhöht strömender Regen, IHR ist zu übel, um die herrlich an-, durch- und ausgefahrenen Monsterpfützen noch angemessen zu würdigen. Dann kommen wir in Aireys Inlet an, einem kleinen Küstenörtchen, das trotz seiner wunderschönen Lage kaum von Touristen angelaufen wird. Dabei würde es sich lohnen: Strände, Leuchtturm, Cafés, Pub und ein herrlicher Laufweg oben auf den Klippen, den wir am Morgen direkt ausprobieren. Natürlich begegnen wir einer Laufgruppe mit Coach, es ist also fast so wie zu Hause!

HEADBANGEN BEIM FLIPPERN UND DIE GREAT ALPINE ROAD

Da wir die Extreme mögen, fahren wir von der Great Ocean Road nach ein paar hundert Kilometern auf die Great Alpine Road, quer durch die einzige Skiregion Australiens. Da auch die Einheimischen selbst schmunzeln, dass ihre Tourismusbehörde die Gegend „Australische Alpen" nennt, erlauben auch wir uns ein „Die sind aber süß!". Auch wenn der höchste Berg des Kontinents 2.200 Meter misst, sieht das dann doch mehr aus wie der australische Schwarzwald. Üppige Nadelwälder, der ein oder andere Gebirgsbach, viele Blumen, aber eben kaum felsige Berge oder durchgängig richtig saftiges Alpen-Grün.
Stilecht fahren wir durch „Freeburgh", das laut Karte direkt daneben liegende Germantown hat unseren Besuch nicht mehr abgewartet und ist verschwunden. Dass es hier aber tatsächlich im Winter Schnee geben muss, zeigen die vielen Skiverleih- und Liftpass-Schilder in den Orten. Es gibt die Enzian-Bakery und das Edelweiss-Café, und einige Straßen sind tatsächlich von Juni bis Oktober wegen Schnee geschlossen, im gleichen Zeitraum gilt in der Region eine Schneeketten-Pflicht. Das alles kommt einem bei gleißender Sonne, 35 Grad und der typisch australisch ziemlich verbrannten Landschaft etwas absurd vor, zumal wir seit drei Tagen an gefühlt hunderten Schildern vorbeifahren, die vor Eis, Schnee und gefrorenen Straßen warnen. Offenbar hat der Australier an sich nicht so die Erfahrung mit zünftigem Winterwetter.

Zwei Nächte schlafen wir in dem für seinen Honig und die vielen historischen Gebäude (Alte Deutsche schmunzeln wieder) aus der hiesigen Goldrauschzeit um 1850 bekannten Dorf Beechworth. Betty steht ganz idyllisch auf einem weitläufigen, an einem See mitten im Wald gelegenen Campingplatz, bei nachts unter zehn Grad, entsprechend toller Luft und himmlischer Ruhe.

Auch wenn in Beechworth außerdem laut Werbeschild an der Tür ein gewisser Dieter Bach einen Antiquitätenladen in einer Kirche führt, ist der absolute Höhepunkt des Ortes ganz modern: Ein nagelneuer AC/DC-Flipper im Pub „The Hibernian" und da KENO, das wir manchmal zur erhofften wundersamen Budgeterweiterung spielen, nicht funktioniert, widmen wir uns dem Hardrock-Kasten. Ein Traum! Zuerst müssen wir uns einzelne Songs erflippern, die dann in voller Lautstärke aus den Boxen dröhnten, inklusive der Glocke von „Hells Bells", dem Zug von „Rock'n'Roll-Train" und natürlich der Kanone von „For those about to rock…we salute you" – eine einzige miese Geschäftemacherei, denn wer kann beim Headbangen eine Flipperkugel kontrollieren? Wir nicht!

Mit dröhnendem Schädel fahren wir anschließend fast 400 Kilometer durch eine sehr schöne Gebirgshügel-Landschaft und kommen im laut Selbstbeschreibung „Ort im Schneetal", in Gundagai, an. Hier campen wir eine Nacht zwischen Schwimmbad und Highway, den wir morgen dann weiter in Richtung Sydney brettern. Zwei Nächte bleiben wir noch in Küstennähe, bevor wir Betty zurückgeben, um Sydney ein zweites Mal unsicher zu machen.

Der Grund für Küstennähe statt Küste ist, dass je näher das Meer, umso unverschämter werden die Preise. Ein Campground-Besitzer in Kiama hat sich nicht entblödet, uns telefonisch einen Platz für unseren Campervan pro Nacht (ohne Strom!) für 59 Dollar anzubieten. Das sind fast 50 Euro, für ein paar Quadratmeter Gras, ein bis zwei Mal Klo und Dusche benutzen. Frech.

GOOD BYE 2012, GOOD BYE AUSTRALIA – UNSERE RESTE-RAMPE 3

Wenn wir es im Internet richtig nachgelesen haben, sind der australische Hochsommer und der deutsche Hochwinter derzeit gar nicht so unterschiedlich. Wir sitzen jedenfalls am heutigen 1. Weihnachtstag im Hostelzimmer, während es draußen bei unter 20 Grad seit Stunden heftigst gewittert und regnet. Gut so, wir nutzen die Zeit, wärmen pünktlich zur Abreise aus Australien noch einmal ein paar Geschichten auf und schließen dann unsere Reste-Rampe, jedenfalls für diese Weltreise. Voilà:

Um trotz durchschnittlichen Temperaturen von 30 Grad und Sonne etwas in Weihnachtsstimmung zu kommen, besuchen wir in drei unterschiedlichen katholischen Kirchen Gottesdienste, zuletzt die Weihnachtsmesse in der mit tausenden Menschen voll besetzten Kathedrale von Sydney. Der Eindruck ist überall derselbe: Auch wenn die Liturgie bis auf die Sprache identisch ist, bleibt das Ganze ungewöhnlich fremd. Der Pfarrer rast durch die Texte, das gemeine Volk hat mindestens drei verschiedene Zettel in der Hand und ist aufgefordert, nahezu die gesamte Liturgie mitzuleiern. Musik und Gesang gibt es nur in der Kathedrale, aber auch hier ist es trotz des Anlasses seltsam unfestlich. Vorne der rasende Prediger, rechts und links von uns werden fleißig SMS und Facebook-Einträge geschrieben, ein ständiges Kommen und Gehen hält Stehende und Sitzende während des ganzen Gottesdienstes auf Trab. Und was in der deutschen Weihnachtsmesse die übliche Schmuck- und Klamottenbeschau ist, wird hier mit viel Fleisch wettgemacht. Wir haben noch nie so viele ultra-leicht Bekleidete in einer Kirche gesehen. Und die Kollekte-Sammler gehen zwei Mal rum. Unglaublich.

Ein trauriges Bild hat sich uns auf den vergangenen vielen tausend Kilometer durch Australien eingeprägt: Ausgetrocknete Fluss- und Bachbetten. Unglaublich viele, mehr oder minder breite Brücken führen hier über kümmerliche Rinnsale. Dabei ist es schon besonders, wenn überhaupt noch etwas rinnt oder fließt. Was wir von Einheimischen gelernt haben, ist, dass das trockene Hinterland – wie viele andere Ökoprobleme Australiens auch – selbstgemacht ist. Der Kontinent war einmal ein Land riesiger Flüsse. Durch die Besiedlung und die mehr und mehr industrialisierte Landwirtschaft wurden und werden sie nun an so vielen Stellen angezapft, dass sie trocken fallen, da gleichzeitig zu wenig Wasser von oben nachkommt. Seit Jahrzehnten versuchen verschiedene Bundesregierungen hier beispielsweise den Fluss Murray wiederzubeleben, aktuell gibt es dafür sogar einen eigenen Wasserminister. Da für das Gesamtprojekt einzelne Regionen nachgeben müssen, steht der Erfolg weiter in den Sternen.

Die Welt von Australien aus gesehen ist eine andere. Es ist beispielsweise sehr interessant, eine australienzentrierte Weltkarte zu betrachten. Europa ist da unglaublich weit weg und winzig im Vergleich zu China, Russland oder den USA. Gut, dass ein Großteil der Bevölkerung europäische Wurzeln und damit ein großes Interesse am alten Kontinent hat. So ist Europa hier doch ein großes Thema, nicht nur in den Nachrichten. Wir sehen zum Beispiel eine sehr gute BBC-Serie zum Aufstieg und Fall des Nationalsozialismus, die wir deutschen Medien nicht zugetraut hätten. Umso überraschter sind wir, dass die Serie von Spiegel TV mitproduziert ist. Jede Zeitung hier hat natürlich auch ihre eine bis drei Welt-Seiten.

In einem Fall ist die Auswahl schon sehr interessant. Da gibt es Artikel zur Sarkozy-Nachfolge, zu den Siedlungsaktivitäten Israels und der Haltung der USA dazu etc. pp. Aus Deutschland wird einzig und allein berichtet, dass dort der Sex mit Tieren verboten worden ist. Welches grundsätzliche Problem der Redakteur wohl mit Deutschland hat, werden wir nie erfahren.

Zum guten Schluss noch ein kleines Resümee: Je länger wir durch die verschiedenen Ecken von Australien fahren, umso mehr finden wir den weltweiten Hype um die Ostküste des Kontinentes übertrieben. Sie ist auf jeden Fall eine Reise wert, aber das sind fast alle anderen Fleckchen, die wir gesehen haben, genauso. Also unser Tipp: Der Weg nach Australien ist viel zu weit, um dann nur von Sydney oder Brisbane nach Cairns zu reisen. West- und Südaustralien mit den Städten Perth und Adelaide sind ebenso traumhaft wie Melbourne und das Küsten- und Hinterland von Victoria. Auch die Highlands und die Südküste von New South Wales, die selbst unser Reisführer kaum würdigt, sind wunderbar. In diesem Sinne, Mates: Get there!

DAS PARADIES AUF ERDEN. ODER DOCH NICHT?

Drei Stunden Flug von Sydney bringen uns in eine ganz andere Welt. Neuseeland ist das Land mit den vielfältigsten verschiedenen Landschaftsbildern auf so kleinem Raum – kurz: Die ganze Welt auf ein paar Inseln. Einige Naturräume erleben wir schon in den ersten Tagen, so die eher irisch-schottisch anmutende Banks Paninsula, auf der wir im Onuku Farm Hostel mit Außendusche und -klo übernachten und zu der wir am Ende unserer Reise nochmal zurückkehren. Denn zum herrlich einsam an einem bewaldeten Berghang mit Blick aufs Meer gelegenen Hostel gehören weitläufig verstreut liegende „Sternengucker-Hütten" – Holzhütten, die nicht größer sind als ein Zelt mit Platz für zwei Matratzen und kompletter Verglasung über dem Kopfende, eben zum Sternegucken.

Silvester verbringen wir in Hanmer Springs, unserer zweiten Station in Neuseeland. Der Ort ist die Wellnesshauptstadt auf der Südinsel, die Bergregion erinnert doch sehr an den Schwarzwald. Stilecht begießen wir den Jahreswechsel dann ausgiebig mit „Montheith's Radler" vom Fass. Dass die wirklich leckere Plörre mehr Alkoholgehalt hat als normales Bier, merken wir am völlig verkaterten Neujahrstag. Trotz Alkoholverbot auf öffentlichen Plätzen und ohne Feuerwerk (wegen der Waldbrandgefahr in der Region) ist die Silvesterparty unerwartet ein echter Kracher. Zuerst besiegt Adelaide United den FC Sydney mit 3:0 (Sky Sports), anschließend rockt ein wie der etwas kräftigere Freund von „Braveheart" aussehender, multitalentierter Musiker den Laden und uns mit. ER knutscht zum Neujahr hat sogar einen Mann (auf die Wange!), damit SIE es nicht muss. Ganz schön kratzig.

Wir fühlen uns – bis auf den Raubtier großen Kater – pudelwohl und endlich wie im Urlaub, auch wenn es das im Nachhinein schwierig macht, die Art des wirklich tollen Aufenthaltes in Australien zu definieren. Alleine die Entfernungen sind schon andere. Ganz Neuseeland ist ungefähr so lang wie die Strecke von Brisbane nach Cairns (1770 Kilometer), und wir bleiben fünf Wochen „nur" auf der Südinsel. Auch die Preise sind andere, die Zahlen in den Speisekarten und im Supermarkt sind nicht viel, aber etwas kleiner als die in Australien. Sehr viel günstiger und angenehmer als auf dem Landkontinent sind die Hostels. Sauber, toll gelegen und statt Kindergarten, der Tag und Nacht Terror macht, ein bunt gemischtes Völkchen als Gäste. Zum guten Preis kommt der für uns bessere Umrechnungskurs. Kostet ein australischer Dollar bis zu 80 Euro-Cent, zahlen wir für einen Neuseeland-Dollar nur 62 Euro-Cent. Das kann schön so bleiben, liebe Griechen, Engländer, Angie, Fiskalklippen-Amerikaner und wer noch alles unseren Wechselkurs in den nächsten Monaten versauen mag.

„Awesome" (Wunderbar) ist offensichtlich das Lieblingswort der Neuseeländer, ein weiterer positiver Aspekt für das Land und natürlich das Wetter: Kein heißer und feuchter Queensland-Waschlappen, sondern erfrischende 20 Grad und das offensichtlich inseltypische „four seasons a day" (4 Jahreszeiten an einem Tag). Gerade weht beispielsweise ein heftiger Sturm. Fast bestes Wanderwetter also, das wir ausgiebig nutzen, um dabei herrliche Landschaften zu erkunden.

Aber wie es im Leben dann wohl Gesetz ist: Das Paradies auf Erden gibt es nicht (sonst würde ja keiner mehr Kirchensteuer zahlen). Neuseeland ist ein Paradies auf einem Pulverfass. Das Land liegt genau auf dem „Ring of Fire", einer der tektonisch aktivsten Gegenden der Erde. Drei große Erdbeben haben in den vergangenen drei Jahren große Zerstörungen angerichtet. Teile der City von Christchurch, der Hauptstadt der Südinsel, liegen immer noch in Schutt und Asche, unter anderem der Turm der Kathedrale, eines der Wahrzeichen der Stadt.

Am nächsten Tag geht es weiter nach Hector bei Westport, also an die Westküste. Man erreicht das dortige Hostel nicht mit dem Auto, es liegt mitten im Busch 100 Meter über dem Meer mit direktem Seeblick. Es gibt also Schlimmeres. Zum Beispiel Zelten im Gewittersturm. Dennoch kaufen wir Helden uns eins, das gehört hier einfach dazu, und Campen hilft uns beim Budget. Der Boxing Day unterstützt uns dabei kräftig. So nennt sich im englischen Sprachraum der zweite Weihnachtsfeiertag mit Rabatten in den selbstverständlich geöffneten Geschäften, als fielen Sommer- und Winterschlussverkauf auf einen einzigen Tag. In Sydney haben wir uns noch bei einer Busfahrt über die Irren gewundert, die in mehreren hundert Meter langen Schlangen vor wegen Überfüllung geschlossenen und von Hundertschaften Türstehern gesicherten Kaufhäusern warten, um Schnapper zu machen. Im Outdoorladen unseres Vertrauens in Christchurch („Bivouac" rocks!!!), der seine Angebote auf die ganze Woche zwischen den Jahren ausdehnt, schlagen dann auch wir ganz ohne Schlange-Stehen zu: Merino-Klamotten um 30 Prozent reduziert, ein Super-3-Mann-/Frau-Zelt um 20 Prozent reduziert, dazu der Umrechnungskurs, einfach wunderbar. Müssten wir nicht alles Gekaufte noch 9 Monate lang um die Welt schleppen, wir hätten den Laden auf Links gedreht.

ALESSANDRO UND DER SINN UNSERER REISE

Manchmal fragen wir uns schon, warum wir uns den Stress einer Weltreise überhaupt antun. Ja, ja, wir sehen die Zurückgebliebenen schon in ihrem Büro, Wohn-, Arbeits- oder Arztzimmer sitzen und die Stirn runzeln: „Weltreisenden, die jammern, sollte man die Kreditkarte sperren." Aber im Ernst – eine Weltreise ist nicht die Aneinanderreihung von einem Sommerurlaub an den anderen. Ständig on the road zu sein, kann, auch wenn wir versuchen, an jedem Ort mindestens zwei Nächte zu bleiben, anstrengend werden. Immer wieder leben wir uns überall in kürzester Zeit neu ein. Wir sind aber offensichtlich immer noch nicht lange genug unterwegs, um uns ständig in der völligen Heimatlosigkeit wohlzufühlen. Mittlerweile verlaufen wir uns nachts auf dem Weg zur Toilette, weil wir im Tran meinen, noch in Onuku zu sein, dabei sind wir längst in Westport.

Dazu müssen wir jeden zweiten Tag entscheiden, wohin es denn weitergehen soll. Gerade in Neuseeland ist das schwer, denn jede Himmelsrichtung ist eine Reise wert und einfach treiben lassen geht nicht, da Hauptsaison und alles ziemlich ausgebucht ist. Auch das Nichtstun gelingt uns fast nie. Wenn wir morgens nichts tun wollen, sind wir abends doch etliche Kilometer gefahren oder ein paar Stunden gelatscht oder haben mindestens unserer Reisegeschichte viele Seiten hinzugefügt. Kurz: Manchmal denken auch wir uns: „Warum?" Weil gerade auf diese Frage sofort die Antwort kommt – in Form eines unbeschreiblichen Meeresblickes, in Form eines interessanten Gespräches mit einem italienischen Tramper, den wir aufgegabelt haben oder in Form einer wunderbaren Wanderung zu einem atemberaubenden Wasserfall (und all das innerhalb von nicht mal 24 Stunden).

Alessandro heißt der knapp 30-jährige Anhalter, aus Bari an der Stiefelferse stammend. In Bonn war er an der Uni, jetzt lebt er in Gent/Belgien und würde gerne mal für Daimler arbeiten. Wir haben ihm den Popo gerettet und uns eine unterhaltsame Fahrt beschert. Die Busverbindung von Hanmer Springs an die Westküste ist überschaubar – es gibt keine, außerdem haben fast alle Touristen ihren kleinen Mietwagen bis oben hin vollgestopft. Sie könnten keine Anhalter mitnehmen, selbst wenn sie wollten. Da kam unser uralter, weißer Nissan Sunny (der hier nur so heißt, eigentlich aber ein Primera ist, da der europäische Sunny hier den Namen Sentra hat…) gerade richtig. Unser Brassel passt komplett in den Kofferraum, so dass wir hinten links immer einen Platz freihalten können für Tramper wie Alessandro.

In den zweieinhalb Stunden Fahrt mit ihm diskutieren wir fast jedes Thema, das ihm oder uns einfällt. Erst mal typisch italienisch: Olivenöl, überwürztes Essen, miserabler Kaffee außerhalb der Heimat, die Schönheit Italiens. SIE (italophil!) bekommt Dank des ständigen heftig bestätigenden Nickens Genickstarre. Dann geht es um Autos: Vom miserablen Design eines FIAT-Multipla (ER und Alessandro sind sich einig: das hässlichste Auto aller Zeiten) über die Motorenqualität und gleichzeitige Karosserieschwäche italienischer Autos bis hin zu zukünftigen automatischen DNA-Tests auf Alkohol und Drogen vor der Abfahrt.
Nächste Kurve, rein in die Politik, Alessandro ist Gott sei Dank kein Berlusconianer (wir haben im Übrigen in den vergangenen Jahren auch in Italien noch NIE einen Berlusconi-Wähler getroffen, die gibt es offensichtlich gar nicht oder sie dürfen weder reisen noch mit Deutschen sprechen). Herrlich alt-antikapitalistisch wird Besitz in Frage gestellt, der Abgesang auf die Weltherrschaft Chinas angestimmt, leidenschaftlich die Führungsrolle Deutschlands in Europa gleichzeitig gefordert und abgelehnt. Und ganz am Ende wissen wir sogar, dass seine Oma sein Gereise verworfen, seine Eltern dagegen nicht, dafür haben sie – genetisch bedingt – einen zu hohen Cholesterinwert im Blut. In Westport verabschieden wir uns wie alte Freunde. Ci vediamo, Alessandro!

The Old Slaughterhouse in Hector bei Westport ist trotz der Saukälte und der ständigen Schauer bei unserer Ankunft an der Westküste dem Paradies ein Stück näher als viele andere Fleckchen Erde. Daher bleiben wir auch nicht nur drei

Nächte im Doppelzimmer, sondern werden noch für zwei weitere Nächte unser Zelt im Garten aufschlagen. David, der hier zusammen mit Ina, zwei Hunden und einer Katze lebt, hat das große, offene Holzhaus mit den riesigen Fenstern, das auch architektonisch ein Traum ist, vor gut 15 Jahren mitten in den Busch gebaut, rund 100 Meter über dem Meer und nur per Pedes einen steilen Pfad den Berg hinauf zu erreichen. Von überall – auch von unserem Bett in einer der Schlafhütten aus – ist der Meeresblick atemberaubend. Dazu ist es selbst bei Vollbelegung still, TV und Wifi gibt es nicht, dafür lauschen alle geradezu andächtig dem ständigen Anrollen der Brandung unterhalb des Berges. Fast in jedem der Gästebücher aus den vergangenen Jahren, die auf den Tischen liegen, stehen ähnliche Geschichten: „Wir wollten nur eine Nacht bleiben, es wurde ein Monat", „wir kommen jedes Jahr wieder", „wir sind schon das zehnte Mal hier". Es fällt also schwer, sich hier wegzubewegen, wir machen uns trotzdem auf und folgen einem eher lapidaren Rat unseres Reiseführers nach dem Motto: Wenn Ihr schon da seid, dann wandert mal eben den Charming Creek Walkway. Welche Untertreibung! Durch herrlichste Berglandschaft geht es immer am Hang eines reißenden Gebirgsflusses einen schmalen alten Schienenweg entlang, durch enge Tunnel hindurch, über kleine Brücken, unter tropfenden Überhängen hindurch, immer näher an ein urtümliches Getöse heran, bis sich dann auf einer ziemlich schwankenden Hängebrücke der unglaubliche Blick auf einen – auch dank des vielen Regens der vergangenen Tage – riesigen Wasserfall öffnet, wie wir selten einen gesehen haben. Und schon wissen wir es wieder: Deshalb sind wir ein Jahr lang auf Reise.

Vom Ankommen, nichts tun und weiterreisen

Fünf Tage und Nächte bei dem unterschiedlichsten Wetter, das man sich hier nur vorstellen kann – von sintflutartigem Regen und Gewitter bis zum knallblausonnigen Himmel, gefolgt von sternenklaren Nächten –, lassen das Old Slaughterhouse zu dem Stückchen Heimat werden, das wir offensichtlich so dringend gebraucht haben. Dazu beigetragen haben natürlich die Abgeschiedenheit und die Schönheit des Hauses, die unglaubliche Lage mit der blickfüllenden Aussicht auf das Meer, die Sonnenuntergänge in den feinsten Farben, die Menschen, die hier leben und eine gut sortierte CD-Sammlung im Wohnzimmer. Neil Youngs hingeheultes „Cortez the killer" bei der Aussicht und dem seit Jahrmillionen niemals ruhenden Hintergrundrauschen des Meeres ist wirklich kaum zu fassen. Aber auch wir selbst sind eines der ersten Male recht erfolgreich mit dem Versuch, nichts zu tun. Wie alltagskrank muss man sein, wenn gerade das so schwer fällt…

Der Weltreiseblues, der uns ein paar Tage erfasst hat, ist weg, wir freuen uns nun wieder aufs Weiterfahren. Erholt haben wir uns hier durch langes Schlafen, ausgiebigstes Frühstück, durchs Fenster oder von der Terrasse aufs Meer starren, lesen, Strandspaziergänge, gemütliches Kochen unter den beiden Prämissen „Aus wenig viel machen" und „Das Auge isst mit". Wieder etwas, das wir uns für zu Hause hinter die Ohren schreiben. Einen Gang zurückzuschalten und gerade für Kochen und Essen mehr Zeit zu nehmen, das muss auch an anderen Tagen als sonntags funktionieren. Wir sind ja sowieso der Meinung, dass viele Dinge im Alltag deutlich besser rundlaufen würden, wenn alle – inklusive wir selbst – öfter mal ausgiebig aus dem Fenster glotzen würden, ganz nach dem Motto der Müßiggänger „Wer nichts tut, macht nichts falsch, macht keinem anderen unnötig Arbeit und geht auch niemandem auf die Nerven", aber das ist eine andere Geschichte.

Einige verlockende Lebensentwürfe lernen wir im Old Slaughterhouse auch kennen, wie wir sie im Alltag selten finden, vielleicht weil wir da nicht richtig zuhören oder weil es sie tatsächlich nicht gibt? Da ist unser immer gut gelaunter Gastgeber David, der auch schon mal ein Vierteljahr als Schafscherer in Rom gearbeitet hat und dem die Idee, dieses Hostel zu bauen, angeblich zwei Tage vor seiner Rückkehr nach Neuseeland kam. Da ist seine Frau Ina aus der Nähe von Osnabrück, die 15 Jahre in Köln gelebt hat und jedes Jahr für einen Monat zurück nach Deutschland fliegt, um sich um ihre Mutter zu kümmern und der man anmerkt, dass man auch im paradiesischsten Paradies mal planen und organisieren muss. Da ist der gebürtige Schladminger und jetzige Wiener Jakob, der in der Ruine des alten Schlachthauses am Fuße des Berges wohnt und hier offensichtlich jedes Jahr ein paar Monate mitarbeitet, um im Sommer wieder in Österreich zu leben, ein äußerst sympathischer Kauz, der mit seinen fast 60 Jahren eine energische Rastlosigkeit ausstrahlt, dabei aber auch durch nichts umzuwerfen zu sein scheint.

Dazu Bob, ein ebenfalls mitarbeitender derzeitiger Dauergast, der immer fröhlich mit einem verschmitzten Grinsen durch die Gegend läuft, was auch am verknautschten Gesicht liegen mag, da er auf der Couch im Wohnzimmer schläft und sich daher immer erst als Letzter hinlegen kann. Wir haben noch nie auf einem Fleck so viele Menschen in der zweiten Lebenshälfte gesehen, die so seltsam verwinkelte Lebensläufe haben und dennoch mit sich und der Welt so froh und zufrieden sind. Den Eindruck machen viele andere, die uns bisher angekommen schienen, gar nicht.

Schweren Herzens und nach vielen herzlichen Hugs (neuseeländische Umarmungen) seitens der Gast- oder besser Zwischenheimatgeber brechen wir von Hector auf und fahren die wunderschöne Küstenstraße von Westport nach Greymouth. Eine herrliche Aussicht reiht sich an die andere, dabei ist es eigentlich ein ständiges Vernichten, dem wir zusehen: Das Meer wäscht mit jeder Welle ein Stück Fels aus, gräbt Höhlen in das weiche Gestein der Küste und reißt sie irgendwann mit Urgewalt wieder ein. Aber gerade diese zerklüfteten Streifen, wie sie auch an der Algarve, in Irland, in der Bretagne und an der Great Ocean Road in Australien zu sehen sind, sind irgendwie die schönsten. Da braucht es eigentlich gar keine vollgestopften Touristenparkplätze und doch halten wir an einem an, denn die Pancake-Rocks nahe Punakaiki, die wie tausende aufeinander gestapelte Pfannkuchen aussehen, sind es wert. Gott sei Dank ist schlechtes Wetter, und keine japanischen Reisebusse sind in Sicht, denn so genießen wir die Aussicht doch sehr. Ein paar Fotos und ein paar Dollar im Spendensparschwein später sitzen wir wieder im Auto und fahren durch das hässliche Provinzstädtchen Greymouth, das nur zum Einkaufen gut ist. Das tun wir, insbesondere eine Wärmflasche, denn während es im australischen Sydney derzeit auf die 50 Grad zugeht, sind wir hier schon froh, wenn es zweistellig bleibt.

Neuseeland ist eine wunderbar grüne Insel. Dass dafür Sonne alleine nicht ausreicht, haben wir beim verbrannten Nachbarn festgestellt. Ausgiebig Gießen gehört auch dazu, das weiß jeder. Warum das fast jeden zweiten oder dritten Tag eimerweise Wasser sein müssen, weiß nur der Gärtner im Himmel selbst. Dass „der Amerikaner" für den Klimawandel nach ausgiebiger Umweltverschmutzung zuständig ist, glauben viele Neuseeländer. Wer in den USA, Europa oder anderen Fettnäpfchen der nördlichen Hemisphäre sitzt und jemals der Meinung ist, der Klimawandel sei eine Erfindung der Grünen, der möge mit Neuseeländern, Australiern, Polynesiern oder anderen hier im Süden sprechen, die Gefahr laufen, in Buschfeuern oder Sintfluten unterzugehen. Die werden richtig sauer, versprochen!

Das Wetter verkürzt unsere Wanderungen, die dennoch jeden Schritt wert sind. Die Südinsel Neuseelands ist der Länge nach durchzogen von einem hohen Gebirge, den Southern Alps, die bis zu 3.800 Metern hoch sind. Gebirgsstraßen wie der Arthur's Pass, an dem wir gerade drei Nächte in einem winzigen Bergdorf namens Otira wohnen, führen quer über die Berge und ermöglichen Hochgebirgswanderungen vom Parkplatz aus. Das bedeutet zwar auch falsch gekleidete und übermotivierte Holzköpfe am Berg, aber die haben genug mit sich selbst zu tun.

Nur die Schreie stören manchmal. Watte in die Ohren und weiter genießen. Das Wetter nehmen wir auch als Ausrede, warum wir schon um 20.00 Uhr im Bett liegen und uns Videos reinziehen – die in Neuseeland gedrehte „Herr der Ringe"-Trilogie. Es gibt keinen besseren Platz als hier, sich diese anzuschauen. Bei unseren Wanderungen sehen wir genau die Landschaften, durch die Frodo und Sam, Gandalf, Gimli, Legolas und Aragorn streifen, um Sauron den einen Ring um die Ohren zu hauen bzw. in die Suppe zu werfen. Schneebedeckte Berge, von Wasserfällen und klaren Bächen durchzogene Berghänge, ein Lichtermeer von Glühwürmchen zwischen den Büschen, Märchenwälder mit moosbedeckten Bäumen und wer ganz genau hinschaut, sieht mitten am Tag Elben durchs Gras wandeln, hört, wie Orks tief in der Erde die widerlichen Kämpfer Urukhai bauen und spürt Gewitter über Mordor aufziehen. Herrlich, den Wein kaufen wir nochmal!

DAS WETTER HAT DEN PLAN ODER: DER WILDWUCHS VON DER RESI

In der letzten Nacht in Otira lernen wir nochmal in aller Heftigkeit die (klimagewandelte?) Gewalt der Natur kennen. Stundenlang toben Stürme, Gewitter und Regenfälle, wie sie keiner von uns je erlebt hat. Wir haben Sorge um das Häuschen, in dem wir wohnen. Isolierung wird hier eh nicht groß geschrieben, wir haben also unser eigenes kleines Stürmchen im Zimmer. „Reinregnen" würden wir den Wasserfall, der an einer Wand (innen!) herunter läuft, auch nicht nennen. Entsprechend unausgeschlafen nehmen wir dann am nächsten Morgen die Reiseplanung entgegen. Die Route bestimmen nicht wir, das übernimmt das Wetter. Arthur's Pass nach Osten wegen Überflutung gesperrt (das wäre unsere ursprüngliche Idee gewesen), nach Westen geht es, aber auch nur bis Haast, danach ist der Highway an mehreren Stellen wegen Überflutung und Steinschlag gesperrt. Die Brücke desselben Highways, aber zwischen Fox und Haast, die ein Unwetter vorige Woche weggerissen hat, ist soweit wieder hergestellt, dass man sie passieren kann. Hier ist nicht die Rede von kleinen Nebenstraßen, sondern von den Haupt- und einzigen Straßen von West nach Ost bzw. von Nord nach Süd an der Westküste entlang. Wenn diese zu sind, dann kommt man eben nicht von der einen Seite auf die nächste oder nicht die Küste rauf oder runter. Dann steht an der letzten Kreuzung vor der gesperrten Stelle – das kann 100 oder mehr Kilometer vorher sein – „Road closed", und die lokale Übernachtungsindustrie erfreut sich für ein paar Tage an völliger Überbuchung.

Denn auch das ist Neuseeland: Das Straßennetz ist eigentlich zu fragil für die mittlerweile doch vielen Touristen, aber dafür Tunnel in die Berge sprengen oder die schöne Landschaft durch neue Pässe verschandeln? Das wäre nicht neuseeländisch und macht sogar irgendwie Spaß. Fahren wir halt morgen weiter oder übermorgen oder gar nicht.

In die Gletscherregion schaffen wir es dann doch, bis nach Fox, das wie der Nachbarort Franz Josef (heißt wirklich so), einen herrlichen Gletscher beheimatet. Vom Fox Glacier sehen wir nach Ankunft aber erst mal nichts, und unseren Plan, hier drei Nächte zu zelten, bekommen wir vom Wetter gecancelt: Es regnet schon nicht mehr junge Hunde und Katzen, sondern gefühlte Rindviecher. Also rein in ein zur örtlichen Kneipe gehörendes Zimmer mit Bad und die lokale Gastronomie genießen. Das kann man wirklich, denn was uns schon in Australien aufgefallen ist, wird hier auf die Spitze getrieben: Selbst (oder gerade) in Touri-Nestern gibt es hervorragende Cafés und Kneipen. Brokkoli-Suppe mit Blauschimmelkäse, dunkles Brot und bezahlbares Bier vom Fass, das verbessert unsere Laune schnell.

Am nächsten Morgen, der überraschend gutes Wetter bietet, genießen wir den absoluten Luxus: Wir laufen in aller Frühe, bevor die Reisebusse kommen, um den nahe Fox gelegenen Lake Matheson, einen der am meisten fotografierten Seen Neuseelands. Gletscherwasser hat ihn zu einem wunderbaren Spiegel für Mount Cook, den höchsten Berg der Insel, gemacht, in dem man bei Windstille kaum oben und unten unterscheiden kann (außer die Enten haben Blähungen.). Wir sind sicher die ersten Seeumrunder seit hundert Jahren ohne Kamera und kaufen das Motiv später als Postkarte.

Nach dem Frühstück zieht es uns zum Gletscher, der wie eine blau-weiße Schnee- und Eiszunge an Wiesen vorbei und durch Regenwald hindurch die Hänge von Mount Cook und Mount Tasman bis ins Tal hinunterfließt. Man kann – in geführten Gruppen – sogar hinauflaufen. Wir genießen den Blick aus 600 Metern Entfernung und lernen anhand von Schildern, dass der Gletscher noch 1750 einige Kilometer und 1935 noch zwei Kilometer länger war. Klimawandel? Ach, lassen wir das. Viel lieber steigen wir ins Auto und fahren nach Süden. Für die gut 250 Kilometer sagt unser Atlas fünfeinhalb Stunden an, unser Gastwirt meint drei- bis dreieinhalb. Wir benötigen irgendwas dazwischen, schleichen nicht umher, werden aber immer wieder schön ausgebremst von einspurigen Brücken und Baustellen. Denn die Straßen sind zwar schon wieder freigegeben, aber nicht im TÜV-Deutschland-Standard. Stoßdämpfer? Auf Wiedersehen!

Dafür „Guten Tag, Wanaka", hier können wir endlich unser Zelt aufbauen und freuen uns über die Ruhe, auch wenn die Stadt ziemlich überlaufen ist. Das juckt uns auf dem schnuckeligen Campground 20 Gehminuten vom Ort aber nicht. Denn die vielen Leute sind ja nicht umsonst da: Der riesige, wilde See, dahinter grüne Hügel, Felszacken und schneebedeckte Berge sind ein Fotomotiv nach dem anderen.
Und das Wichtigste für den allseits vernetzten Jungbürger von heute: Kostenloses Wireless Internet. Ein Segen auch für, nennen wir sie ihrem Dialekt nach: Resi. Resi kommt aus Süddeutschland, ist ungefähr 20, das erste Mal so weit weg von zu Hause, hat aber zur Sicherheit ihre Freundin dabei, die sich die Haare genauso blond gefärbt hat wie Resi selbst. Die beiden verstehen sich soooooo supper. Und die Resi, die Resi erzählt der Mama dahoam immer alles, wirklich alles! Selbst wenn sie in der vollgestopften Küche des Campgrounds mit der Mama skypt. Laut muss sie da sein, gaaanz laut schreien, damit's Mama (und ganz Wanaka) dös auch hean koan. „Dös Auto, suppa fährts, dös Auto. 7.000 Kioalameta hoats uns gfoat, wer hätt dös gedoacht? Und Mama, koannst uns nächst Wuch vom Fluaghoafa oabhola? Jo und donn wui I Sauerkraut! Sauerbraten miiiit Suaerkraut?, dös klingt noach oam Ploan! Ach und duast mia oan Gfoalloan? Moachst mia oan Termin bei dr Oani? Joa, die Hooaa san der rainste Wildwuchs. Oaffa troagn? Na, woann I die oaffa troag, doann seh I imma soa deppert aussi." Stimmt, Resi, stimmt!

HORSE-POO, WEISSE FLECKEN UND INDISCH IN 3D

Wir wandern eine Etappe des Kepler Tracks, eines der neun Great Walks Neuseelands (fünf auf der Süd-, drei auf der Nordinsel und einer auf Stewart Islands), weltberühmte Mehrtageswanderungen durch verschiedenste Landschaften inklusive Südseeflair und Hochalpin-Erfahrungen. Die Wege sind bestens markiert und ausgebaut, mit unbewirtschafteten Hütten zum Übernachten und selbst Verpflegen, meist liebevoll gepflegt von Rangern der hiesigen Umweltbehörde, des D.O.C. (Department of Conservation).
Der Weg führt uns über zwei der für Neuseelands Wanderwege so typischen „Swingbridges" – wenn zwei Leute nicht im Takt gehen, weiß man, warum die auf Englisch so heißen. Es geht durch moosbewachsenen Märchenwald, an reißenden Flüssen genauso entlang wie an idyllischen Seen, durch mystisches Moor- und Marschland, bei dessen Anblick man genau versteht, warum der Zauberwald der Ents und Gollums Führung durch die „Dead Marshes" im Film „Herr der Ringe" in dieser Region gedreht wurden.

Kurz stellen wir unsere Entscheidung in Frage, auf Mehrtages- und damit auf komplette Great Walks in Neuseeland zu verzichten, da kommen wir an die Moturau Hütte, eine der Übernachtungsstationen des Kepler Tracks. Ein Riesenbunker am einsamen Seestrand, umweltbewusst und idyllisch, ohne die Umwelt zu sehr zu verändern, in den Wald gebaut, aber eben doch ein 40-Betten-Bunker, der – es ist Hochsaison! – am Abend bis auf den letzten Platz belegt sein wird. Da genießen wir doch lieber Tageswanderungen und schlafen in den ruhigen (im Vergleich zu Australien fast schon stillen) Hostels oder Campingplätzen Neuseelands.

Derzeit ruhen unsere Popos in Zimmern des Freestone Backpackers in Manapouri, Nähe Te Anau, der selbsternannten Wanderhauptstadt Neuseelands. Die Zimmer befinden sich im ehemaligen Wohnhaus von Jimmy und seiner deutschen Freundin Kerstin, die sich einige Gehminuten den Hang hoch ein neues Wohnhaus gebaut haben. Zwischen den beiden Häusern stehen für weitere Gäste in reichlich Abstand voneinander am Hang kleine Holzhütten mit Doppelbett, uralten Kaminöfen und Gaskochern, davor Holzterrassen mit Blick auf den Lake Manapouri. In eine davon (Hütte Nummer 5) ziehen wir für zwei Nächte ein.

Dafür erhöht sich der Aufwand des Toilettenganges (zuerst Berg runter und dann wieder hoch), bleibt aber erträglich, so lange man nicht nachts geschäftig muss, schnell in die Flip-Flops huscht, gleichzeitig aber eines der hier frei laufenden Pferde überraschend vor die Terrasse von Nummer 5 gekackt hat, wie wir dies heute Mittag beobachten konnten („Horse-Poo" nennen die den Scheiß hier!). Da wir aber sowieso Dank der ständigen Ortswechsel mittlerweile grundsätzlich in die falsche Richtung laufen, sind wir davor geschützt, den auf der anderen Seite drohenden Abhang lassen wir einfach unerwähnt. Damit sei allen Great-Walks-Liebhabern, die unsere momentane Absage an Mehrtagestouren in Neuseeland nicht verstehen, sicher genügend erklärt, dass wir schon in der Rest-Zivilisation hier genug Abenteuer haben und mehr einfach nicht brauchen.

Überlebt haben wir immerhin auch unsere Zeltnächte auf dem Mount Aspiring Campground außerhalb von Wanaka – trotz heftigsten, mehrstündigen Gewittersturms und Wassereinbruchs. Als Resi voller Vorfreude auf Sauerkraut dann nach Hause aufgebrochen ist, haben wir eine andere, ebenfalls jugendliche Landsfrau zu überstehen. Sie wird, brüllt sie in der Küche in ihren Laptop, zu Hause ja nie so richtig braun, hier schon. Leider hat sie dabei aber erkannt, dass sie überall so hässlich weiße Flecken bekommt, die dann einfach nicht mit braun werden, furchtbar sei das. Auch wenn wir es nicht wollen, wissen wir jetzt, wo diese Flecken sind und ahnen, warum viele Ausländer unsere schöne deutsche

Sprache für laut und hässlich halten. Wir müssen uns ebenso der Erkenntnis geschlagen geben, dass Handy und Skype dem Telefonieren alles Private geraubt haben, das ist Lärmverschmutzung für alle in Hörnähe der Brüllaffen sich aufhaltenden armen Schweine. Da haben wir mehr Spaß mit unserem neuseeländischen Zeltnachbarn, der direkt nach dem Frühstück zum Bier übergeht und einen derart furchtbaren Dialekt hat, dass wir nie wissen, was er sagt. Wir haben uns trotzdem oder gerade deshalb prächtig mit ihm verstanden.

Nicht immer verstanden hat ER auch den „englisch" sprechenden indischen Hauptdarsteller im Film „Life of Pi", den wir im weltbekannten Cinema Paradiso in Wanaka sehen – inklusive zwei Autos, Couches und Schaukelstühlen als Sitzgelegenheiten sowie Riesen-Cookie-Pause. Dennoch ist der Film ein absoluter Hochgenuss. Da nehmen wir gerne die durch die 3-D-Brillen verursachten Kopfschmerzen in Kauf.

Währungsschwanken und mystische Begegnungen

Jetzt wird es kompliziert: Wir buchen heute, einen Monat vorher, schon für Mitte Februar ein Zimmer in Ushuaia/Feuerland (Argentinien). Nicht nur weil wir organisierfreudige Deutschländer sind, sondern weil Februar dort absolute Hochsaison ist, die Region dann zu den teuersten Ecken des Landes zählt und nur wenige gute, aber bezahlbare Unterkünfte zu finden sind. Nach fast vier Monaten des trotz Sparens Budgetüberziehens wollen wir endlich mal mit dem lieben Geld hinkommen. Nach langer Recherche hat es geklappt, beim Rechnen hat uns aber der angeborene Hang zur Schizophrenie helfen müssen. Denn der Reiseführer gibt die Preise in argentinischen Pesos (100 AR$ = 15 Euro) an, bei Vermittlungsseiten wie „Hostelworld" nennen viele argentinische Herbergen ihre Preise in US-Dollar (1 US$ = 0,75 Euro). Wenn derartige Websites erkennen, dass das Netbook, das die Anfrage stellt, in Neuseeland steht, liefern sie die Preise automatisch in Neuseeland-Dollar (1 NZ$ = 0,62 Euro). Das lässt sich in einem Pop-Up-Fenster ändern, aber selten steht der Euro (1 Euro = 1 Euro) bei E wie Euro, sondern gerne mal ganz am Anfang vor klassischen Währungen wie Afghanischem Kamelkot oder ganz am Ende hinter Zulu-Perlen. Da man nach Ushuaia oder von dort weg nur über chilenisches Staatsgebiet kommt, ist auch Folgendes gut zu wissen: 1.000 chilenische Pesos = 1,59 Euro. Da schwirrt der Kopf, die vielen Währungen bringen uns ins Schwanken.

Bis dahin genießen wir Neuseeland, zurzeit in den Catlins, am südlichsten Zipfel der Südinsel. Danach kommt nur noch Stewart Island und dann die Antarktis. Der Ort Tehakopa, in dem die Wrights Mill Lodge steht, ist nur auf detailliertesten Karten zu finden und auch das nicht mehr lange, besteht er doch nur noch aus fünf Häusern und ein paar Schafsfarmen im weiteren Umland. Das war mal anders, an diesem Arsch der Welt war richtig was los, es gab sogar einen ansehnlichen Bahnhof. Die Catlins – Slogan: „Where the forest meets the sea" – waren mal üppigst bewaldet, so dass immer mehr Siedler in der zweiten Hälfte des 19. Jahrhunderts in diesen abgelegenen Winkel kamen und sich als Arbeiter in den Wäldern oder den wie Pilze aus dem Boden schießenden Sägewerken verdingten. Eine Bahnlinie über 100 Kilometer durch zum Teil sehr unwirtliches Gelände wurde gebaut, um das Holz abzutransportieren.

Da Neu-Neuseeländer offensichtlich so wenig nachhaltig dachten wie Alt-Iren, sahen die Catlins irgendwann so aus wie Irland: Alle Bäume weg und damit auch die Sägewerke, die Arbeit, die Dörfer. Der letzte Zug hat Tehakopa 1971 verlassen, die Bahnstrecke ist längst geschlossen, die Schienen und Brücken sind verrottet, 1983 hat das Post Office geschlossen, der Rest ist Geschichte bzw. Idylle. Herrlich ruhig und einsam ist es hier, man kann sich wunderbar von 11 Kilometern unbefestigter Gravel Road erholen, selbst die rund 20.000 Schafe des Nachbarn halten beizeiten die Schnauze.
Die Gegend wird gerne als das urtümliche Neuseeland bezeichnet und tatsächlich ist hier alles noch weitläufiger, einsamer als im Rest des Landes. Alles sieht etwas einfacher und ärmer aus, aber selbst Häuser aus Wellblech haben einen schönen, bunten Garten vor der Tür. Die Landschaft ist eine Mischung aus Waldresten, riesigen grünen Feldern und Hügeln, bis zum Horizont mit weiß-grauen Flecken gesprenkelt, so dass wir nun auch wissen, wo denn die ganzen Schafe sind, die Neuseeland bevölkern sollen: Alleine in dieser Gegend sind es einige Millionen.
Nie ist das Meer weit entfernt, auch wenn immer wieder viele, viele Kilometer Kiesstraßen zu absoluten Highlights führen, wie zum Beispiel zum Leuchtturm am Nugget Point, in dessen Nähe wir Pinguine beobachten können. Oder zur Surat Bay, in der wir Seelöwen beim Posing für japanische Fotografen zuschauen. Schön, dass das Vieh auf den Herrn losgeht, als der sich ihm trotz aller Warnschilder am Anfang des Tracks zu sehr nähert.

Tierbeobachtungen sind nur ein Teil eines der schönsten Tage unserer bisherigen gesamten Reise gewesen, als wir – noch bei Jimmy in Te Anau wohnend – den Doubtful Sound besichtigt haben. Pinguine schwimmen vor dem Boot her, Delphine vollführen neben uns aus freier Lust und Laune heraus ein paar dreifache Rittberger, die Moskitos ähnlichen Sandflies fressen uns fast auf, was uns aber bei all den schönen Aussichten nicht stört. Die Bezeichnung „doubtful/zweifelhaft" hat der Fjord wie fast alles hier von dem Entdecker James Cook, dessen Namensgebung ein paar Jahrzehnte später spanische Seeleute bestätigen. 200 Tage im Jahr regnet es, immer hängt ein nebliger Schleier zwischen Wasser und Berggipfeln, von denen überall riesige Wasserfälle herabspringen. Manchmal, bei richtig fiesem Wetter, bläst der Sturm so stark, dass er den Wasserfall, sobald der die Gebirgskante verlässt, senkrecht gen Himmel pustet. Erzählt glaubhaft der mittvierzigjährige Busfahrer Chris, der in der Region schon als Ranger gearbeitet hat.

Für die Doofheit des Menschen an sich hat er auch eine beweiskräftige Geschichte. Neuseeland ist einmal voll von flugunfähigen Vögeln gewesen, die in Ermangelung natürlicher Feinde am Boden zum weniger aufwändigen Laufen übergegangen sind. Als sich die neu ansiedelnden Menschen hier einer Kaninchenplage erwehren wollen, schleppen sie aus Europa ein wieselähnliches Tier ein (den „Stoat", zu Deutsch Hermelin). Diesem kleinen Raubtier sind die Karnickel aber viel zu schnell, er nimmt sich lieber die langsameren Laufvögel vor und benötigt nur wenige Jahrzehnte, um diese weltweit einzigartigen Spezies nahezu auszurotten.
Nicht nur seine Geschichten sind toll, Chris gewinnt unsere Herzen vor allem durch die Finte, mit der er sich der alleinstehenden älteren Dame entledigt, die sich typischerweise bei solchen Touren immer an den Reiseführer oder Busfahrer hängt, diesen in Beschlag nimmt und vor den anderen Gästen abschirmt. Als wir kurz vor dem Ende der Welt über ein Brückchen einen Wasserlauf queren, fragt die Dame ihn, ob man das Wasser trinken könne. Er antwortet wie aus der Pistole geschossen: „Selbstverständlich, ich trinke es jeden Tag und bin eigentlich schon 76 Jahre alt!" Touché, Schmollmund, Ruhe.

In Tehakopa, in den Catlins, begrüßt uns Brian, der gemeinsam mit seiner Gattin den Traumjob eines jeden Reisefreudigen hat: Die beiden sind „Hostel-Caretaker", das heißt, sie kümmern sich anstelle der Besitzer vier Monate im Jahr um diese Herberge. Das Ganze machen sie noch zwei mal vier Monate für zwei weitere Hostels an anderen tollen Ecken Neuseelands. Ihr eigenes Haus haben sie vermietet, sie beziehen ein kleines Gehalt für das „Caretaken" und wohnen in einem Wohnwagen. Da freuen wir uns doch jetzt schon, Jahrzehnte zu früh, auf unser Rentnerdasein.

Neuseeland kommt uns sehr groß vor, ist aber immer noch klein genug, dass man immer wieder in verschiedenen Regionen oder Örtchen bekannte Gesichter sieht (nur Resi leider nicht, die sitzt sicher längst bei Sauerkraut dahoam). Mit David und Alison, einem Rentnerehepaar aus England, scheint uns aber irgendwie mehr zu verbinden. Wir haben sie zuerst in dem winzigen, abgelegenen Hostel in Otira nahe Arthur's Pass getroffen und uns prächtig unterhalten. Gestern haben wir sie wieder getroffen, in den Catlins, in dieser Lodge am erwähnten Ende der Welt. Als wir über unsere Reisepläne nach Südamerika und Buenos Aires sprechen, da erwähnt Alison den Namen des kleinen Hotels, in dem sie vor ein paar Jahren in dieser Riesenstadt abgestiegen sind. Es ist genau das Hotel, das wir vor einigen Wochen gebucht haben. Unnötig zu erwähnen, dass sie in einem weiteren abgelegenen Hostel, das unsere nächste Station in Neuseeland sein wird, ein paar Tage zuvor schon gewesen sind. „Into the mystic" würde Van Morrison singen.

VOM TAPFEREN TONY ODER: DER REIZ VON REISETAGEN

Ein Zahnarzt-Termin in Nelson, am anderen Ende der Südinsel und unsere langsam, aber sicher ablaufende Zeit in Neuseeland zwingen uns zu etwas höherem Tempo und dem ein oder anderen ganzen Reisetag. Aber auch diese Tage haben ihren eigenen Reiz. Das Fahren ist nicht anstrengend, auf vielen Straßen sind überholende oder entgegen kommende Autos selten. Die meisten Wagen, die wir sehen, sind „abandonned", also verlassen und zum Teil ziemlich fotogen abgestellt. Genau wie die Australier haben die Neuseeländer offensichtlich keinen Sinn für öffentliche Schrottplätze, sie stapeln ihre Altautos einfach idyllisch auf ihrem Grundstück. Die noch fahrenden Autos sind meistens deutlich älter als in Australien, einer der vielen Hinweise darauf, dass in Neuseeland bei deutlich mehr Arbeitsstunden deutlich weniger verdient wird als beim großen Nachbarn. Kein Wunder also, dass die Kiwis so ihre Probleme mit den lässigen Aussies haben, und die beiden eine kleine Holland-Deutschland-Feindschaft nachspielen.

Untertreiben können beide sehr gut. So gerne der Australier die Gefahren auf „seinem" Kontinent runterspielt, so gelassen gibt sich der Neuseeländer, was das Wetter angeht. Vorgestern haben wir die Cathedral Caves in den Catlins besucht. Man erreicht sie nur über ein Privatgrundstück, latscht 15 Minuten durch den Wald einen Berg runter, um den einzigen Zugang über den Strand zu nehmen, der nur rund um Ebbe offen ist. Die Dame am Eingang oben sagt noch: „Es ist etwas windig, könnte sein, dass der Eingang zur Höhle etwas feucht ist. Vielleicht solltet Ihr Schuhe und Socken ausziehen und die Hose etwas hochkrempeln."

Richtig ist, dass es am Strand stürmt ohne Ende und wir die anrollenden Wellen mehrfach nur durch beherzte Sprünge auf kleine Absätze in der Felswand überleben. „Ein bisschen feucht" sind wir dann auch, einmal stehen wir bis Brusthöhe im Wasser und klammern uns mit steifen Fingern an die Felswand, um nicht ins Meer gerissen zu werden.

Drastisch-plastisch mögen es die Neusseländer im Straßenverkehr. Schön finden wir zum Beispiel die Schilderreihe „Slow down!/Mach langsam!"; „No doctor!/ Kein Doktor!"; „No hospital!/Kein Krankenhaus!"; „One Cemetery!/Ein Friedhof!". Auch schön die folgende Frage über einem pittoresken Unfallbild: „You will be dead a long time, so why hurrying?/Du wirst sehr lange tot sein, warum die Eile?". Poetisch geht es auch: „Drink, drive, die/Trinken, fahren, sterben". Ein schönes Bild ist der Tacho, der bis zu 100 km/h (Höchstgeschwindigkeit auf den meisten Straßen hier) mit Zahlen dargestellt ist, danach nur noch die Höhe der Strafe, statt 120 km/h zum Beispiel 200 $ etc. pp. Nur in Deutschland, dem Land der Denker und Raser, da ist das nicht nötig: „Sei etwas vorsichtig, wenn Du mit Deiner 7 Tonnen schweren und 450 PS starken Karre den kleinen Punto vor Dir zermatschst, Du könntest Dir einen Kratzer holen!"

Landschaftlich ist auch ein reiner Reisetag ein Traum. Wir müssen uns nur zwingen, nicht alle 500 Meter anzuhalten und Fotos zu schießen, sonst kommen wir nie an. Nicht ein einziges Stück auf den nun auch schon tausenden Kilometern, die wir hier unterwegs sind, ist hässlich oder uninteressant, kaum ein Ort (vielleicht außer Greymouth und Twizel) ohne Charme. Das ist schon ein unglaublicher Reichtum. So schade es ist, dass Neuseeland von Deutschland aus gesehen am Ende der Welt liegt, so froh ist man nach der Ankunft, dass es so weit entfernt ist. Vor den Toren Europas gelegen wäre Neuseeland längst zugepflastert mit Straßen und überrannt von Touristen. Das Bier für alle Welt ist auf jeden Fall schon da. In einem Supermarkt in Oamaru finden wir neben neuseeländischen und australischen Sorten japanisches, chinesisches, holländisches, belgisches, österreichisches, deutsches Bier und zwar folgende Sorten: Six-Packs Krombacher Pils, Einzelflaschen Krombacher Dark und Oettinger in Halbliterdosen. Dann doch lieber Gösser von unseren Alpennachbarn.

Tony, unser Gastgeber für zwei Nächte auf der Buscot Station, einer Schaffarm in der Nähe des seit der hiesigen Segelflug-WM Mitte der 90er bei Fliegern weltweit berühmten Omarama, nimmt die Strapazen eines Fernfluges häufiger in Anspruch. Er hat schottische Wurzeln, liebt Europa und vor allem Deutschland. Es ist witzig, hier in der Einsamkeit mit ihm zu sitzen und Fotos vom Matterhorn, dem Kölner Dom und Dresden zu sehen. Er spricht etwas Deutsch und versichert uns glaubhaft, dass die englische Sprache auf dem Deutschen basiert. Die Engländer hätten deutsch gesprochen, bis ein William aus Skandinavien die Sachsen von der Insel vertrieben hat. Ob es stimmt oder nicht, wir Minderheiten-Sprachler freuen uns über diese Ehre und stellen uns die Blicke mancher arroganter Engländer vor, denen Tony dann an den Kopf wirft, ihre Sprache sei nur ein Dialekt des Deutschen. Meinungsstark, vielseitig interessiert und talentiert ist er, liefert schon mal im Wohnzimmer am Piano die Hintergrundmusik.

Leider hängt etwas Trauriges über diesem wunderschönen Anwesen. Tony ist Witwer und hat, wie uns David und Alison in Tehakopa erzählt haben, vor wenigen Wochen auch noch seine Tochter bei einem Autounfall in Kanada verloren. Tapfer ist Tony, er schlägt sich trotz großer Traurigkeit in den Augen wacker hier in dem riesigen Familienhaus voller Erinnerungen an seine beiden Damen, und wir lernen aus seinem Schicksal erneut: Es gibt auf Erden kein Paradies.

SCHAFSCHEREN UND LICHTVERSCHMUTZUNG

Bevor wir nach Südamerika übersiedeln – drei Flüge in 24 Stunden, wer bucht so etwas? –, genießen wir einige Tage Südseefeeling im Norden der Südinsel Neuseelands. Basis ist Nelson. Auf dem Weg stoppen wir nochmal im Onuku Farm Hostel, in dem unsere Neuseelandreise kurz nach Weihnachten begonnen hat. Wir schlafen eine Nacht in einer der Stargazer Huts, Holzhütten, ungefähr so groß wie ein Zwei- bis Dreimenschzelt, mit Matratzen, Schlafzeug und direkt über dem Kopfende großen Fenstern im Dach, mit freiem Blick auf den Himmel und – je nach Wetter – Sternen. Leider ist der Sternenhimmel in dieser Nacht etwa so beeindruckend wie der über einer mitteleuropäischen Großstadt, was an der hier so schön „Light-Pollution" (Lichtverschmutzung) genannten Bodenbeleuchtung liegt. Die Lichter im und am nebenan gelegenen Hostel strahlen bis in die Nacht so hell wie das Fritz-Walter-Stadion nach einem winterlichen Abendspiel. Als sich die Hostelfee erbarmt und Dunkelheit einkehren lässt, haben sich bereits Wolken vor den Sternen versammelt, was aber eh nur noch der eine Wache in der Zelthütte mitbekommt.

Kaikoura ist die nächste Station auf dem Weg nach Nelson, ein Mekka vor allem für Walbeobachter. Wir relaxen zwei Tage einfach nur, die magenumdrehende Wirkung früherer Walbeobachtungsversuche noch zu gut in Erinnerung. Dass der

Ort auch für sein Seafood zu Recht berühmt ist, können wir jetzt bestätigen. Ob die Qualität der Live-Musik im örtlichen Irish Pub immer so schlecht ist wie an unserem Besuchsabend, wissen wir nicht, das sehr leckere Bier konnte das Geheul und Geschrabbel nicht wettmachen. Johnny Cash, dessen Lieder gequält werden, dreht sich jedenfalls lautstark im Grabe herum, Selbiges würde auch Christy Moore, dessen Lieder ebenfalls Opfer sind, tun, wenn er sich denn bereits zu Tode getrunken hätte. Kommt sicher noch.

Wenn schon keine Wale, so sehen wir uns in Kaikoura wenigstens Schafe aus der Nähe an und zwar in einer Schafscher-Vorführung mit Pete. Dabei lernen wir, dass es viele verschiedene Schafrassen und Fellarten für verschiedene Verwendungen gibt. Während Tony von der Buscot-Station preisgekrönte Merinoschafe für die Kleidungsindustrie hält, hat Pete's Familie in Kaikoura vor allem Schafe mit Fell für Teppiche gezüchtet. Mittlerweile ist das meiste Land verkauft, man lebt besser von den Vorführungen. Folgende Rechnung verdeutlicht es: Ein Teppich-Schaf wird zwei Mal im Jahr geschoren, das gute Fell (Bauch und Rücken etc.) ergibt drei Dollar das Kilo, pro Scheren kommen rund drei Kilo gutes Fell heraus. Das heißt, ein Schaf bringt höchstens 18 Dollar im Jahr. Da lässt sich sicher nur mit Masse noch etwas verdienen, kein Wunder, dass die Tiere auf den Weiden in Neuseeland fast so eng stehen wie die Sydneyaner am Boxing Day in den Kaufhäusern. Das Scheren übernehmen übrigens nicht die Farmer, sondern Scher-Spezialisten, die an einem Arbeitstag pro Mann mehr als 300 Tiere scheren. Der Weltrekord liegt bei 866 geschorenen Schafen in 8 Stunden. Das sind unter 40 Sekunden pro Schaf. Pete braucht bei seiner Vorführung fast fünf Minuten für das Showschaf.

Weiter Richtung Norden gönnen wir uns den Dank seiner unglaublichen Kurven fast wie Walbeobachtungen wirkenden Queen Charlotte Drive, mit herrlichen Ausblicken auf einen Teil der Marlborough Sounds, die wir auf der Wanderung eines Teils des Queen Charlotte Tracks noch weiter vertiefen. An dem Doppelpass-Farbenspiel, das der teils dunkle, teils grüne Wald und das teils türkis- und teils dunkel blaue Meer hier aufziehen, kann man sich gar nicht satt sehen. Dazu der süßliche Duft der Bäume und der etwas salzigere des Wassers, lecker! Mit den Sounds im Süden der Insel (Doubtful, Dusky, Milfort etc.) haben diese hier nur den Namen gemein. Sind die letztgenannten eigentlich Fjorde, also von Gletschern gebildet, entstanden die Marlborough Sounds, als sich vor langer Zeit der Boden absenkte und das Meerwasser in die Täler lief.

Wie so oft in den vergangenen Wochen machen wir unsere Reiseplanung weniger von den Routentipps der Reiseführer als vom Wetter und zivilisatorischen Fragestellungen wie der Größe und Bewertung des Hostels oder Campgrounds abhängig. Und wie so oft hat es uns auch dieses Mal an einen genauso schönen wie besonderen Ort gebracht, der auf den „Must do"-Listen gar nicht so recht repräsentiert ist. Wir befinden uns gerade in Motueka, einem Nachbarort von Braeburn. Richtig, dort – genau gesagt in Waiwhero – hat in den 1950ern ein einheimischer Obstbauer diese Apfelsorte als so genannten Zufallssämling gefunden. Auch wenn das Äpfelchen so lieblos zum Findling geworden ist, stammt es aus gutem Hause. Experten vermuten „Cox Orange" und „Lady Hamilton" unter den unmittelbaren Vorfahren.

Entsprechend läuft uns hier schon am frühen Morgen das Wasser im Mund zusammen, wenn wir aus dem Zelt im Garten des Eden's Edge Backpackers auf die zum Hostel gehörenden Apfelplantagen blicken. Tonnen von Äpfeln der Sorten Braeburn und Royal Gala hängen an den fast schon schmächtigen Bäumen. Die Erntezeit beginnt leider erst in zwei Wochen, was man interessanterweise auch in den hiesigen Supermärkten bemerkt. Zurzeit versauern in den Obstauslagen nur ein paar letzte giftgrüne Granny Smith. Es ist für einen Deutschen ein seltenes und angenehmes Erlebnis, dass selbst große Supermarktketten wenigstens bei diesem Thema nicht versuchen, das Paradies mit allen Produkten rund um die Uhr und zu jeder Jahreszeit nachzustellen. Ein Supermarktriese wie „New World" könnte sicher Äpfel aus der ganzen Welt in dieses Apfelanbaugebiet einfliegen lassen, nur um volle Regale zu haben. Im Gegensatz zu Deutschland tut man das hier aber nicht, wofür wir ein Fleißsternchen verleihen.

Die Äpfelchen Lady Hamilton gehen übrigens zurück auf eine echte Lady Hamilton, die junge Frau des britischen Botschafters in Neapel und später die Mätresse des Horatio Nelson – Namensgeber insbesondere für die lebenswerte neuseeländische Stadt Nelson, unsere vorige Station. Horatio hat den fünfthöchsten Rang der britischen Marine erreicht (Vice Admiral of the White), bevor ihn die erfolgreiche Schlacht von Trafalgar im Oktober 1805 weltberühmt macht und gleich am Tag des vernichtenden Sieges gegen die französisch-spanische Übermacht in Form einer Gewehrkugel umbringt. Damit ist trotzdem ein für alle Mal Schluss mit Frankreich als Seemacht, Hinz und Kunz wird im englischsprachigen Raum nach Nelson, seinem Stellvertreter Collingwood, Trafalgar oder sogar seiner Lady Hamilton benannt und nicht nach seinem Gegner Villeneuve, dem Loser.

Unsere Basis für vier sehr schöne Tage in Nelson ist das Shortbread Cottage – natürlich in der Trafalgar Street. Das Hostel ist sauber, klein, gemütlich und hat – das Wichtigste – eine vernünftige Bett-/Toiletten-/Dusche-Quote. Wir hätten nie gedacht, dass unser Wohlgefühl einmal davon abhängen würde, aber so ist es. Wir lassen uns gerne „Spießer" nennen, aber wir erfreuen uns an keinem Platz der Welt an der unbeschreiblichen Aussicht auf wasauchimmer, wenn wir abends im Hostel bis zu den Knöcheln im Brackwasser des Vornutzers stehen. Leider haben die meisten Herbergen in Neuseeland bei aller sonstigen Schönheit, Atmosphäre und Lage eine Quote von nicht besser als 20 Betten- bzw. Zeltinsassen pro Toilette/Dusche, was gerade morgens bei Checkout um 10.00 Uhr Ähnlichkeiten mit einem Weltmeister-Boxkampf im Schwergewicht annehmen kann. Das Shortbread Cottage hat eine Quote von unter 10/1, das ist Bestnote. Aber nicht nur das spricht für Nelson. Nach all dem Land haben wir auch mal Lust auf Stadt, und Nelson ist eine, mit Kneipenflair, Einkaufsmöglichkeiten, Kultur und einer der schönsten Laufstrecken unserer Reise, am Fluss Maitai entlang. Nicht sonderlich weit vom Zentrum entfernt ruft ein schöner Strand und wen so viel Idylle dann doch aufregt, der kann zum Umweltschwein werden: Auf der Wiese direkt hinter dem Strand ist bei gut 30 Grad Außentemperatur eine Eisbahn für Ganzjahres-Pirouetten aufgebaut. Und schon ist das Fleißsternchen wieder weg.

SEE YOU, NEW ZEALAND – BUENOS DIAS, BUENOS AIRES

Bald heißt es für uns: „Good bye, Neuseeland", in der Hoffnung, dass es gleichzeitig „Wir sehen uns wieder" bedeutet. In ihrem Reichtum an unterschiedlichen, traumhaft-schönen Landschaften auf engstem Raum ist die Südinsel ein paradiesisches Fleckchen Erde. Wir haben uns zwar nicht immer nur wohl gefühlt, aber gegenüber Australien nochmal deutlich besser erholt. In anderen Monaten als der Hochsaison mit den übervollen Hostels und nicht als Teil einer ein Jahr umspannenden Weltreise, während der wir es hier noch ruhiger hätten angehen lassen sollen, wäre Neuseeland sicher ein noch größerer Genuss gewesen als er dann war. Das heißt: wir müssen einfach wiederkommen. Alleine der Tag im Abel Tasman-Nationalpark ist ein gelebter Traum. Morgens mit dem Boot raus, die Küste entlang über türkisblaues Meerwasser, an einem Strand ausgestiegen und 18 Kilometer durch eine herrliche Wald-, Fluss- und Meerlandschaft zurück gewandert, dazu Schwimmen im fast unwirklich klaren Wasser eines Gebirgsbaches, der in die natürlich entstandenen Cleopatra-Pools fließt oder später an einem einsamen Strand mit goldgelbem Sand durch fast durchsichtiges Meerwasser tauchen, das ist an Schönheit kaum zu überbieten.

Zwischen den – für neuseeländische Verhältnisse – Massen von Menschen, die hier in der Hochsaison unterwegs sind (viele, viele, viele Deutsche, dazu vor allem Schweizer, Engländer, Israelis) und die oft lauter, unfreundlicher und egomaner sind als das zu diesem Land und seiner Landschaft passt, haben wir ganz wunderbare Leute getroffen, vor allem hier im Old Slaughterhouse in Hector bei Westport, in dem wir nach den fünf Nächten Anfang Januar dann zum Ende unseres Aufenthaltes nochmal ein paar Tage Heimat gefunden haben. Hier spürt man noch, was dieses Land über seine grandiose Natur hinaus ausmacht: Menschen mit einem Plan vom eigenen Leben, das mehr beinhalten soll als Karriere, Haus und Herzinfarkt. Da stehen dann neben uns unter anderem ein Teilzeit-Gastwirt aus Wien, der neuseeländische „Bob, der Baumeister", eine Lufthansa-Pilotin aus Mainz, ein pensioniertes Lehrer-Ehepaar aus Osnabrück und unser deutsch-neuseeländisches Gastgeber-Pärchen auf der Terrasse, genießen andächtig schweigend den sicher schönsten Sonnenuntergang, der je über offenem Meer gesichtet wurde und sind für einige Minuten der glücklichste Trupp wild zusammen gewürfelter Menschen, den es in diesem Moment auf der Welt gibt.

Für Lateinamerika sind wir bestens präpariert, pauken wir doch seit Tagen schon Spanisch. ER kann schon zwei Sätze: „Dos cervezas, por favor" („Zwei Bier bitte") und „La comida esta fria" („Das Essen ist kalt"), das müsste für den Anfang genügen. Bis diese Sätze zum ersten Einsatz kommen, stehen am Dienstag drei Flüge an (Christchurch – Auckland, Auckland – Santiago de Chile, Santiago – Buenos Aires). Der Reisetag wird sicher der längste unseres Lebens, wir fliegen „falschrum" über die Datumsgrenze und haben rund 40 Stunden lang den 5. Februar. Und dann findet noch jemand Paralleluniversen komisch? Das ist doch fast dasselbe.

Die *ZEHN* schönsten Laufstrecken

Aireys Inlet, Australien
Das kleine Städtchen an der Great Ocean Road bietet eine unerwartet idyllische und hervorragend präparierte Laufstrecke durch eine wild bewachsene Dünenlandschaft, das Meer und das Split Point Lighthouse immer im Blick.

Bishop, USA
Auch am Bishop Creek (kurze Anfahrt über den Highway 168) lassen sich Wanderwege in Laufstrecken umwidmen, dieses Mal zu einem echten Berglauf. Vom Parkplatz am South Lake („South Lake Bishop Pass Trailhaed") geht es auf einsamen Pfaden durch eine herrlich alpine Landschaft, zunächst steil bergauf, dann über Stock und Stein, quer durch den Wald, immer wieder über Bäche und entlang wunderschöner Blumenwiesen.

Fox, Neuseeland
Der Lake Matheson, in dessen glatter Wasserfläche sich der schneebedeckte Mount Cook spiegelt, ist eines der Haupt-Fotomotive jedes Neuseeland-Reisenden. Die Traum-Strecke führt auf bestens ausgeschilderten Wanderwegen um den See und bietet nach jeder Biegung neue, wunderbare Ausblicke. Die größte Herausforderungen hier: Frühes Aufstehen, denn die Strecke ist nur am frühen Morgen ohne Busladungen voller Touristen zu laufen und zu genießen!

Hanmer Springs, Neuseeland
Der Hanmer Forest ist von zahllosen Wald- und Wanderwegen durchzogen, die sich auch hervorragend für das Laufen mit unterschiedlichen Steigungs- und damit Schweregraden eignen. Ein guter Startpunkt ist der „Dog Stream Walk", von dort führt ein steiler Zick-Zack-Kurs hoch auf den Conical Hill. Die wunderschöne Aussicht belohnt für die Anstrengung!

Jasper, Kanada
Laufen mitten im Schwarzbär-Land hat seine besonderen Herausforderungen. Mit viel Atem kostenden lauten Gesprächen, Pfiffen und Klatschen machen Läufer vor jeder Biegung auf sich aufmerksam, um nur ja keine Bärenmama mit ihren Cubs zu erschrecken, denn eine Begegnung könnte sonst gefährlich für Menschen werden. Trotzdem lohnt sich jeder Meter dieser 90 Minuten langen Rundstrecke, die entlang den Weges Nr. 14 über den Athabasca River, anschließend über den Weg Nr. 7 am Beauvert Lake vorbei und nach Überqueren von Fluss und Straße sowie Unterqueren der Bahnschienen wieder zurück in den Ort Jasper führt, die herrliche Natur immer im Blick.

MARGARET RIVER, AUSTRALIEN

Vom Start am Ortsrand auf der Railway Terrace führen verschiedene Laufstrecken auf ausgeschilderten Wanderwegen viele Kilometer durch eine
idyllische Waldlandschaft.

MELBOURNE, AUSTRALIEN

Mitten im Zentrum der australischen Laufmetropole liegt die 2,36 Meilen (also
fast 4 Kilometer) lange, „The Tan" genannte und gut ausgeschilderte Runde
um den Botanischen Garten. Perfektes Laufterrain mit kurzen, herausfordernden Steigungen, Wasserspendern und bis tief in die Nacht beleuchtet.

NELSON, NEUSEELAND

Der Maitai River ist ein abwechslungsreiches, riesiges Laufrevier. Mitten in der
Innenstadt, an der Trafalgar Street auf einem Fußweg direkt am Ufer, geht es
los, dann dem Fluss gegen seinen Lauf stadtauswärts entlang Wiesen, Felsen,
Feldern folgend. Den Wendepunkt je nach Laune wählen und auf dem Hinweg
zurück, dieselbe Landschaft sieht nun anders aus, ist aber ebenso idyllisch.

NEW YORK CITY, USA

Mitten in Brooklyn ist der 2,4 Quadratkilometer große Prospect Park in Park
Slope ein wunderbares Innenstadtrevier für Outdoor-Sportler jeder Richtung.
Entsprechend voll ist es hier zu fast jeder Morgen-, Tages- und Abendzeit,
dennoch kommen alle gut miteinander klar auf einer (zwei, drei, vier) her-
vorragend präparierten schattigen Runde(n) vorbei an See, Zoo, Museum,
Wiesen. Natürlich mit Wasserspendern und natürlich ist die Strecke im
Dunkeln beleuchtet.

VANCOUVER B.C, KANADA

Den Stanley-Park, den drittgrößten Stadtpark Nordamerikas, umrundet eine
asphaltierte Laufstrecke. In unmittelbarer Innenstadtnähe führt der Weg auf
der Seemauer am Meer entlang, traumhafte Aussichten auf den Pazifik, große
Schiffe, Strände und die gegenüber der Bay liegenden Berge garantiert. Auch
wenn viel los ist, lässt sich hier gut laufen, da die Wege für Fußgänger bzw.
Läufer und Radfahrer voneinander getrennt und außerdem Hunde verboten
sind. Tipp: Die Runde am Second Beach beginnen, im Schwimmbad Wechsel-
klamotten einschließen und nach dem Lauf schwimmen!

FLÜSSIGNAHRUNG UND DER „NO ENTIENDO"-BLICK

Wir haben uns das mit dem Spanischen so einfach vorgestellt. Wie bei den McDonalds-„Los Wochos" an alle deutschen, italienischen und englischen Wörter, die uns passend erscheinen, ein „-os" anhängen und schon bekommen wir, was wir wollen. Pustekuchenos, wir verstehen genauso viel wie die Buenos Airenenser: Nada, nickese, gar nix. Nur IHRE guten Italienisch-Kenntnisse (Motto: „Schnell gesprochen klingt es fast wie ein spanischer Dialekt!"), SEIN sehr überzeugender „No entiendo"-Blick („Ich versteh überhaupt nichts!") und die Gastfreundlichkeit der meisten Einheimischen sichern uns das Überleben an den ersten Tagen.

Wer uns nicht hilft, versucht, uns zu bescheißen, dazwischen gibt es in einer Stadt galoppierender Inflation und täglich wachsender Armut wohl nichts. Einige sind dabei recht erfolgreich, dem ein oder anderen helfen wir im Sinne „gut gedacht, aber falsch gemacht" auch noch sehr fein dabei. Wir machen uns jedenfalls viele Gedanken, wie man für die Fahrt vom Flughafen in die Stadt das richtige Taxi nimmt – und hören dabei wieder mal auf den Reiseführer, der uns schon häufiger fehlgeleitet hat. Das offizielle weiß-blaue Taxi für 220 Pesos in die Stadt nehmen wir wie empfohlen nicht, auch die Typen, die uns direkt vor der Flughafentür umringen und uns in ein Taxi zerren wollen, weisen wir erfolgreich ab, um dann ein paar Meter weiter – wie empfohlen – in ein schwarz-gelbes Taxi einzusteigen. Nach einer langen Fahrt ohne Taxameter (Fehler!) mit einem lebensmüden Irren (angeblich fahren alle Gauchos so) beläuft sich die Rechnung auf 280 Pesos, 60 mehr als bei den angeblich überteuerten weiß-blauen. Der Höhepunkt: Wir geben dem Gauner drei 100-Pesos-Scheine frisch aus dem Bankautomaten, schauen einen Momentito nicht hin, dann zeigt er uns zwei Hunderter und einen Zehner und behauptet, wir hätten ihm nur 210 Pesos gegeben. Unseren lautstarken Protesten begegnet er mit zunehmender Aggressivität und da wir nur Mikado können, geben wir ihm nochmal 100 Pesos, die Fahrt hat uns also lockere 380 Pesos gekostet. Wir hoffen, dass der Bastard mit unserem Geld was Gutes anstellt, in der Hölle soll er sonst schmoren.

Kein guter Einstieg, wir müssen uns – das zeigen auch weitere ähnliche Erlebnisse – daran gewöhnen, dass wir, die wir uns Reisen aus Europa leisten können, im Moment auf viele Argentinier wirken wie der fette Knochen auf den ausgehungerten Hund. Zahlen per Kreditkarte im Hostel kostet zum Beispiel mal locker zehn Prozent mehr. Kinder betteln überall auf den Straßen und sogar in den Restaurants. Natürlich sind die Reißverschlüsse am Rucksack offen, als wir ihn vom Gepäckband in Buenos Aires nehmen, das erste und einzige Mal auf der ganzen Reise mit insgesamt 20 Flügen. Ein Restaurantbesitzer fordert uns dringend auf, die Tasche nicht über die Stuhllehne zu hängen, wir könnten sie sonst gleich verschenken. Der Kellner will unseren eingerissenen Geldschein nicht nehmen, aber uns beim Wechselgeld einen ebenfalls eingerissenen Schein unterjubeln. Überhaupt: Jede Note wird ausgiebig auf Echtheit geprüft. Generell hätten alle am Liebsten, dass man mit Dolares, also US-Dollar zahlt, es gibt aber nirgendwo welche. Alle Banken sind überfüllt, hunderte Menschen warten in den Foyers, um an ihr Geld zu kommen, das täglich so stark an Wert verliert, dass die Regierung sogar ein Einfrieren der Preise in den Supermärkten für zwei Monate durchgesetzt hat. Hier ist also ganz schön Druck im Kessel.

Ach ja, last but not least: Wir wechseln nach zwei statt der acht geplanten Nächte das Hostel. Wir haben ein schöneres, kleineres, leiseres und sogar günstigeres gefunden, in dem man – und das ist der Hauptgrund für den Umzug – das benutzte Klopapier, wie in Mitteleuropa üblich, ins Klo wirft. Im aktuellen Hostel sind die Rohre dafür zu dünn, man muss den Scheiß in einen kleinen Mülleimer (ohne Tüte) daneben werfen. WIDERLICH. Dass uns das in Südamerika passieren wird, darauf sind wir vorbereitet, aber doch nicht in der Hauptstadt in einem Zimmer für mehr als 60 Euro je Nacht (Dafür müsste ein Kind hier verdammt lange betteln...).

Immerhin: Wir sind angekommen, und die Ecke, in der wir wohnen, ist schön. Endlich mal eine echte Stadt mit gemauerten Häusern, Geschichte und Flair. Das ist was ganz anderes als die ewig junge Wellblech-Kultur in Neuseeland. Stil haben die Leute hier, kaum jemand ist schlecht gekleidet. Entspannte Gelassenheit strahlen sie aus, auch wenn man ziemlich viel Feuer in den Augen sehen kann. Das ist angenehmer als das penetrant lässige „Wir latschen überall barfuß rum und springen, wann immer wir wollen, in den Pool", das wir in Australien so über hatten. Beinahe wären wir aber gar nicht erst angekommen, unsere Tickets waren zwar seit fast einem Jahr gebucht und bezahlt, wir standen aber nicht auf den Passagierlisten. Buchstäblich in letzter Minute haben wir dann doch noch zwei Plätze in dem vollgepackten Flieger bekommen. Dank Pablo von der chilenischen Airline LAN waren es sogar ziemlich gute Sitze, in denen wir einen kleinen Sprung über die Datumsgrenze gemacht haben.

Wir sind jetzt nicht mehr 12 Stunden vor Deutschland, sondern 4 Stunden dahinter. Und noch ein paar Zahlenspiele: 1 Liter leckeres eiskaltes Quilmes-Bier kostet im Supermercado 12 Pesos, das sind 1,80 Euro. Zwei Margarita-Cocktails im Pub „Chronico" kosteten zusammen 50 Pesos (7,40 Euro). Wir haben also, flexibel wie wir sind, wegen des Kloproblems einfach auf Flüssignahrung umgestellt. Genialos. Grandios.

Der Flieger nach Europa?

Wie ein kleines Dorf kommt uns der etliche zehntausend Quadratmeter große Friedhof Recoleta, die „Stadt der Engel" mit den fast 5.000 Totenstätten inmitten von Buenos Aires vor. Kein einziges „klassisches" Grab ist zu sehen, aber Mausoleen, groß wie Häuser, auch in Form von Kapellen, andere ähneln griechischen Tempeln, manche versehen mit alten rostigen Schlössern, bei deren Anblick wir uns fragen, wen das Schloss wohl vor wem schützt. Straßen mit Laternen, kleine Gässchen, Bänke, Plätze, sogar kleine Brunnen, hier haben die Hinterbliebenen den Toten einen eigenen Stadtteil gebaut. Dabei erleben wir längst Vergessenes – die Suche nach der Grabstätte eines berühmten Verstorbenen.
Das ist IHM zum Beispiel auf dem Friedhof Pere Lachaise in Paris passiert, als er sicher der erste Besucher seit vielen Jahren gewesen ist, der das Grab von Jim Morrison („The Doors") nicht gefunden hat. Erfolgreicher ist SIE gewesen, aber auch nur mit langem Suchen und vielen Fragen, als sie in Jerusalem das Grab von Oskar Schindler gesucht und gefunden hat. Das Grab der Nationalheiligen Maria Eva Duarte de Peron (Evita) finden wir beide jedenfalls nicht, was sicher auch an der brennenden Sonne liegt, die unsere Hirnmasse in Recoleta zum Kochen bringt.
Der gleichnamige Stadtteil ist einer der reichsten von Buenos Aires, deren Name an die guten Winde erinnert, die die Schiffe in früheren Zeiten über den Ozean wehten. Nicht nur hier erleben wir das eine Extrem dieser Stadt: Reichtum, glitzernde (und derzeit kaum besuchte) Shoppingmalls, dicke Uhren an den Handgelenken, Einkaufstaschen der teuersten Designerläden unter dem Arm, das Blackberry, hier häufiger zu sehen als die Apfel-Technik, immer und überall griffbereit. Außerdem ist Recoleta das bisher einzige Stadtgebiet, in dem uns beim Schlendern nicht der Fußbruch droht. Im Zentrum, in Palermo, in San Telmo – drei weitere angeblich wohlhabende Stadtteile – darf man den Blick nicht vom Boden heben. Die aktive Verdauung der vielen hunderttausend Hunde ist noch das kleinere Problem. Immer wieder tun sich unvermittelt riesige Löcher im Bo-

den auf, ist der Asphalt zersprungen, sind Bodenplatten aufgebrochen, fehlen Quadratmeter Kopfsteinpflaster. Dabei pflegen die Hausbesitzer ihr Grundstück so gut sie können. Wir sehen oft Leute, die das Stück Bürgersteig vor ihrem Haus mit Wasser und Seife schrubben, während links und rechts der Asphalt aufgerissen und völlig brüchig ist.

Wir haben das Gefühl, dass die Stadt mehr und mehr auseinanderfällt, kaputt geht. Oft lesen wir in den Reiseführern, dass dieser Park, dieses Haus, dieser Stadtteil mal schön und gut besucht war, heute aber verfallen und für Touristen unsicher ist. Von neuen, aufkommenden Gegenden lesen wir selten. Dafür kommt die Müllabfuhr hier fast täglich, besser gesagt: nächtlich. Wir haben sie bisher immer zwischen 21.00 und 23.00 Uhr gesehen.

Anders als in anderen Gegenden unserer bisherigen Reise werden die allgemeinen Warnungen vor Kriminalität und der Rat zur Achtsamkeit hier ziemlich konkret. Die Gastgeberin in unserem wunderbaren Bed and Breakfast hat uns dringend abgeraten, den Zug zu nehmen, nur Bus und Metro seien relativ sicher für Touristen. Ganze Stadtteile bleiben uns verschlossen, nach dem Motto: „Hier gibt es für Touristen nichts zu sehen, außer Räubern, die Euch überfallen wollen". Kleidungsgeschäfte sind zum Teil geschützt wie bei uns Juweliere, man muss klingeln, um rein zu kommen. Wir versuchen, so wenig wie möglich aufzufallen, tragen weder Schmuck noch Uhren, bewegen uns zügig und sicheren Schrittes, bleiben nur selten stehen, um uns per kurzem Blick auf die Karte zu orientieren, behandeln Straßenhändler und Bettler mit Respekt, geben Armen etwas Geld, wo es auch Einheimische tun. SIE trägt ihre Tasche wegreißsicher vor dem Körper, wie das alle Frauen hier tun, die meisten Männer halten ihre Rucksäcke vor dem Bauch. Es hilft alles nichts, in der U-Bahn wird ER plötzlich von drei Männern eingerahmt, die so tun als wollten sie eine Bahn besteigen, dann vorgeben, es sei die falsche Bahn, um wieder auszusteigen, alles mit viel Geschiebe, Gezerre und Körperkontakt. Danach sind alle seine Taschen offen. Es fehlt aber nichts, da mitteleuropäische Sicherheitstaschen dann doch zu gut sind für den gemeinen Dieb hier.

Damit auch alle Tricks, vor denen die Reiseführer warnen, komplett sind (neben Taxi-Nepp und U-Bahn-Geschiebe), werden wir am 5. Tag auf dem Weg zu einem Markt plötzlich an einer Straßenecke von oben bis unten mit einer widerlich stinkenden grünen Pampe bespritzt. Eine Frau stürzt auf uns zu, reißt Plakate von der Wand und will uns mit dem Papier helfen, die Klamotten zu schrubben, der so genannte „Mustard-Trick", also Senf-Trick. Wieder fehlt am Ende der Aktion nichts (mitteleuropäische Sicherheitstaschen!), wir stinken aber wie Gülleschwimmer, müssen ein Taxi nach Hause nehmen und duschen. Gut, dass die Wäscherei – trotz zweier Karnevalsfeiertage – offen hat. ER schwört sich, dass er – sollte es hier so weitergehen oder es sogar mal zu einem Raubüberfall kommen – im nächsten Flieger nach Europa sitzt. Selbst eine schöne Stadt wie Buenos Aires lässt sich nicht genießen, wenn man für die vielen armen Menschen Neid-Objekt Nummer 1 ist, dem man an die (kaum gefüllten!) Taschen will. Dramatisch ist, wie sehr sich die „guten" Buenos Airesianer um ihre Stadt bemühen. Wir werden nach jeder Aktion von Passanten gefragt, ob alles okay ist, ob sie helfen könnten.

Immer und überall wachsam zu sein, wie uns deutlich geraten wird, bedeutet aber, dass wir immer erst mal vorsichtig sind, wenn uns jemand anspricht, selbst wenn eine wohlhabend aussehende Dame im Museum uns nach einem Stift fragt, oder ein Anzugsträger uns den Weg erklären will. Ständiges Misstrauen gegen alle und jede/n ist weder angenehm noch entspannend. Wir versuchen es weiter, genießen den morgendlichen Lauf – trotz großer Hitze – um einen Rosengarten in einem der vielen Parks hier in Palermo, streunen durch Straßen und Gegenden, die angeblich für Touristen sicher sind, erfreuen uns an der großen Zahl europäischer Meister (Picasso, Toulouse-Lautrec, Renoir, Gauguin, Rodin, Van Gogh, Cezanne, Monet, Klee, Kollwitz, Matisse) im Museum der Schönen Künste, wobei ER angesichts der Temperaturen ein Winterbild von Sisley am besten gefällt, und SIE die europäische Hängung lobt.
Bei jeder der vielen Demonstrationen, die wir sehen, fragen wir uns, wer da wohl für oder gegen was ist und egal was uns hier auf den Magen schlägt, genießen wir das tolle Essen und Trinken überall. Es gibt zwar selten deutsches Brot, aber man kann es im Gegensatz zu Australien und Neuseeland tatsächlich Brot nennen. Gierig stürzen wir uns auch auf den echten Käse – nach Monaten langweiligsten Papp-Cheddars. Wunderbare Restaurants und Cafés, die meisten eingerichtet mit einem unwiderstehlichen Gefühl für Stil, alle mit einer tollen Karte, lassen uns die mehr und mehr verslumende Stadt (so empfinden das die Bewohner von Buenos Aires selbst) vergessen.

ARGENTINISCHE BÜDCHENKULTUR UND: SÜDLICHER GEHT'S NIMMER

Erst während unseres Fluges von Buenos Aires nach Ushuaia bemerken wir so richtig, wie groß Argentinien, das achtgrößte Land der Erde, ist. Auch wenn die Hauptstadt schon ziemlich südlich liegt, benötigen wir doch noch einen dreieinhalbstündigen Flug, um an das Ende der Welt zu kommen, nach Ushuaia. Nun sind wir am südlichsten Punkt, an dem wir je waren. Feuerland ist die südlichste größere Insel, die es überhaupt gibt, zu Recht wirbt die Region mit der Bezeichnung „Fin del Mundo", Süd-Südafrika und Stewart Island (Neuseeland) sind deutlich weiter nördlich. Kap Horn, der Zipfel des Feuerlandarchipels ist nicht mehr weit. Bis zur Eröffnung des Panamakanals 1914, den wir uns in ein paar Monaten ansehen werden, war Kap Horn ein günstiger Schiffsweg vom Atlantik an die Westküste Südamerikas. Rund 10.000 Menschen haben die Passage, einer der gefährlichsten Seewege der Welt, mit dem Leben bezahlt, Kap Horn ist mit rund 800 Wracks der größte Schiffsfriedhof, den es gibt.

Jetzt kommen also nur noch ein paar kleinere Inselchen, Wasser und dann sofort die Antarktis. Kein Wunder, dass wir schon am ersten Tag einige größere Schiffe im Hafen sehen, deren nächstes Ziel die große Eismasse ist. Für wenige tausend Euro pro Person hätten wir sogar eine Exkursion in die Antarktis mitmachen können, sicher vergleichsweise ein Schnäppchen, aber dann doch etwas viel für unser Weltreisebudget. Außerdem müssen wir uns ja noch ein paar Ziele auf der Welt offen halten für die Zeit nach dem fest eingeplanten Lottogewinn.
25 Grad liegen zwischen Buenos Aires und Ushuaia. Wir sind bei sommerlichen 35 Grad am frühen Morgen los und bei ca. 10 Grad in der Stadt zwischen Berglandschaft und Beagle-Channel angekommen. Der Kanal ist benannt nach dem Schiff, mit dem Charles Darwin 1833 die Region besichtigt hat. Kaum zu glauben, dass wir am Vortag noch im hochsommerlichen Buenos Aires gewesen sind, dass Klimaanlagen uns gekühlt und nicht der frische Meereswind uns um die Nase geweht hat. „Forget Buenos Aires, this is Ushuaia!", macht uns Lucas, dessen Familie das schöne Hostel La Posta gehört, klar, als wir von unseren Diebstahl-Erlebnissen in der Hauptstadt erzählen. Trotz der negativen Aspekte haben wir die Zeit in der Ciudad Autonoma de Buenos Aires (offizieller Titel) genossen, vor allem die tollen Cafés und Restaurants in „unserem" Viertel Palermo, aber auch mal das Abhängen im Zimmer, bei dem wir mehr über Deutschland gelernt haben als zu Hause, dank DW-TV. Der Fernsehsender der Deutschen Welle ist eine tolle Sache, die Heimat ist darin – mit neugierigem Blick von außen betrachtet – viel schöner und spannender, als man das im Alltag wahrnimmt.

Deutschland ist in Buenos Aires an vielen Ecken präsent, rund 1 Million Deutschstämmige leben dort. Eine wunderbare Bio-Bäckereikette heißt „Hausbrot", selbstverständlich gibt es ein deutsches Hospital, eine Apotheke um die Ecke heißt „Charité", es gibt Ventilatoren der Marke „Luft", wir sehen etliche, von argentinisch aussehenden Menschen getragene Deutschland-Trikots auf den Straßen. Dazu gibt es eine sehr lebendige Büdchenkultur, „Maxikiosco" heißen die kleinen Alleskönner hier, und ein indisch-arabisch-veganes Restaurant ist gleichzeitig Buchladen für eine ganze Reihe deutscher antroposophischer Literatur im Sinne Rudolf Steiners. Nur das wöchentlich auf deutsch erscheinende Argentinische Tageblatt haben wir nicht gefunden (aber auch nicht gesucht), sondern uns mit dem englisch-sprachigen Buenos Aires Herald informiert. Darin können wir auch lesen, dass die Opposition der argentinischen Regierung bei einem alltäglichen politischen Thema wörtlich „Nazipropaganda" vorwirft. Weder deutsche noch brasilianische Ausmaße hat dagegen der argentinische Carnaval. Wir müssen lange suchen, bis wir die kleine Bühne in Palermo finden, vor der wir dann allerdings eine beeindruckende Tanzvorführung sehen. Dabei sind wir von den insgesamt rund 200 Zuschauern die einzigen, die sich zum Takt bewegen und klatschen, das sind eben doch keine Kölschen hier.

Deutsches Fernsehen, englische Zeitungen, südamerikanisches Spanisch auf der Straße, das alles bedeutet ein ziemliches Sprachwirrwarr in unseren Köpfen, hinzu kommt die Verwandtschaft des Spanischen mit dem Italienischen. ER antwortet einem Argentinier auch schon mal auf Französisch, selbst Holländisch rauscht durch den verdrehten Schädel. SIE tut beim Betreten eines Ladens schon mal gerne so, als wolle sie sofort wieder gehen, in dem sie an der Tür fröhlich „Ciao!" ruft. Während Italiener zur Begrüßung und zum Abschied „Ciao!" sagen, rufen Spanier „Chau!" nur, wenn sie „Adios!", also „Tschüss!" meinen. Sobald ER aber ein spanisch-dynamisches „Hola!" in den Laden brüllt, ist alles wieder gut, Kundschaft und Verkäufer wenden sich wieder ihrem Geschäft zu. In diesem Sinne: Ciao, Adios, Hasta Luego, See you later, maat et joot, a bientot, tot ziens!

„DEUTSCHE MENSCHEN SIND GUT"

Die Nähe zur Antarktis wird ziemlich konkret, wenn am Nachbartisch die nächste Exkursion besprochen wird. Neun Tage soll es ins ewige Eis gehen. Wir packen ein probates Mittel aus gegen unser – sicher auch durch die Erlebnisse in Buenos Aires bedingtes – Fremdeln in Argentinien und nehmen einen Bergwanderweg unter die Stiefel. Schon die Fahrt mit dem Taxi zum Startpunkt ist ein Erlebnis. Mit Engelsgeduld versucht der Fahrer, sich mit uns über Gott und die Welt zu unterhalten, auch wenn unsere Spanisch-Kenntnisse dafür reichlich rudimentär sind. Als SIE irgendwann beginnt, des Fahrers Kauderwelsch halbwegs zu durchdringen, schaltet dieser als zusätzliche Herausforderung das Radio an, aus dem nun auch noch argentinische Volksmusik in voller Lautstärke schallt. Immerhin verstehen wir drei Dinge: Die Menschen in Deutschland sind gut, Buenos Aires ist gefährlich und schlecht, der Rest des Landes ist aber ganz anders. Mit diesem Fazit können wir, angekommen am „Centro de Montana Glaciar Martial", gut leben.

Wir stehen inmitten einer einladenden Berglandschaft, die auch Dank kleiner Holzhäuschen an europäisch-alpine Gebiete erinnert und lassen den Sessellift rechts liegen. Leider bringt dieser die auf der ganzen Welt bekannte Spezies der Lift-Pupser in die Berge, die dort weder konditionell noch kleidungstechnisch (Lackstiefel und Pelzmantel!) hingehören. Während diese erste Überlebensversuche in unbekannter Höhe starten, nehmen wir zügigen Schrittes einen kleinen, steilen Waldweg. Er führt uns zum 500 Meter höher liegenden Gletscher. Der ist nicht martialisch, sondern erinnert im Sommer eher an größere Schneereste direkt am Berg. Dennoch hat die Wanderung ihren Reiz, der Weg ist anspruchsvoll, aber meistens sicher und gut markiert, die Gipfel um uns herum sind absolut beeindruckend. Ebenso reizvoll ist das Farbenspiel, der blaue Himmel, das Grau der Berge, der weiße Schnee, dazwischen fließt ein klarer Gebirgsbach, weiter unten mischt sich das Grün von Wald und Wiese ein. Der Höhepunkt ist der Blick zurück und ins Tal. Wir haben eine prächtige Aussicht auf den Beagle-Kanal, die Berge des chilenischen Teiles von Feuerland, dazu Ushuaia mitsamt Hafen und großen Schiffen. Hier oben fühlen wir uns nicht fremd.

Die südlichste argentinische Stadt mit ihren rund 60.000 Einwohnern am Ende der Welt wirkt auf uns dagegen seltsam ambivalent. Wir finden eine ganze Menge Postkartenmotive, auch wenn wir dafür oft einen speziellen Ausschnitt oder Blickwinkel wählen müssen, um das viele Verfallene und Hässliche nicht auf dem Bild zu haben. Zwar ist Ushuaia Dank des Tourismus eine der reicheren Städte Argentiniens, aber eben eines armen Landes, das seit Jahren am Rande der Zahlungsunfähigkeit kratzt. In Restaurants gibt es bis zu 20% Rabatt, wenn man bar bezahlt, in vielen Hostels kann man nichts mit Kreditkarten anfangen. Offensichtlich verliert das Geld so rapide an Wert, dass man lieber hat, was man hat, bevor man nächste Woche noch weniger harte Währung dafür bekommt. Dollar oder Euro sind sehr gerne gesehen, nur bekommt man sie nirgendwo, die Bankrottregierung hält die Dollarmenge im Land so klein wie möglich.

Der jahrelange Niedergang ist überall zu bemerken, auch im wohlhabenderen Ushuaia. So sehen wir eine ganze Reihe zerfallender Häuser, hässliche Plattenbauten mitten im Ort, am Berghang ist sogar eine Bruchbudensiedlung ohne Sinn und Verstand in den Wald gefräst, die Straßen sind zwar asphaltiert, aber ein Schlagloch-Eldorado. Vielspurig führen sie durch die Stadt oder – Ushuaia ist an eine Bergwand gebaut – steil wie die Straßen von San Francisco in einzelne Viertel hinaus, in der Stadt stinkt es ständig nach Abgasen, hunderte wilde Hunde streunen herum.

Das andere Extrem ist die Haupteinkaufstraße mit vielen Markenläden, riesigen Werbemonitoren und glitzernden Fassaden, hinter denen fast nur Touristen einkaufen, da die Preise ähnlich hoch sind wie in Europa. Kitschig-schön und hier so ungewöhnlich wie ein gestrandetes Ufo ist ein Teehaus am Fuß des Berges zum Glaciar Martial. Es könnte auch in einem Märchenpark stehen, überzeugt durch viele Dutzend extravagante Teesorten und leckere Cookies. Nebenbei blättern wir in einem Hochglanz-Gratismagazin, das exakt so auch in Deutschland erscheinen könnte. Es geht um teure Mode, Partys, Schmuck und Möbel, eine reiche Parallel- und Phantasiewelt, die mit dem Argentinien, das wir bisher kennen gelernt haben, wenig zu tun hat.

KALBENDE GLETSCHER UND EIN TODESFALL

Weiß-blaue Eismassen türmen sich vor uns auf, immer wieder brechen große Teile ab und stürzen mit lautem Getöse in den Lago Argentino – zeitversetzt wie bei Blitz und Donner, obwohl wir so nah an der Zunge des Gletschers Perito Moreno stehen, dass wir fast rüber springen könnten. 3 Kilometer breit und bis zu 80 Meter hoch ist die Front des Gletschers, der nach 30 Kilometern Abfahrt den Cerro Pietrobelli hinunter kleine Eiswürfel oder ordentliche Eisberge kalbt (klingt bescheuert, sagt man aber so). Auch wenn tausende Touristen täglich dieses rund 80 Kilometer von El Calafate entfernt liegende Unesco-Welterbe besichtigen, finden alle auf den weitläufigen, künstlich angelegten Wegen und Balkonen ihr Plätzchen, um das faszinierende Schauspiel auf sich wirken zu lassen.

Fast verpassen wir den Bus, weil wir noch einen weiteren Eisabbruch kaum erwarten können und noch einen und noch einen. Wir haben selten etwas Spektakuläreres gesehen. Der Perito Moreno zieht sich nicht wie andere Gletscher wegen der globalen Erwärmung zurück, sondern fließt und kalbt fröhlich weiter. Feuchte pazifische Winde regnen bzw. schneien – von Chile kommend – in dem Gebirge ab und füttern den Gletscher von oben nach. Alle Jahre wieder verschließt dieser sogar den vor den Aussichtsbalkonen liegenden Seearm Brazo Rico. Das Wasser benötigt jedes Mal Monate, um sich seinen Weg zu bahnen, bis das Pfropfenstück des Gletschers dann explodiert wie ein Sektkorken. Perito heißt übrigens Techniker, der gute Herr Moreno, nach dem der Gletscher benannt ist, war ein Geograph, der das Gebiet vermessen hat und dessen Vorschlag der Grenzziehung zu Chile (die Mitte der Anden) schließlich Realität geworden ist. Die Grenzer, die sich auf der Höhe den Hintern abfrieren, werden Herrn Moreno sicher hassen dafür.

Nach SEINEM größtenteils auf der Toilette am Ende der Welt verbrachtem Geburtstag – Herr Montezuma hatte sich ungebeten in die Feierlichkeiten eingeschlichen – konnten wir Ushuaia wegen eines tragischen Todesfalles fast nicht verlassen. Nach kurzer Taxifahrt zum in Sichtweite des Hostels gelegenen Flughafens haben wir uns in der einzigen Menschenschlange im ganzen Flughafengebäude angestellt, um vorne am Schalter zu erfahren, dass wir bei LAN (chilenische Airline) stehen, wir aber bei L.A.D.E. (argentinische Militärairline) gebucht haben, deren Schalter – knapp eine Stunde vor dem für 9.15 Uhr geplanten Abflug nach El Calafate – noch verwaist ist. Kein Personal, keine andere Kundschaft, da gerät der organisierte Mitteleuropäer schon mal etwas in Unrast. Wir machen eine Englisch sprechende LAN-Mitarbeiterin aus, die wiederum in den Katakomben des Flughafens zwei L.A.D.E.-Mitarbeiter auftreiben kann.

Es treten auf: Die Zivilisten Pablo und Juan, die uns aber an einen Unteroffizier und einen Gefreiten erinnern. Ersterer ist von undefinierbarer Körpergröße und Gestalt (es gibt solche Leute!), aber mit blutrot unterlaufenen Augen. Zweiterer ist klein gewachsen und mit undefinierbaren Klamotten bekleidet (es gibt solche Leute). Beide versuchen uns mit großer Trauer im Blick und in schnellstem Spanisch zu erklären, was wir erst später verstehen, als eine halbe Stunde vor Abflug eine weitere Kundin dazu stößt und dolmetscht: Die Maschine ist um 13 Stunden in die kommende Nacht verschoben, weil die Mutter des ehemaligen Präsidenten – und damit Schwiegermutter der aktuellen Präsidentin – verstorben ist. Das ist tragisch, wir fragen uns aber automatisch: Würde es die deutsche Bundeswehr irgendwie tangieren, wenn Frau Sauer, die Mutter unseres Kanzlerinnengatten, stürbe? – Wir erfahren irgendwie, dass wir den Flug canceln können und das Geld in einem L.A.D.E.-Büro zurückbekommen, rennen zum LAN-Schalter, kaufen die letzten beiden Plätze in deren Maschine und verlassen das Ende der Welt. Hier – in El Calafate – stehen wir übrigens drei Mal vor dem verschlossenen L.A.D.E.-Büro, die Mails, die wir zwecks Rückerstattung schreiben, bleiben vorerst unbeantwortet.

In unserem Hostel in El Calafate entdecken und erweitern wir stetig unsere klempnerischen Talente, genauso wie wir unsere Fähigkeiten aus der Jugend reanimieren, inmitten von lauten Menschenmengen (Schulklassen, Kneipen, Bus und Bahn) einzuschlafen. Die Hütte ist eine echte argentinische Bruchbudos, aber eine schön eingerichtete, noch dazu mit sehr angenehmer Atmosphäre. Die Beleuchtung war in ihrem früheren Leben als Stroboskop in einer Disko einge- setzt, wir schalten sie schnell wieder aus und behelfen uns mit unseren Stirnlam- pen. In der Nacht steht plötzlich unser Zimmer unter Wasser, die bis dahin nur pfeifende Heizung, die übrigens trotz sommerlicher Temperaturen den ganzen Tag in allen Räumen auf vollen Touren läuft, leidet unter Inkontinenz.

An der Toilettenanlage hätte jeder Hobbyhandwerker seine Freude. Die Nutzung setzt jeweils akribische Zeitplanung voraus, denn die Nachbereitung des Ge- schäftes kann bis zu einer Stunde dauern, da Wasserdruck und Röhrendurch- messer in einem nicht adäquaten Verhältnis zueinander stehen. Wir füllen nun den Wasserbehälter immer mit Wasser aus der Dusche bis zur Oberkante, drü- cken mit aller Kraft den Plöppel runter und gehen in Deckung. Beim vierten oder fünften Versuch rumpelt es zwar erdbebenähnlich tief in der Erde, aber die Ab- ortpfanne ist wieder frei.

Die Wände im Haus sind angeblich aus Beton, weigern sich aber, jegliches Ge- räusch zu dämmen. Unser erstes Zimmer liegt direkt neben dem Aufenthalts- raum, in dem es erst gegen 22.00 Uhr so richtig losgeht. Damit sich alle auch ordentlich anbrüllen müssen, lässt eine der Hostelchefinnen die Musik dann ger- ne in Discolautstärke laufen. ER muss bei seiner Beschwerde kurz vor Mitter- nacht enorm gefährlich aussehen, denn schon beim zweiten Satz bietet die Dame uns ein neues Zimmer an, das leiser ist, eher wie Bahnhofshalle, nicht mehr wie Irish Pub an St. Patrick's Day.

Auch im neuen Raum gehen wir fröhlich weiter der Toilettenklempnerei nach und wundern uns nicht mehr, warum das offenbar schlecht schließende Fenster nicht repariert wird, sondern mit gutem altem Panzerband fixiert ist. Die „Tür" zum Ba- dezimmer hängt windschief in den Angeln. Wir verzichten auf Rache per Tripad- visor, eine Website, auf der man Hostels, Aktivitäten, Sehenswürdigkeiten etc. für andere Reisende als Orientierung bewerten kann. Denn das Frühstück ist gut, die Leute, die hier arbeiten, nett und die Musik, die den ganzen Tag in allen grö- ßeren Räumen läuft, ist angenehm.

EIGENURIN-THERAPIE IM NATIONALPARK

Fast acht statt der angekündigten fünf Stunden (manche Reiseführer schreiben sogar: drei Stunden) benötigen wir für die 280 Kilometer von El Calafate (Argentinien) nach Puerto Natales (Chile). Hier in der Nähe hat der in Patagonien berühmte deutsche Forscher Hermann Eberhard vor rund 120 Jahren die Reste eines vor 10.000 Jahre ausgestorbenen Faultiers gefunden.

Warum unsere Überfahrt so lange dauert, wissen wir nicht. Beide argentinischen Fahrer sprechen während der Fahrt und verschiedenen bis auf einmal Tanken nicht erkennbar sinnvollen Halten kein einziges Wort. Ein Verzögerungsgrund ist offensichtlich: Die Mühlen der Bürokratie und der Schutz Chiles vor den vermeintlich verseuchten Einreisenden aus dem nicht gerade geliebten großen Nachbarland.

An der Grenzstation „Dorotea" – ja, wir hielten das Häuschen zuerst für ein anderes Etablissement – ist nur ein Büro auf chilenischer Seite geöffnet. Alle Einreisenden bekommen ihr Stempelchen in den Reisepass und auf den labberigen Durchschlag eines persönlichen Zettelchens, das wir im Bus mehrfach ausgefüllt haben und das – wegen des Gerüttels bei der Fahrt – am Ende völlig unleserlich ist. Dann stürzt beim Versuch, IHREN Reisepass einzuscannen, der Grenzcomputer ab. Das führt nicht zur Verhaftung, denn ein routiniert herbeischlappender IT-Sanitäter (warum sehen die in der ganzen Welt gleich aus?) bringt das Gerät wieder ans Laufen. Der Grenzbeamte lacht und – Achtung, jetzt kommt etwas Besonderes in Südamerika – entschuldigt sich. Das Scannen des kompletten Gepäckes nach Lebensmitteln aus Argentinien, die Chile auf keinen Fall haben will, dauert ebenfalls, aber auch hier sind die zuständigen Beamten ausgesucht freundlich. Das werten wir doch mal ganz schnell: Chile – Argentinien 1:0.

Das Spiel setzt sich in Puerto Natales fort: Autos halten, um Fußgänger über die Straße zu lassen, stinknormale Menschen grüßen uns auf der Straße, obwohl wir doch zwei von vielen tausend Touristen hier sind, selbst gestresste Bedienungen haben ein Lächeln für ihre Gäste übrig. Das ist hier völlig anders als viele unserer Erlebnisse in den argentinischen Städten Ushuaia und El Calafate, die beide auch Touristenhochburgen sind. Bis auf wenige Ausnahmen (vor allem in den Hostels) freut sich in Argentinien niemand über uns oder das Geld, das wir und die zahllosen anderen Touristen in die Region bringen. In Chile fühlen wir uns willkommen, in Argentinien geduldet. In Chile beobachten wir, wie Häuser und Straßen gebaut werden. Das haben wir in Argentinien nicht einmal gesehen. Das einzige große Loch in einem Trottoir hier in Puerto Natales, über das wir bisher gestolpert sind, nennen wir seitdem nur „Monumento de Buenos Aires".

Auch wenn die bevorzugte Bauweise Wellblech auf Spanplatten ist, sieht das alles sehr freundlich aus. Es gibt sogar Parks, in denen Menschen sitzen, sehr schöne Cafés sind nicht wie beim Nachbarn seltene Oasen in der Wüste, sondern

an jeder Ecke zu finden, mit vielen Leckereien und schön bis etwas irre eingerichtet. Beispielsweise sitzen wir im „Café Tonnerre de Brest" in einer längs auf-
geschnittenen Emaille-Badewanne, sogar die Wasserhähne sind noch dran.
Last but not least gibt es in Puerto Natales keine Probleme mit dem Wechselgeld,
und wir können bei Bedarf sogar mit Kreditkarte zahlen. Die argentinische Antwort
„Das Lesegerät ist ausgerechnet heute defekt" können wir wegen der Regelmä-
ßigkeit nicht mehr hören. Wir sind eben doch nicht nur Weltreisende, sondern
manchmal auch zivilisationsbedürftige Touristen. In Chile haben wir uns verguckt
und daher unsere Reiseroute etwas geändert. Nach der kommenden Woche in
El Chaltén und den folgenden 14 Tagen in Bariloche im Lake District von Argentinien werden wir erst mal länger auf chilenischer Seite nach Norden reisen.

Das ist aber noch Zukunftsmusik, denn vorher machen wir uns auf in den berühm-
testen Nationalpark Chiles, Torres del Paine („Türme des blauen Himmels"). Einen
regelrechten Massentourismus hat der Park um die drei namensgebenden, nadel-
artigen Granitberge ausgelöst. Wir freuen uns auf tolle Gipfel, Wasserfälle, Gletscher,
Bergseen und mehr, fürchten uns aber auch ein wenig vor den eiskalten Winden,
die es aus blauem Himmel regnen lassen und vor allem vor den Massen von anderen Wanderern hier, die zwischen einem Tag und fast zwei Wochen im Park hausen.
Wegen der momentan fast winterlichen Temperaturen verzichten wir aufs Zelten
und übernachten in einer „Refugio" genannten Berghütte. Wir sind eben nicht
wie die junge, stattliche Holländerin, die im Hostel „Erratic Rock" arbeitet, in dem
täglich Infoveranstaltungen zum Er- und Überleben im Park stattfinden. Sie erzählt voller Freude von brechenden Zeltstangen in der Nacht, von Wasserque-
rungen alle Viertelstunde, die nasse Füße zur Gewohnheit werden lassen, von
Wind und Regen, die von allen Seiten kommen, die Regenjacken genauso wie
Schutzhüllen für den Rucksack sinnlos und das Wasserlassen zur Eigenurinthe-
rapie werden lassen. Ihr Rat: „Warm wandern, abends die nassen Sachen in einer Plastiktüte luftdicht verschließen, in die durch mehrere Plastiktüten im
Rucksack geschützten Abendwarmsachen schlüpfen, möglichst einen Schnaps
trinken und am Morgen wieder in die nassen Sachen schlüpfen, warm wandern
etc. pp." Äh, nein, wir machen es uns irgendwie anders nett.

ARGENTINISCHE GAGS UND ATEMBERAUBENDE SCHÖNHEIT

El Chaltén, das wir nach fast neunstündiger Fahrt – mit kurzem Zwischenstopp
wieder zurück in El Calafate – erreichen, ist mit nicht einmal 30 Jahren auf dem

Buckel die jüngste Stadt Argentiniens und nennt sich selbstbewusst „Argentiniens Wanderhauptstadt". Es liegt am Fuße eines imposanten Bergmassivs mit den buchstäblich herausragenden Bergen Fitz Roy – benannt nach dem Kapitän des Schiffes, das Charles Darwin nach Patagonien brachte – und Cerro Torres, der wie eine Nadelspitze in den Himmel ragt. Einer der wichtigsten Namensgeber in der Region ist übrigens wieder der Techniker (spanisch: Perito!) Moreno. Dieser Herr war offensichtlich ein Techniker mit Hang zu Literatur, hat er doch einen Nachbarberg Fitz Roys auf den schönen Namen Saint-Exupery getauft und so dem verschollenen Autoren von „Der kleine Prinz" ein Denkmal gesetzt.

El Chaltén scheint vor allem für den Tourismus gebaut und tatsächlich hat der Ort eine für argentinische Verhältnisse beachtliche Infrastruktur und Sauberkeit, außerdem ist mindestens jedes zweite Haus ein Hostel, Hotel, Restaurant, eine Tour-Agentur oder Wäscherei. Sogar eine kleine Kapelle im angeblich „österreichischen Stil" gibt es hier. Wir wären aber nicht in Argentinien, hätte man nicht Kleinigkeiten wie zum Beispiel eine Bank vergessen. Der einzige Geldautomat, 2009 installiert, ist gerne mal leer und ob Kreditkarten akzeptiert werden, ist wie überall in Argentinien Glückssache. Bei allem touristischen Aussehen hat die Ortsgründung El Chalténs 1985 einen ernsten Hintergrund: Die Grenze zum damals noch von Pinochets Militärjunta regierten Chile ist nur wenige Kilometer entfernt, die Stadtgründung sollte eine befürchtete Landnahme der Region durch die westlichen Nachbarn verhindern.

Zumindest einen Vorteil hätte es für uns gehabt, wäre der Ort hier chilenisch – wir müssten uns nicht schon wieder anderthalb Stunden lang mit der Instandhaltung der Toilettenanlage beschäftigen, mittlerweile unser spezieller Running Gag in Argentinien. Leider genügen unsere klempnerischen Fähigkeiten dieses Mal nicht, nur ein Raumwechsel bringt uns weiter. Das neue Zimmer im „Inlandsis" hat nun zwar kein Fenster, das man öffnen könnte, dafür stinkt es nicht mehr wie Kläranlage, und die Toilette wickelt unser Geschäft ab, wie es sich für eine Gerätschaft dieser Art gehört. Aber eine Frage darf doch erlaubt sein, eigentlich sind es zwei: Wie kann man 1985 ein neues Städtchen aus dem Boden stampfen, dabei die Kanalisation im Ort und in den Häusern aber von schlechterer Qualität bauen als vor hunderten Jahren in Europa? Haben wir Altkontinentalen das alles dem Erbe der Römer mit ihren Via- und Aquädukten zu verdanken? Das i-Tüpfelchen auf dem ganzen Thema ist die Reaktion der Rezeptionistin, ein müdes Schulterzucken, kein Wort des Bedauerns.
Auch diese uns hier immer wieder begegnende und schon mehrfach bemängelte argentinische Arroganz (Auf welchen vermeintlichen Vorzügen basiert die über-

haupt?) wird langsam zum Running Gag. Da darf man sich nicht vorstellen, wie ein Gästehaus-Angestellter in Chile oder gar in Europa reagiert hätte, wenn Gäste erwähnen, dass sie gerade eine Fußballspiellänge lang mit den Armen in den eigenen Abortalia gewühlt haben, um das Klo wieder flott zu bekommen.

Ein Rat für alle, die nach Patagonien reisen wollen, was sich wegen der Landschaft wirklich lohnt: Vergesst Argentinien, in Chile sind die Häuser zwar selten gemauert und auch die T-Shirts und Postkarten längst nicht so schön, aber die Menschen – egal ob im Restaurant, Supermarkt, Hostel, in einer Bank oder auf der Straße – sind viel freundlicher, jegliche Infrastruktur funktioniert (inklusive K&K – Klo und Kreditkarten) und zu allem Überfluss ist es auch noch günstiger.

Der Nationalpark Torres del Paine mit seinen namensgebenden Türmen als Höhepunkt, den wir vor ein paar Tagen von Puerto Natales aus besucht haben, ist von ausnehmender Schönheit. Daran ändern auch die Horden von Menschen aus aller Welt nichts, die den Park in der Hochsaison bevölkern und zum Teil gefährden. Schon zwei Mal in den vergangenen Jahren haben Wanderer Feuerchen gemacht, die jeweils 15.000 Hektar Wald und Wiese zerstört haben. Da die Schilder im Park mit der Aufschrift „Nimm Dein Toilettenpapier wieder mit und versuch ja nicht, es zu verbrennen" relativ neu sind, ahnen wir, was die Pechfeuervögel wohl versucht haben.

Auch wenn wir ohne Zelt keine der weltberühmten Touren hier machen können (W, O oder Q – je nach der Form der Wanderung auf einer Karte), lohnt es sich sehr. Am ersten Tag erwandern wir uns einen traumhaften Blick auf das größte Gletscherfeld südlich des Äquators, am Lago Grey entlang, in den der Gletscher Grey immer wieder kleine Eisberge kalbt – wir lieben dieses Wort! Wunderschön auch die vielen Seen und Flüsse in der Region, die alle das milchige, türkisblaue Gletscherwasser haben, an dem wir uns schon in Neuseeland kaum sattsehen konnten.

Nach hotelteurer Nacht in einem Sechs-Bett-Schlafraum im „Refugio Las Torres Central" machen wir uns auf den Weg zu einer unserer längsten Bergwanderungen überhaupt, insgesamt sind wir fast neun Stunden auf Wander- und Klettertour. Jeder Meter, jede Sekunde und dazu angesichts der zahllosen anderen Wanderer das Gefühl von A3 am Freitagnachmittag – all das ist es wert, denn wir werden belohnt mit dem eindrucksvollsten Bergpanorama, das wir je gesehen haben: absolut atemberaubend, ein Anblick, den man ein Leben lang nicht vergisst und das, obwohl wir die Torres schon zwei Tage im Blick haben, zuerst klein am Horizont, dann mit der Anfahrt zum Park immer größer.

Aber keine Fernsicht ist annähernd vergleichbar mit dem Blick, der sich direkt vor den Türmen bietet: Ein gutes Stück oberhalb der Baumgrenze klettern wir über ein graues Geröllfeld mit zum Teil haushohen Felsen, um die herum oder teilweise unter denen hindurch der Weg führt. In der Ferne grummelt es deutlich, ohne dass wir die Quelle erkennen können. Immer weiter geht es im Steingrau nach oben, wir kommen immer näher an die Torres heran. Dann, mit den letzten Metern, öffnet sich plötzlich der Blick und erschlägt uns fast.

Das riesige Geröllfeld, das wir erklommen haben, hüllt uns ein, es reicht bis runter an die Ufer eines türkisblauen Gletschersees, in den über glatten Fels am anderen Ende Dutzende Wasserfälle rauschen. Das Wasser kommt aus Schnee- und Gletscherfeldern direkt unterhalb der Torres, die den Anblick krönen. Rotgraue Granittürme, die majestätisch in den blauen Himmel ragen. Wir setzen uns und staunen, mit vielen anderen, die sich auf dem ganzen Geröllfeld verteilen. Trotz der vielen Menschen ist es still, was soll man auch sagen? Die Berge sprechen, immer wieder brechen Steine oder Schneereste ab, poltern ins Tal, und ausnahmslos alle hören andächtig zu.

Erst später erfahren wir, dass ein solch strahlender Sonnenschein, den wir seit einer Woche haben, eine Seltenheit für Patagonien ist. Vor allem Kletterer warten zum Teil Wochen auf solche Wetterverhältnisse an den Torres bzw. an dem ein paar hundert Kilometer nördlich gelegenen Fitz Roy, den wir uns vom argentinischen El Chaltén aus genauer ansehen.

STADTBUMMEL OHNE ROLLATOR UND DEUTSCH FÜR ISRAELIS

Es ist immer wieder die Natur, die uns mit allem versöhnt, die uns bekannter und willkommener vorkommt als manch menschgemachte Ansiedlung. Acht Stunden sind wir insgesamt unterwegs, um ganz nah heranzukommen an den imposanten Fitz Roy. Der Anblick kann es nicht ganz mit den Torres del Paine aufnehmen, beeindruckend ist er trotzdem. Beseelt und mit immer schwerer werdenden Beinen steigen wir ab von unserem Aussichtsberg und erreichen nach vielen Kilometern Marsch durch die subantarktische Landschaft Patagoniens wieder El Chaltén. Das Dorf kommt uns nun heimeliger vor. Eine der beiden Hostelchefinnen packt plötzlich ihre Deutschkenntnisse aus, die Kellnerin im empfehlenswerten Restaurant „Patagonicus" ist freundlich und aufmerksam, sogar im Supermarkt werden unsere Gehversuche im Spanischen mit einem Lächeln honoriert. Wegen der Fastenzeit geht unser spanischer Lieblingssatz „Dos cervezas por favor" ja gerade leider nicht, und wir lesen mit Tränen in den Augen

Folgendes auf der „Lista de Bebidas" (Getränkekarte): „Kolsch – Cerveza estilo aléman (Colonia)". Stattdessen fragen wir nach „Jugos" (Saft), Quilmes Liber (alkoholfreies Bier) oder „Pomelo" (Grapefruit-Limonade), die Vitamine heißen hier „Manzana" (Apfel), „Naranja" (Orange) oder „Banana" (?).

Wanderer – neudeutsch: Hiker – sind weltweit offensichtlich eine verschworene Gemeinschaft, man grüßt sich auf den Pfaden, unabhängig von Alter, Nationalität oder Größe der Gruppe. Das kann in der jetzigen Hochsaison gerade beim Aufstieg schon mal atemraubend sein, machen wir aber gerne, vor allem, weil wir sehr viele Gesichter, die uns da entgegenkommen, schon kennen. Manche haben wir schon in Ushuaia getroffen, andere in El Calafate oder Puerto Natales. Ein paar Leute sind dabei, die wir in allen diesen Städtchen schon mal gesehen haben. Die Orte liegen nicht nur an der klassischen Route von Feuerland nach und durch Patagonien – entlang der legendären Ruta 40 – und sind die Ausgangspunkte für die Nationalparks Tierra del Fuego, Torres del Paine und Los Glaciares, sie sind auch die einzigen Ansiedlungen hier. Der Rest ist Pampas mit nur ein paar weit verstreuten Estancias. Die meisten dieser südamerikanischen Ranches machen mittlerweile in Tourismus, da der Preis für Schafswolle schon lange im Keller ist, und die Viecher außerdem die Angewohnheit haben, ihre spärlichen Weiden im wahrsten Sinne des Wortes zu verwüsten. Wo sie weiden, wächst hier im trockenen Hinterland kein Gras mehr, denn sie reißen das Grünzeug komplett mit Wurzel aus. Alpacas wiederum stellen sich nicht so blöd an, sind aber so genervt vom Scheren, dass sich viele argentinische Farmer nun lieber Touristen aus Texas, Tokio oder Tübingen halten.

Auf dem Weg zum Fitz Roy treffen wir das israelische Pärchen Tamar und Ariel auf ihrer Hochzeitsreise wieder, mit denen wir uns schon an einem Kneipenabend in El Chaltén prächtig unterhalten haben. Auch die Wanderstunden mit ihnen sind sehr unterhaltsam, wir sprechen über Reisen, Politik, deutsche Autos, israelische High-Tec-Industrie, die Chocolateria in El Chaltén (verdammte Fastenzeit!!) und nur ganz selten über Religion. Die beiden kommen aus Tel Aviv, dort steht man dem religiös aufgeladenen Rest des Landes sehr skeptisch gegenüber. Genauso skeptisch berichten die beiden von ihren jugendlichen Landsleuten, die sich ihrer Meinung nach im Ausland nicht benehmen können, laut und nervig seien sie. Die beiden sind auch überzeugt, dass es israelische Kids waren, die durch Anzünden von Klopapier die Brände im Nationalpark Torres del Paine ausgelöst haben. Witzigerweise sind die Warnschilder im Park („Den Müll wieder mitnehmen", „Kein Feuerchen machen") tatsächlich meist dreisprachig: Spanisch, Englisch und Hebräisch, das ja nun keine Weltsprache ist.

Wir unterhalten uns prächtig und lachen viel, nur einmal stockt das Gespräch: Das Thema sind Sprachen, denn die Parks hier sind voller babylonischen Sprachgewirrs, die Menschen kommen wirklich aus aller Herren Länder, nur Afrikaner haben wir noch keine getroffen. Wir unterhalten uns über den Klang von Sprachen und wie man sie erkennen kann. Die Antwort auf unsere Frage, wie denn Deutsch für Tamar und Ariel klingt, hätten wir uns denken können. Sie kommt ehrlich und ungeschönt: „Wir kennen Deutsch nur aus den vielen Filmen, die im israelischen Fernsehen laufen, daher ist Deutsch für uns leider immer noch die Sprache des Holocaust." Da muss man erst mal schlucken. Umso schöner ist es, dass wir uns in Patagonien treffen und anfreunden.

Einen selbst verordneten Ruhetag nutzen wir, um ein bisschen durch El Chaltén zu streifen. Wir sehen dabei aus, als hätte man uns die AOK-Rollatoren geklaut, die Wanderungen stecken uns noch arg in den Knochen. Der Ort ist ein Sammelsurium von Baustilen. Alpine Holzhäuser sind dabei, viele solide gemauerte Häuser in verschiedensten Farben genauso wie Wellblechhütten. Das Ende ist längst nicht erreicht, überall wird gebaut, gehämmert, gezimmert. Am Verwunderlichsten erscheint uns da, dass trotz der vielen Baustellen sicher ein Viertel der Häuser, an denen offensichtlich seit Jahren nichts passiert ist, entweder komplett im Rohbau oder teilfertig ist. Letzteres heißt schon mal, dass im Erdgeschoss Leute wohnen, während das zweite und dritte Geschoss nur rohes Mauerwerk sind, ohne Fenster und ohne Dach. Sollten wir jemals versucht haben, Argentinien zu verstehen, wir haben schon lange damit aufgehört.

Schauschau: Ein Raumschiff in der Nachkriegszeit

Nina Simone singt den Blues, seit wir uns diese Platte von einem Hippie in El Calafate auf unseren USB-Stick haben spielen lassen (zwei Generationen Musiktechnik in einem Satz, das ist Kunst). Der Sound klingt zwar sehr nach New York der 60er, passt aber doch wunderbar hierher, denn Argentinien ist und bleibt das Land der Extreme, der völlig unterschiedlichen Eindrücke. Auch wenn wir uns klettengleich an die schlechten Erfahrungen der ersten Tage in diesem Land klammern, beginnen wir, uns sogar ein bisschen wohl zu fühlen. Seit gestern und für die nächsten zwei Wochen wohnen wir im „Studio Llao Llao", was die Eingeborenen phonetisch irgendwo zwischen chinesischem Hund und Fußball-Kaiser Franz ansiedeln und „Schauschau" aussprechen. Als wir es gestern im Bus mit „Lijao Lijao" versuchten, hat uns der Busfahrer angeguckt, als seien wir Asiaten.

Wir hatten aber auch müde kleine Augen, nach der Busfahrt unseres Lebens, fast 30 Stunden von El Chaltén nach Bariloche über die legendäre Ruta 40 mit dem ebenso legendären und berüchtigten Busunternehmen Taqsa Marga. Nun wundern wir uns nicht mehr über die „Ich habe die Ruta 40 überlebt"-Aufkleber und T-Shirts, die man überall kaufen kann. Ein Drittel der Patagonien-„Autobahn" (In amerikanischen Serien würden jetzt herzliche Lacher vom Band eingespielt) ist nicht asphaltiert, was sich noch viel schlimmer anfühlt, als man sich vorstellen kann. Die ohnehin niedrige Durchschnittsgeschwindigkeit von 60 bis höchstens 80 km/h reduziert sich dann auf 20 bis 40 und das zum Teil 60 bis 70 Kilometer am Stück. Kein einziger Feld-, Baustellen-, Wald- und Wiesenweg in ganz Europa ist so miserabel wie diese Buckel- und Schotterpiste und wenn doch, dann ist er extra für Mountainbike-Meisterschaften in die Landschaft geschlagen.

Besonders schön ist, wenn in Sichtnähe neben der Höllen„straße" bereits an der neuen, asphaltierten Ruta 40 gebaut wird, das ist wie Verdursten neben einer Fata Morgana. Nicht ganz stimmt die Beschreibung der Aussicht, die uns Lucas aus Ushuaia vorhergesagt hatte: „Links flach, rechts flach, ansonsten nichts und 20 Stunden später immer noch links flach, rechts flach, ansonsten nichts…". Zuerst einmal ist da 1.400 Kilometer lang auf beiden Seiten der Straße der immer gleiche, etwa 1 Meter hohe Zaun, der die weiß-beige Steppe vor wem auch immer schützt (Holzstäbe mit drei Drahtreihen – der Produzent ist sicher der reichste Mensch Argentiniens). Die Tiere – Alpacas, Guanacos, Pferde, Kühe, Nandus – jedenfalls ignorieren ihn hartnäckig und stehen entweder dahinter oder davor.

Auffallend oft zeigen irgendwelche Pfeile weg von der Buckelpiste in noch viel schlimmeres Nichts, gerne steht ziemlich verwittert „Hotel" drauf. Wir haben Assoziationen wahlweise von ganz üblen Latino-Western oder „Psycho" Teil 1 bis 7 und fragen uns, welcher Idiot da wohl um Himmels Willen abbiegen würde. Wahrscheinlich Typen wie die beiden Radfahrer, die wir einmal – ca. 100 Kilometer in alle Richtungen entfernt von jeder menschlichen Ansiedlung – überholen. Und was machen die? Winken fröhlich. Wir merken hier immer mehr, dass nicht die Komischen komisch sind, sondern nur wir selbst, denn einen so hohen Prozentsatz von Komischen kann und darf es auf der Welt einfach nicht geben, das ginge nicht gut.

Vertrauen ist unabdingbar bei der Tor-Tour, denn ab dem zweiten der sechs oder sieben 15 Minuten-Pausen auf der Strecke krabbelt einer der beiden Fahrer immer wieder – bewaffnet nur mit Schraubendreher und Maulschlüssel – unter den

Bus, schraubt und mault, kommt kopfschüttelnd wieder hervor – und weiter geht es. Wir reden uns halb erfolgreich ein, dass es sich um die Kupplung handelt, denn viele Schaltvorgänge während der Fahrt sind von lautstarken Flüchen des jeweiligen Fahrers begleitet. Die Bremse kann es nicht sein, denn wenn es mal geht – und oft auch da, wo es wegen Stürmen und Sturzregen eigentlich nicht mehr geht – rasen die beiden wie die Irren, um verlorene Zeit wieder aufzuholen. Die zwei sind echte Gauchos, einmal lassen sie zwei Mitreisende, die beim dritten Abfahrtshupen nach einer Pause im Nirgendwo nicht im Bus sitzen, einfach stehen und packen sie erst nach 1,5 Stunden, nach einem 50 Kilometer-Abstecher, um weitere neue Fahrgäste abzuholen, wieder ein. Den beiden geht es sicher wie uns: Egal, was man auf einer solchen Tour erlebt, der übermüdete Körper reißt einen dann doch irgendwann in den Schlaf, vielleicht sind wir auch immer wieder ohnmächtig, es kann sich nicht viel anders anfühlen.

Wir haben es überlebt, ein nagelneuer Ruta 40-Aufkleber ziert das Netbook, und wir erzählen noch unseren Kindeskindern von der Fahrt wie Opa von der russischen Gefangenschaft. Die trostlosen Käffer, in denen wir unterwegs kurz halten, würden auch in jede Nachkriegsberichterstattung Ende der 40er in Europa passen, nur die Schilder „Ciberkiosko/Internetcafé" und die TV-Live-Berichterstattung von Hugo Chavez' Beerdigung, die in jedem Tankstellencafé läuft, zeugen von Modernität in den Dörfern „Trostlos" oder „Lassallehoffnungfahren". Als wir im Reiseführer nachsehen, warum ein Flecken auf der Landkarte ist, steht verdächtig oft „Ex-"davor, eine war mal wegen Schafszucht wichtig, das andere wegen einer (jetzt still gelegten) Mine usw. Und heute? Jeden Tag ein Reisebus, der tanken muss, dazu 60 Touris, die eine Toilette und eine Cola light brauchen, sich dann aber wieder schaudernd in ihr Raumschiff aus der Zukunft zurückziehen – davon kann doch kein Kaff überleben. In Argentinien schon.

Nun sitzen wir in Schauschau, nur wenige Kilometer entfernt von Argentiniens berühmtestem Luxushotel gleichen Namens. Unser Studio ist da wahrscheinlich vergleichsweise schlicht, aber es ist bezahlbar und bietet alles, was eine Heimat braucht: Keine direkten Nachbarn (13 Stunden Schlaf in der ersten Nacht!), eigenes Bad, kleine Kochzeile inklusive Kühlschrank, Stereoanlage mit iPod-Zugang, an der man erkennt, das unsere Vermieterin Amerikanerin ist, und ein wunderbarer Blick auf den See Nahuel Huapi. Wir haben keine Ahnung, wie man das ausspricht, aber zum Schwimmen ist es auch zu kalt und zum Drüberfahren zu teuer, also ist es uns egal, wie das Ding heißt. Aber groß ist der See, fast hundert Kilometer lang und bis zu 460 Meter tief. An einem Ende liegt die Stadt Bariloche, eine Art Hauptstadt der hiesigen Berg- und Seenregion. Übrigens: Wir sind immer noch in Argentinien, Strom- und Wasserversorgung fallen im Studio oft aus, unsere bescheidene Hütte ist nach Einbrüchen in der Vergangenheit gesichert wie ein Knast, mit Alarmanlage und Fenstern nur zum Gucken, nicht zum Öffnen. Gut, dass uns Komische ganz bestimmt keiner klaut.

WIEDER PAPST UND DIE SCHOKOLADENSEITEN VON BARILOCHE

Wie es sich für uns katholisch Aufgewachsene gehört, haben wir die selbst aufgelegten Fastengesetze in diesem Jahr großzügig ausgelegt, geschoben und gedehnt soweit es nur ging – ganz nach dem Prinzip der Badenser, die Maultaschen (also Nudelteig, in dem das in der Fastenzeit für Katholiken eigentlich verbotene Fleisch versteckt ist) „Herrgottsbescheißerle" nennen. Wir untersagen uns Süßigkeiten, außer sie werden uns in einem Restaurant als Nachtisch aufgezwungen. Auch wenn ein Stückchen Schokolade neben dem servierten Kaffee liegt, ist es erlaubt und natürlich als Medizin gegen Montezuma, dessen Rache IHN immer noch nicht loslässt. Jetzt hilft das alles aber nicht mehr, denn unser momentanes Zuhause ist Bariloche, und die Stadt ist Argentiniens Schokoladenhauptstadt. Ein Süßgeschäft neben dem anderen, dazwischen Schokoladenmuseen und Schokoladencafés, nicht zum Aushalten. Das Schlimmste: Das Zeug schmeckt unwiderstehlich gut, gerne auch als Eis, zum Beispiel in der „Helateria Tante Frida". Was da als „Chokolata Nevada" die Zunge passiert, ist schon traumhaft. Wir sind also dem Sirenengeschrei bzw. -geschmatze erlegen, Süßigkeitenfasten ist für dieses Jahr vorbei. Wir verzichten weiter bis Ostern auf Alkohol, was unter Reisebedingungen schon schwer genug ist.

Bariloche hat noch andere Schokoladenseiten. Die Lage am See und mitten im größten Seengebiet Argentiniens ist absolut idyllisch. Die Outdoor-Industrie ist hier für Winter und Sommer bestens gerüstet, die enge Straße um den riesigen See ist voll von Mountainbikes, die Touristen raften, reiten, fischen mit Fliegen (oder gibt es das Verb „fliegenfischen"?), fahren Kajak, wandern und klettern. Sähe man nicht hin und wieder die argentinische Flagge, überall haufenweise Müll, ehemalige, aber immer noch fahrende Autos auf den Straßen sowie die für Südamerika typischen Rudel von Straßenköter – man könnte meinen, in der Schweiz zu sein. Das ist nicht etwa ein Knick in unserer Optik, sondern durchaus so gewollt. Denn die 1902 gegründete Stadt ist seit Mitte der 30er Jahre bekannt für ihren alpinen Baustil. Der Architekt Ezequiel Bustillo adaptierte Schweizer Bauweisen und ließ die Stadtmitte Bariloches nach diesem Vorbild mit patagonischem Hartholz und Steinkonstruktionen nachbauen. Mittlerweile ist die gesamte

Seeseite bis hin zu unserem „Schauschau" – 25 Kilometer von der Innenstadt entfernt – voll von kleinen Hotels und Privathäusern mit viel Holz und einer Mischung aus alpinem Stil und Kitsch. Die Namen mancher Etablissements wie „Der Tiroler", „Hotel Gstaad", „Haus Chamonix", „Apart Mont Blanc" oder „Peters Bungalow" tun ihr Übriges.

Wir wundern uns nicht mehr, warum wir uns immer dann am Wohlsten fühlen, wenn es europäisch aussieht und tun es einfach. Dazu gehören auch nach fünf Monaten Weltreise mehr als nur ein paar Schwarzwaldhütten. In Bariloche funktioniert das öffentliche Leben zum Beispiel besser als in anderen Teilen des Landes. Es gibt Bushaltestellen (!) mit Fahrplänen (!). Man kann mit wieder aufladbaren Plastikkarten die Busfahrt zahlen (!), während man sich in Buenos Aires um die sehr wenigen Münzen, die im Umlauf sind, schlagen muss, denn die Busfahrer dort akzeptieren nur (!) Münzen, auch wenn deren Wert nur wenig oberhalb dessen eines Reiskorns liegt. Auch wenn wir uns wiederholen: Gut, dass wir da weg sind! Jetzt hat ja sogar deren Kirchenchef sich einen neuen Job in Europa gesucht, und wir sind schon wieder Papst, denn bei allem Gemecker fühlen wir uns natürlich schon ein ganz kleines bisschen argentinisch, immerhin schlagen wir uns nun schon fünf Wochen hier durch. Was das gemeine argentinische Volk von der Wahl hält, erfahren wir derzeit nur im Internet. Wir haben uns in unserem Studio etwas eingeigelt, gönnen uns eine Erkältung, fahren den Motor runter, stehlen – um im Gesamtthema zu bleiben – dem lieben Herrgott den Tag. Nach dem monatelangen Gereise macht das auch mal Spaß.

Vorvorgestern haben wir nichts gemacht und auf den See geguckt. Vorgestern haben wir nichts gemacht, nur alkoholfreies Bier im Kiosco die Straße runter gekauft. Gestern haben wir nichts gemacht und uns dabei „Tatort" mit Till Schweiger (grottenschlecht bis auf den türkischen Kollegen!) und „Wallander" angesehen – es lebe die ARD-Mediathek! Heute gehen wir Wäsche waschen in der Lavanderia bei Kilometer 13,1 und morgen wollen wir mal ein paar Schritte wandern. Bis auf den Weg zum Cerro Otto ist hier herrliches Wandergebiet – nur der besagte Pfad wird von offiziellen Stellen nicht empfohlen, da er entlang unsicheren Wohngebietes führt, Wanderer dort immer wieder überfallen werden. Wie wäre es denn, statt offiziell zu warnen, hier mal die Policia oder Guardia civil Präsenz zeigen zu lassen?, fragt sich der Tourist, schüttelt den Kopf und wandert woanders.

Die *ZEHN* schönsten Nationalparks / Landschaften

Abel Tasman National Park, *Neuseeland*

Colorado Plateau, *USA*
mit Grand Canyon, Bryce Canyon,
Zion Canyon und Monument Valley

Icefields Parkway, National Parks Jasper und Banff, *Kanada*

Kalifornien, *USA*
mit U.S. Highway 101, Sequoia-, Kings-Canyon- und
Yosemite-Nationalpark sowie Death Valley

Margaret River, Geographe Bay, Cape Leeuwin, *Australien*

Nationalpark Torres del Paine, *Chile*

Perito Moreno und Nationalpark Las Glaciares, *Argentinien*

Salar de Uyuni, *Bolivien*

Valle de la Luna, Atacamawüste, *Chile*

Whitsunday Islands, *Australien*

Übel rostende Ford Taunus aus den 1970er Jahren, halb tote R4 und Enten, zahllose Renault 12, die schon als Exoten auf den Straßen der DDR unterwegs waren, der FIAT Ritmo aus den 80ern ist da schon fast jugendlich, dazu uralte Mercedes-LKW aus den 70ern, die mit der runden, buckeligen Schnauze, die man von zünftigen Demos oder Feuerwehreinsätzen kennt und natürlich US-Karossen, vor allem Transporter, manche so alt, dass man James Dean darin als „Jett" in „Giganten" über seine Ölfelder brettern zu sehen glaubt... – nein, wir sind nicht auf einem filmreifen hiesigen Autofriedhof, sondern einfach nur ein paar Tage im Mietwagen auf argentinischen Straßen unterwegs.

All diese Schlitten fahren noch, natürlich nicht liebevoll gepflegt, sondern nur von Rost und Dreck zusammen gehalten, ein irres Bild. Vor allem, wenn es dunkel wird, denn von diesen Kisten Beleuchtung zu erwarten, wäre viel zu europäisch. Wenigstens hören wir sie, wenn sie im Dunkel an uns vorbei rasen, denn den Auspuff haben die meisten bereits im vergangenen Jahrtausend verloren.

Die Warnungen in den Reiseführern vor dem Auto- oder Rad-Fahren in Argentinien waren eindeutig. Für Buenos Aires lauteten sie schlicht: „Don't do it!" Bariloche gilt dagegen als Mietwagenparadies, da es nirgendwo anders in Argentinien so günstig ist, ein Auto zu mieten. Das ist alles relativ, denn hier benötigt man Zusatzversicherungen, auf die man zu Hause getrost verzichten kann, zum Beispiel gegen Schäden an der Windschutzscheibe. Man kommt hier gar nicht umhin, auf Schotterpisten zu fahren. Was dort vor allem überholende oder entgegen kommende Geländewagen und LKW hinterlassen, erinnert stark an Asteroidenhagel aus der Frühzeit unseres Planeten. Gegen überholt werden kann man etwas tun – Gas geben, und genau das tun wir. Denn die argentinische Fahrweise bedeutet: Scheiß auf alle Regeln und Rücksicht. Fast schon flehentlich jammern Schilder an Ortseingängen: „Bitte (!) beachten Sie Geschwindigkeitsbeschränkungen und Schilder!" Damit muss man einem Argentinier nicht kommen, was wir schon nach drei Minuten merken, als wir in einer 20er-Zone (Wohngebiet, Schule, enge Kurven, Tempobrecher quer über der Fahrbahn) ca. 50 km/h fahren und uns dabei für arg verwegen halten, in genau diesem Moment der Linienbus hinter uns aber zum Überholen ansetzt.

Dazu passt, dass es hier kein rechts vor links gibt. Wenn an einer Kreuzung kein Schild steht (also fast immer), darf der fahren, der zuerst an der Kreuzung ankommt. Was wiederum oft genug interpretations- und diskussionsbedürftig ist. Genau das tun die stolzen und von Testosteron gesteuerten Gauchos aber nie. Sie fahren einfach, koste es und komme, was wolle. Zum ersten Mal, seit wir hier sind, wollen wir Argentinier sein. Das ist wie die wenigen schönen Seiten der Pubertät, diese Dumme-Jungen-Spielchen „Wer ist der schnellste...?", „Wer hat den längsten...?", „Wer kann am Weitesten...?" Es macht einfach einen Höllenspaß, mit 100 durch 40er-Zonen zu brettern, bei doppelt durchgezogenen Linien und blind vor Kurven zu überholen, beim Abbiegen den Gegenverkehr zu schneiden oder einen LKW abzudrängen – da hupen die nicht mal. Dafür bekommen wir sogar anerkennende Pfiffe einer Straßenpolizistin, wobei die restlichen Insassen des Wagens meinen, ER sei viel zu schnell durch eine Polizeikontrolle gerast. Hätte die Dame mal besser „bitte" gesagt...

Zu den Wageninsassen gehören neben IHR das israelische Honeymoon-Pärchen Tamar und Ariel, die wir in El Chaltén kennen gelernt haben. Wir verstehen uns weiterhin prächtig, auch wenn wir bisher kein einziges Thema ausgelassen haben, nicht mal deutsche Geschichte, israelische Siedlungspolitik und anderes mehr. Gemeinsam fahren wir einen ganzen Tag die berühmte „Seven-Lakes-/ Sieben-Seen-Route", eine landschaftlich absolut faszinierende Mischung aus blauen und türkisfarbenen Seen, grauen und schneebedeckten Bergen sowie riesigen Gebirgswäldern. Sogar einige Städtchen und Dörfer sind wunderbar idyllisch, San Martin de los Andes ist der allererste Ort in Argentinien, in dem es nicht an jeder zweiten Ecke aussieht, als hätte eine Bombe eingeschlagen. Hier haben wir das erste Mal den Eindruck, wie Argentinien Anfang des 20. Jahrhunderts zu den zehn reichsten Ländern der Welt gehören und seinem silbernen Namen gerecht werden konnte. Misswirtschaft, Korruption und politische Machtspielchen über Jahrzehnte haben vieles davon zerstört, manchen bleibt nur der Stolz.

Ein schönes Beispiel für das Gekabbel zwischen Argentinien und Chile liefert unser Chevrolet Agila (fährt in Australien als Holden und bei uns als Opel durch die Gegend). Schon am ersten Miet-Tag geht die gelbe Warnleuchte an, die in unseren Breiten auf einen kapitalen Motorschaden hinweist, erst blinkt sie nur, dann bleibt sie an. Wir fahren weiter, was will man auch tun, wenn man inmitten eines großen Nichts an Zivilisation unterwegs ist. Wir bringen den Wagen am Abend kurz vor Toresschluss nochmal zur Autovermietung und fragen den langhaarigen, pickligen Jüngling, was zu tun ist. Der versteht unser Problem erst nicht, dann sieht er am Horizont den Baum der Erkenntnis und erklärt: „It's the petrol!". „Ne, ne", sagen wir, „ist voll" und er sagt „ne, ne", „ist chilenisches Benzin". Seiner Meinung nach hat ein Vormieter chilenisches Benzin getankt, das qualitativ so minderwertig sei, dass die Warnleuchte angeht. Das Benzin findet der gute Junge so widerlich, dass ihm nur noch eine Geste einfällt, die SIE aus Italien kennt: Man hält die fünf Finger der rechten Hand gegen die eigene Kehle, als wolle man „Gurgel durchschneiden" symbolisieren, dann streicht man aber unter dem Kinn entlang nach vorne. Das bedeutet nicht: „Ich habe Schuppen im Bart", sondern: „Das ist der letzte Dreck!"

Komischerweise bleibt die Warnleuchte während der gesamten drei Tage an, selbst als wir wunderbarstes, frischestes, güldenes argentinisches Benzin tanken. Bei der Rückgabe des Wagens muss Jünglings Vertretung dann aber zugeben, dass das Benzin überall in Südamerika qualitativ minderwertig ist und die gesamte Mietwagenflotte zumindest dieser Firma mit gelber Warnleuchte fährt. Da fragen wir uns nur, wie all die uralten Schrottkarren bei dem schlechten Sprit so lange überleben? Vielleicht hilft die regelmäßige Zugabe von Straßenköter-Pipi, wir wissen es nicht.

UND TÄGLICH GRÜSST DER BUNDESADLER

Als uns ein Frosch am letzten Abend in unserer Hütte bei Bariloche ca. eine Stunde auf Trab hält, ist uns klar, dass die Tiere des Waldes den Platz wiederhaben wollen, und es für uns Zeit ist, die Reise fortzusetzen. Der Weg führt uns mal wieder mit der legendären Linie 20 von Llao Llao nach Bariloche, legendär, weil die Strecke nur Busfahrer rasen dürfen, die mindestens Kreismeister im Rallyesport sind. Kreidebleich kommen wir am Busterminal an, bringen zügig das restliche argentinische, haptisch dem Klopapier verwandte, Geld unter die Leute. Hätten wir besser nicht getan, denn der gute Mensch vom Busterminal, der unaufgefordert alles Gepäck in den Doppeldecker der Linie Andesmar lädt, fordert dafür energisch von allen Passagieren Trinkgeld („Tip!!!"). Davon haben wir mal gelesen, es aber dann, wie so vieles, in den zwei Wochen mentalen Fronturlaubes in Llao Llao wieder vergessen. Also den letzten großen Schein argentinischen Papieres gewechselt, was in diesem Land immer furchtbar komplex ist, und das Gepäck wieder ausgelöst.

150 Kilometer Luftlinie, ca. 300 Kilometer Fahrstrecke, macht zusammen sieben Stunden Fahrt, inklusive einer Stunde Verspätung. Das hat mehrere Gründe. Erstens: Der eine der beiden Fahrer, der, der sich um das Einstiegsprocedere kümmert, ist, bleiben wir nett, langsam. Verdammt langsam. Groß gewachsen, nicht dick und nicht dünn, etwas unproportioniert und plump durch die Gegend schlurfend, sieht er dabei aus wie die minderbemittelten Flics, die Kommissar

Juve immer bei der Jagd nach Fantomas begleiten, damit der (Louis de Funès) noch hektischer wirkt, als er eh schon ist. Im Science Fiction würde man von unterschiedlichen Zeitschleifen sprechen, in denen der Einstiegsprocedere-Busfahrer und die Fahrgäste unterwegs sind. Der nächste Grund ist die Strecke. Sie führt uns quer über die Anden, die hier zwar noch eine moderate Höhe von bis zu 3.000 Metern haben, dennoch nur durch viele Haarnadelkurven zu überwinden sind. Der dritte Grund ist der Grenzübertritt. Wer das Schengen-Gebiet in Europa nicht verlässt, ahnt heutzutage gar nicht mehr, welch ein Segen die schrankenfreie Reise zwischen den Ländern ist. Hier läuft das folgendermaßen:

Ein Land zu verlassen ist einfach: 1. alle raus aus dem Bus, 2. vor dem immer nur einzigen geöffneten (von gerne mal vier) Grenzhäuschen eine Schlange bilden, 3. auf keinen Fall lachen, wenn die Grenzer ihre jahrelang vor dem Spiegel eingeübte Böse-Gucken-Pose einnehmen, 4. Hut abnehmen, genauso dämlich gucken wie auf dem Passaporte-Foto (schwierig!), 5. Finger vor dem Stempelschwinger in Deckung bringen, 6. „Gracias, chau", das war's, rein in den Bus.
Interessanterweise fahren wir zwischen der argentinischen und der chilenischen Grenzstation fast eine Stunde. Das ist dem bekannten Techniker Moreno zu verdanken, der die Grenze wie erwähnt in die Mitte der Berge verlegt hat. Damit die Grenzer nicht immer zufrieren, hat man sie deutlich unterhalb des Gipfels geparkt, die Strecke dazwischen ist erst argentinisch, dann chilenisch. Juristen im Bus überlegen während der Fahrt, was bei einem Unfall passiert, wenn man schon aus Argentinien raus ist, aber noch nicht offiziell in Chile eingereist, oder bei einer Geburt oder bei einem Verbrechen oder... Germanisten denken, wie lange es wohl noch dauert.

Dann kommt der zeitraubende Teil, die Einreise nach Chile. Offiziell wegen des Schutzes vor Krankheitskeimen in Tier- und Pflanzenprodukten, inoffiziell aus reiner Schikane gegenüber dem großen Nachbarn, sind die Chilenen bei der Einreise sehr gründlich. Zusätzlich zu den Punkten 1 bis 6 – wobei das Bösegucken nicht mehr so ernst genommen wird – heißt das: Alles muss raus aus dem Bus, Handgepäck, Tüten, Koffer, Rucksäcke, Pakete etc. pp. und wird auf riesigen Tischen bzw. auf dem Boden parat gelegt. Dann kommen Obst-, Holzsouvenir- und Leinsamen-Suchhunde und schnüffeln rum. Natürlich hat der grenzüberschreitende Deutsche sich schon im Vorfeld informiert und alles, was den Hund ärgern könnte, entweder aufgegessen oder weggeworfen. Das machen aber weder argentinische noch US-amerikanische noch japanische Reisende, so dass wir genügend Zeit haben, unterschiedlichsten Kulturen beim Aus- und Einpacken sowie zwischendrin beim „Treudoof-erwischt-Gucken" zuzusehen. Das i-Tüpfelchen sind die in neckische amerikanische Ranger-Uniformen gekleideten Mitarbeiterinnen und Mitarbeiter des für das Schauspiel zuständigen Ministerio de Agricultura de Chile, die ihr Grinsen beim Wühlen in anderer Leute (sauberer?) Unterwäsche trotz Ray-Ban-Sonnenbrillen kaum verbergen können.

Nur wenige Kilometer hinter der Grenze tut sich wieder eines jener mysteriösen irdischen Wurmlöcher dieser Reise vor uns auf, und wir landen mitten in Europa: sattgrüne Wiesen, schwarz-weiße Kühe, dann, hinter Osorno, ein Autobahnkreuz, ein AUTOBAHNKREUZ, das handelsübliche Autobahnen verbindet, mit vier Spuren, Mittelstreifen, Mautstationen, Geschwindigkeitskontrollen – ach so, für unsere deutschen Leser: Letztere beiden sind außer im Land der freien Raser offensichtlich mittlerweile weltweit üblich. Fasziniert schauen wir aus dem Fenster, vor Eifler Bilderbuchlandschaft werben Stihl und Kärcher für sich, nicht europäisch, aber dennoch sehr schön sind dazu die schneebedeckten Vulkane, die am Horizont ihre Kegel in die Wolken recken.

Wir erreichen Puerto Varas, in einem ganz in blau gehaltenen Hostel begrüßt uns ein Deutscher, der die Herberge mit seiner chilenischen Gattin führt. Chilenisches Gespür für Schönheit, Design und Einrichtung mischt sich mit deutscher Sauberkeit, Ordnung und Funktionalität (nicht nur die Toilette arbeitet anstandslos!). Das Deutsche ist uns schon fremd geworden, überall hängen Verbots- oder mindestens Hinweisschilder, der Bücher- und Spieleschrank im Wohnzimmer ist abgeschlossen, die Fernbedienung gibt es nur auf Nachfrage, der Flaschenöffner ist an der Wand festgekettet.

Multinationale Herbergseltern sind in Chile nichts Seltenes. In einem Katalog des Hostelverbundes, zu dem die Bleibe in Puerto Varas gehört, finden wir eine ganze Reihe von Herbergen, deren Besitzer bekannte Namen tragen. Adela und Helmut (dt.-chilenisch) in Telmuco, Ruth und Grietzen (holländisch-paraquayanisch) in Pucon, Lorena und Janak (britisch-chilenisch) in Valparaiso, dazu die Deutschen Beatrice, Katja und Jens in La Serena.

Puerto Varas hat unübersehbar deutsche Wurzeln, was nicht nur am Bundesadler liegt, der – vom deutsch-chilenischen Verein an eine Hauswand gepinnt – das Dorf überstrahlt. Viele Straßen und Geschäfte tragen deutsche Namen, selbst die Armeefahrzeuge sehen deutsch aus. Der hiesige Makler heißt Engel & Völkers, etliche Häuser sind in einem Stil zwischen Schwarzwald und Thüringer Wald gebaut, die Jesuitenkirche, vor der gerade eine Palmsonntag-Prozession stattfindet, ist einer Marienkirche aus dem Schwarzwald nachempfunden, selbst in das chilenische Spanisch sind etliche deutsche Wörter eingeflossen, wie zum Beispiel Kuchen oder Strudel. Die Papierfabrik, die unsere Briefumschläge produziert hat, heißt Rhein, das regionale Bier Kunstmann. Seit ca. 1850 kommen deutsche Einwanderer nach Chile, das Land wird ferne Heimat für hessische Bauern genauso wie für jüdische Flüchtlinge aus Deutschland, nach dem Krieg für Nazi- und SS-Größen sowie nach dem Ende der DDR für Familie Honecker.

„KAWUMM" STATT „BLUBB" UND „NUEVA BRAUNAU"

Dass weder australische Giftschlangen, Krokodile oder Quallen noch argentinische Kriminelle oder die chilenische Vogelspinne unser größtes Problem auf dieser Weltreise sein würden, sondern ganz simpler Schlafmangel, hätten wir vorher nicht gedacht. Aber so ist es. Campingplatzruhe 22.00 Uhr, wie sie in Australien üblich ist (und eingehalten wird), gilt schon in den Hostels auf dem Inselkontinent nicht mehr, auch nicht in Neuseeland und erst recht nicht in den südamerikanischen Ländern. Hier wird nicht selten gegen 22.00 Uhr zu Abend gegessen und bis dann alle – mehr oder weniger lautstark, aber nie leise – den Weg in die Kiste gefunden haben, kräht schon der Hahn. Die chilenische Bauweise tut ihr Übriges, der Lärmschutzwert der hiesigen Häuser liegt auf dem Niveau eines Zeltes, nämlich bei Null. Manchmal erschrecken wir richtig bei einem Geräusch, als habe sich gerade ein Drei-Zentner-Mann zwischen uns ins Bett gesetzt. Wenn wir dann nachschauen, waren es nur zwei Zentner, die am anderen Ende des Hauses auf einem anderen Stockwerk in einen Stuhl plumpsten.

Kurz: Wir haben – ohne zu suchen! – etwas gefunden, das in Argentinien besser ist als in Chile, zugegebenermaßen sind es drei Dinge: 1. Der Kaffee, hier widerstehliche Instantplörre, dort fast schon leckere Baristaqualität, 2. Brot, in beiden Ländern vor allem weiß, in Argentinien aber meist von französischer Baguette-Qualität. In Chile kann man dagegen dem Vertrocknen und ungenießbar Werden zusehen, ohne einen Zeitraffer zu bemühen. 3. Der Häuserbau, dort in der Mehrheit solides Mauerwerk (das leider oft seine besten Tage gesehen hat), hier ein Hauch von Nichts, eigentlich nur ein Sichtschutz, der vorgibt, ein Haus zu sein.

Vielleicht wissen die Chilenen schlicht, dass sie nicht für die Ewigkeit planen und bauen können. Denn dieses wunderbar vielseitige Land, das hier im Süden vor allem durch traumhafte Seen, Berge, grüne Wiesen und Wälder besticht, das so lang ist wie die Entfernung von Dänemark bis in die Sahara, aber nur rund 200 Kilometer breit und so fast alle Landschaftszonen beheimatet, die die Welt zu bieten hat, dieses Land ist ständig hoch gefährdet. Denn Chile liegt direkt an der

Grenze zweier Erdplatten, deren Geschiebe immer wieder zu Erdbeben, Tsunamis und Vulkanausbrüchen führt. Zuletzt brachten 2010 ein Erdbeben (das mit dem Magnitudenwert 8,8 weltweit sechststärkste seit 1900) und der folgende Tsunami fast 600 Menschen in Chile um.

Das ist noch nicht alles. Das Leben hier ist buchstäblich ein täglicher Tanz auf dem Vulkan. Zum Beispiel auf dem aktiven Osorno, den wir zum Teil besteigen. Der ist ein so genannter Schichtenvulkan, der über 11 Ausbrüche in den vergangenen Jahrhunderten gewachsen ist, bis auf heute rund 2.600 Meter. Das Ganze hat schon etwas von einer Mondlandschaft, nicht nur das schwarze, verbrannte Gestein, sondern auch die verschiedenen Krater, die überall zu sehen sind. Derzeit raucht und rumpelt der Osorno nicht, aber wer weiß, wann es ihm mal wieder sauer aufstößt. Dann kann die Region schnell zur Falle werden, denn durch die Nachbarschaft zum Meer sind die hiesigen Vulkane besonders gefährlich. Die Erdplatten, die sich untereinander schieben, ziehen enorm viel Wasser mit in die Tiefe, das unter den küstennahen Vulkanen beim Kontakt mit der glühend heißen Magma verdampft. Dieser Wasserdampf sorgt bei einem Ausbruch für besonders starke Explosionen. Für die Lautmalerischen unter uns: Da macht die Lava nicht „Blubb blubb", sondern es macht „Kawumm".
Die zweite Gefahr für Orte wie Puerto Varas ist neben dem Asche- und Steinregen der Schnee an den Vulkanhängen. Was in Friedenszeiten ein beliebtes Skigebiet ist, bedeutet höchste Gefahr für Orte, die am Llanquihue, dem zweitgrößten See Chiles, liegen, wenn der Vulkan den Krieg erklärt. Bei einem Ausbruch schmilzt der Schnee sehr schnell, das Wasser setzt riesige Geröll-Lawinen in Gang, die in dem See einen Tsunami auslösen können.

Am Fuße des Vulkans und in der Tiefebene um ihn herum sieht man, warum die Menschen sich hier trotzdem nicht vertreiben lassen: Die Erde ist enorm fruchtbar, üppiger Wald, riesige Weiden in einem fast schon unnatürlichen Grün haben die Bauern hier über Jahrzehnte kultiviert. Viele von ihnen haben deutsche Wurzeln und sind damit der Grund für hiesige Namen von Straßen wie Otto Baader oder Dr. Giesseler, für alte deutsche Häuser wie das Casa Kuschel (!), die Casas Jüptner, Alemana, Gotschlich und Raddatz, für Restaurants wie Blumenhaus, Zur Wassermühle oder Tante Puppe, für Paderborner Export und Müsli aus Bielefeld in den Supermärkten hier, für die Benennung des Hausberges von Puerto Varas mit dem Namen Philippi. Letzterer, Bernard Eunom Philippi, hat 1831 und 1837 im Auftrag des Berliner Museums die Küste und das – damals noch fast menschenleere – Landesinnere Südchiles erforscht. Noch bevor die chilenische Regierung, die seit der Unabhängigkeit 1818 den Plan hegte, das Land mit europäischen Auswanderern zu besiedeln, aktiv wurde, hatte Philippi neun hessische Handwerkerfamilien überzeugt, hierher zu übersiedeln. Philippi selbst fiel später in Ungnade, weil er dem Wunsch der katholischen Kirche seiner Heimat folgte, die gegen die Kolonisierung war und statt dessen Protestanten nach Chile verschiffte, was wiederum die Katholiken hier nicht so überragend fanden. Heute herrscht Religionsfrieden, wenn auch die Iglesia Luterana etwas abseits steht und kleiner ist als die katholische Kirche (Letztere wurde übrigens 2004 mit deutschem Geld restauriert).

Fünf große Einwanderungswellen aus Deutschland nach Chile gab es laut einiger Quellen, ausgelöst durch die jeweilige Lage in der Heimat: nach der Revolution 1848, nach Bismarcks Sozialistengesetzen 1878, während der Wirtschaftskrise in den 20er Jahren, während der Nazi-Zeit und nach dem Zweiten Weltkrieg. Rund 500.000 Chilenen stammen von Deutschen ab, 20.000 haben heute noch Deutsch als Muttersprache, 35.000 sprechen es täglich, damit ist es die drittgebräuchlichste Sprache in Chile. Hier hört man dann auch nicht mehr das spanische „Hola", sondern nur noch „Hallo". Das deutsche Kolonisationsgebiet war von der Zentralregion Chiles relativ isoliert, außerdem verhinderte die Landverteilung die Bildung von Siedlungsmittelpunkten. All das führte zu dem fast eigenständigen deutschen Wirtschaftsraum in der Region, man lebte die gelernten deutschen Bräuche und Traditionen fort, baute deutsche Schulen und Gotteshäuser. Später folgten deutsche Vereine, die Deutsche Feuerwehr, Singkreise, Altersheime, Kulturinstitute, deutschsprachige Zeitungen und deutschsprachige Radiosender.

Für uns deutsche Gäste dieses Landes, die von der bundesrepublikanischen Wiege an misstrauisch gegen alles allzu Deutschtümelige sind, ist es genauso interessant wie abschreckend, im tiefsten Südamerika altdeutsche Schrift an Häuserwänden zu lesen (von „Paderborner Export" im Supermarkt ganz zu schweigen). Alle Alarmglocken schrillen, wenn hier ein lokaler Bus nach „Nueva Braunau" fährt. „Ruhig, Brauner", muss man sich da sagen. Die Menschen, die den Ort gründeten, kamen nicht aus Braunau am Inn, dem Geburtsort Hitlers, sondern aus Braunau in Böhmen, heute Broumov in Tschechien. Mit unserem noch rudimentären Wissen erlauben wir uns erst recht keine Beurteilung der jüngeren chilenischen Geschichte mit der Militärjunta Pinochets von 1973 bis 1990 und der Rolle der deutschen Politik. Angeblich soll trotz Folterungen tausender (vermeintlich) Oppositioneller in zahllosen Geheimgefängnissen in Chile Franz Josef Strauß 1977 bei seinem Besuch den Umsturz als „gewaltigen Schlag gegen den internationalen Kommunismus" gelobt haben. Das klingt glaubhaft, denn

Strauß' fast schon krankhafte Abneigung gegen alles Linke zieht sich wie ein roter (ha, ha) Faden durch sein ganzes Leben. Wir sind sicher, dass er seinen Fahrern befohlen hat, immer nur rechts abzubiegen.

KINDER AN DER MACHT UND DIE BUSFAHRZIEL-AUSRUFER

Auch wenn wir deutlich weniger verstanden haben als in der Kathedrale von Sydney – nämlich fast kein Wort –, hat uns der Gottesdienst am Ostersonntag in der Iglesia Santa Cruz im wunderbar am Fuße des aktiven Vulkans Villarica gelegenen, herbstlichen Pucon deutlich besser gefallen als die Christmette im heißen Australien. Die chilenische Kirche hat so gar nichts von einer Kathedrale, ist eher eine schmucklose Halle mit hölzerner Dachkonstruktion, wie Gotteshäuser in den Dörfern eben sind, wenn Staat und Kirche den Bürgern keine Steuer aufzwingen (Wobei am Eingang ein großes Plakat hängt mit der Bitte „1 Prozent für die Kirche – Du bist Katholik, bitte zahle 1 Prozent Deines Einkommens an die Kirche"!). Es ist auf jeden Fall viel Leben drin in der chilenischen Osterfeier, denn offensichtlich findet der Pfarrer auch die richtigen Worte. Jedenfalls lachen die Leute immer wieder, manchmal antworten sie ihm, heben die Hände, als er etwas in die Runde fragt und nach der Predigt klatschten alle, auch der Pfarrer selbst. Die Gitarrenbegleitung und die sehr fröhliche Liedauswahl, zum Beispiel „When the saints go marching in" auf Spanisch, lassen das Ganze vollends an einen deutschen Kindergottesdienst erinnern.

Immerhin bekommen wir (meistens) an der richtigen Stelle das „Amen" hin und beim Friedensgruß sagen wir „La Paz" zu den Nachbarn. Offensichtlich fühlt sich niemand beleidigt und nach Bolivien gewünscht, denn wir bekommen ein Lächeln als Antwort. Ungewöhnlich finden wir, dass während des Gottesdienstes immer wieder Leute im Beicht-Kabäuschen verschwinden und dass ein ständiges Kommen und Gehen herrscht, nur wenige bleiben die ganze Feier über auf ihrem Allerwertesten sitzen. Das stört den Pfarrer wenig, er dreht die überforderten Miniboxen bis zum Anschlag auf und klingt nach Schellackplatte auf Grammophon.

Übrigens: Von wegen toller südamerikanischer Katholizismus, von dem im Zusammenhang mit der jüngsten Papstwahl immer mal wieder zu lesen ist. Alle Geschäfte und Supermärkte hier haben an Karfreitag auf, in der gesamten Osterwoche inklusive Karfreitag und Karsamstag platzen die Fleischrestaurants aus allen Nähten, nirgendwo ist auch nur ansatzweise die Fastenzeit oder ein

Fastentag zu erkennen. Sich nur an das päpstliche Kondomverbot halten, viele kleine Michelin-Männchen zu machen und an die Macht zu bringen, kann ja noch nicht alles sein, oder?

Ob Kirche, Bus, Restaurant, Supermarkt – in Südamerika ist eine frühe Vision des großen deutschen Propheten Herbert Grönemeyer wahr geworden: Die Kinder sind an der Macht. Aber anders als beim Erscheinen des entsprechenden Liedes vor vielen Jahren finden wir diesen Zustand hier gar nicht mehr so erstrebenswert. Denn Kinder an der Macht sind für die Umlebenden, die das nicht kennen, eine nervige Plage. Die Kurzen dürfen hier alles, überall rumrennen, alles anfassen, palavern, rumbrüllen, Discolautstärke ist das Mindeste. Statt genervt zu sein, haben andere südamerikanische Gäste zum Beispiel im Restaurant diesen verklärten „Ach wie süß, der Kleine brüllt, dass die Scheiben wackeln"-Blick drauf.
Auf diesem Kontinent, jedenfalls in Argentinien und Chile, werden Kinder nicht erzogen, sondern hoffnungslos verhätschelt. Das Alltagsbild ist geprägt von Müttern und Vätern, die ihre Kleinen bis ins hohe Kinderalter durch die Gegend tragen, selbst zu laufen ist eine Seltenheit. Drei- bis Vierjährige bekommen hier selbstverständlich noch Mutters Brust oder wahlweise, auch das durften wir schon bewundern, Coca-Cola. Wir sehen Eltern, die einem mindestens fünf bis sechs Jahre alten, offensichtlich nicht behinderten Kind die Windeln wechseln. Im TV bestaunen wir sogar Windelwerbung mit Vorschulkindern. Vielleicht liegt das am hiesigen Schönheitsideal, der Großteil der bewegungsschwachen Kinder hat es schon in früher Jugend bis zur Werbeikone gebracht, eine Weltkarriere als Michelin-Männchen steht unmittelbar bevor, auch die japanische Sumo-Liga freut sich sicher immer über Nachwuchs aus dem Ausland. Bei vielen Jungs wächst sich das wieder raus, bei den Mädels kaum. So müssen wir unseren Eindruck revidieren, dass hier fast nur Frauen mit ihren Kindern auf den Straßen unterwegs sind. Stimmt nicht, die Herren sind oft einfach nur von ihren ausufernden Damen verdeckt und erst auf den zweiten Blick zu sehen.

Andererseits beobachten wir in Südamerika eine in Wohlstandsländern kaum noch erlebte Dienstleistungsmentalität. Zum Beispiel gibt es in den hiesigen Städten Parkplatzwächter, die ihrem Job mit erstaunlicher Verve nachgehen. Der parkwillige Autofahrer wirft diesem Menschen den Schlüssel zu und verschwindet im vorösterlichen Einkaufsgewimmel. Der Parkplatzwächter parkt die Wagen mit so viel Geschick in mehreren Reihen, ist ständig in Bewegung, parkt die Wagen wieder um, wenn jemand raus will, dass er sicher doppelt so viele Autos in derselben Zeit unterbringt, als würde man es jedem einzelnen Einpark-Holzkopf überlassen. Genauso gibt es menschliche Parkautomaten, dutzende junger Leute in Jacken der jeweiligen Stadt, die die Gebühr kassieren und damit offensichtlich mehr Geld bringen als Maschinen. Viele chilenische Busunternehmen fahren, nächstes Beispiel, längere Strecken mit drei Angestellten, neben zwei Srs. Conductores, die sich alle paar Stunden abwechseln, noch ein Sr. Assistente, der Gepäck ein- und auslädt, Tickets verkauft und kontrolliert, schlafende Fahrgäste erinnert, dass sie gleich da sind und so weiter. Das hat schon etwas sehr Angenehmes und bringt schlichtweg viele Menschen in Lohn und Brot.

Nicht alle Dienstleister in diesen Ländern sind irgendwo angestellt. Viele haben auch eine (vermeintliche) Marktlücke entdeckt und versuchen, sie zu füllen. Weltweites Phänomen sind Straßenhändler, die alles Mögliche feilbieten. In der Metro von Buenos Aires laufen Verkäufer jeden Alters, vom kleinen Kind angefangen, durch die vollen Bahnen und legen Waren von Brauchbarem bis Schrott den sitzenden Fahrgästen auf die Knie. Wer will, nimmt die Buntstifte, Spielkarten, Stadtpläne oder was auch immer es ist und gibt dem Verkäufer auf dem Rückweg Geld. So weit, so bekannt. Andere vermeintliche Marktlücken befremden uns dann doch etwas. Da ist zum Beispiel der in ganz Südamerika beliebte Busfahrziel-Ausrufer. Das Prinzip ist einfach: Man geht an den örtlichen Busbahnhof und wenn ein Bus mit dem an die Windschutzscheibe geklebten Fahrziel „Valdivia" kommt, brüllt man laut „Valdivia", stellt sich anschließend neben die Bustür und hält die Hand auf. Ein anderes Beispiel: Man nehme einen Schrubber, eine Flasche Seife sowie Toilettenpapier und Papiertücher und besetze eine öffentliche Toilette, in der Letzteres meistens fehlt. Hin und wieder wischt man den Boden, Aufwand-Nutzen-Effiziente schmieren einfach nur kurz rum, wichtig ist, dass man Seife und Papier nur an Zahlende rausrückt.

Ein ganzer Wirtschaftszweig in Südamerika funktioniert nach diesem „Your tip is my salary/Ihr Trinkgeld ist mein Lohn"-Prinzip. Wie in jeder Industrie gibt es auch hier die ganz Cleveren, besser gesagt Unverschämten, die nur noch so tun als ob und trotzdem kassieren wollen. Mit einem Vertreter dieser Spezies haben unsere israelischen Freunde Tamara und Ariel in Bariloche ihre Freude gehabt, wie sie uns später hier in Pucon erzählen. Obwohl sie ihre Rucksäcke selbst in den Kofferraum des Busses geladen haben, will der sich selbst aufzwingende Belader Geld von ihnen. Als sie das nicht einsehen, will dieser die Fahrtickets nicht mehr rausrücken, die er vorher zu prüfen vorgegeben hat. Als Ariel dem Dienstleister die Tickets schließlich energisch aus der Hand nimmt und sich beim Busfahrer beschweren will, wird er von diesem und allen anderen einheimischen Fahrgästen mit eisigsten Blicken bedacht. Man wende in Südamerika keine Gewalt an, wird er belehrt. Beide haben dann ihrerseits während der ganzen Fahrt Sorge, irgendwo verkloppt und rausgeschmissen zu werden.

Den Rest des Ostersonntags in Pucon – und damit den ersten Tag nach der wochenlangen Fastenzeit – verbringen wir mit Guinness, dem chilenischen Stout „Kross", dem mexikanischen „Negro", dem deutschen Schöfferhofer Grapefruit und dem chilenischen „Cristal" in Elke und Ulis besuchenswertem „Biergarten" an deren letztem Saisontag, bis sie Anfang September wieder eröffnen. Wir haben ein ganz tolles Gespräch übers Auswandern, Deutschsein und Vieles mehr und sind die letzten Gäste, während sie die Kneipe fürs Überwintern vorbereiten. Die chilenisch-traditionellen Absacker Pisco Sour und Pisco Sour Manzana nehmen wir dann in der Club Lounge „Black Forest". Leider ist jetzt das Bett kaputt. Es dreht sich.

VERMINTES GELÄNDE IN DER TREPPENSTADT

So, nun weiß das ganze Hostal Luna Sonrisa, wahrscheinlich sogar das ganze Viertel Cerro Alegre hier in Valparaiso, wie sich ein Heimsieg mit drei Toren in der Zweiten Deutschen Bundesliga so anhört. Zwei Stunden vor der Glotze müssen sein, auch wenn diese gleichzeitig schöne und hässliche, irgendwie total durchgedrehte Stadt an der Pazifikküste, nur anderthalb Stunden Busfahrt von Santiago entfernt, jede Minute wert ist. Nach einer Nachtfahrt über Chiles Hauptstadt hierher und entsprechender Übermüdung müssen wir uns erst mal wieder mit einer Spezialität vor allem südamerikanischer Städte vertraut machen, die wir im Süden Chiles fast verdrängt haben: Kriminalität. Als die Hostelmanagerin mit ihren Strichen und Kreuzen auf dem Plan der 300.000 Einwohner großen Stadt fertig ist, bleiben nicht mehr viele Gebiete übrig. Ganze Viertel sind für uns als „unsicher für Touristen" geschlossen, andere sollten wir nur am Tag und nie alleine besichtigen, in wieder anderen nicht fotografieren und das alles im sichersten Land des Kontinents. Unter diesen Voraussetzungen gelingt es uns kaum, uns auf die Schönheiten des Reisens zu konzentrieren. Wir überdenken die Pläne, die uns eigentlich bald durch landschaftlich traumhafte, aber viel ärmere Länder führen sollten, für die die Warnhinweise in den verschiedenen Reiseführern aber mehrere Seiten umfassen (Chile: 5 Zeilen).

Valparaiso gefällt uns trotzdem, nicht nur weil es die erste chilenische Stadt ist, in der wir in einem Laden ausländische Zeitschriften finden und zwar ausschließlich deutsche. Jeweils eine Woche alt sind „Bunte", „Focus" und „Spiegel" für je 14 Euro zu haben, der „Stern" für 16 Euro. Wir sagen laut „No, gracias", leise „Servus" und tauchen wieder ein in das chaotische Gerenne und Gehetze, das südamerikanische Hauptstraßen prägt. Zur Feier des Tages streiken die Hafenarbeiter mit viel Krawall und Getöse und zwar, das können wir einem Plakat entnehmen, „für eine Rückkehr unserer Kinder an die Universität". Solidarisch zeigen sich Transportgewerkschaften, hunderte LKW blockieren hupend die Innenstadt, auf einem steht „Santiago ist nicht Chile!". Das haben wir anders in Erinnerung, verzichten aber auf Belehrungsversuche. Mögen Streiks und Demonstrationen noch erwartbar sein für eine große Stadt, die darüber hinaus noch Parlamentssitz des Landes ist, in keiner anderen Hinsicht aber ist Valparaiso normal.

Ohne Plan, Sinn und Verstand ist die Stadt gewachsen und verteilt sich heute auf einen recht kurzen Küstenstreifen sowie 42 Hügel und Berge. Die einzigartige Lage macht sie zu einer Stadt der Treppen, in der Aufzüge – wenn sie denn funktionieren – zu den offiziellen Transportmitteln gehören. Wer die Wahl hat zwischen 170 steilen Stufen und einer Fahrstuhlfahrt für 16 Euro-Cent, muss schon sehr laut die Stimme seines Fitnesstrainers im Ohr haben, um dennoch die Treppe zu nehmen. Die steilen Hügel selbst sind durchzogen von verwinkelten engen Treppen und Gassen. Dort passen gerade mal Eselskarren durch und genau für die wurden sie damals in der Hochzeit der Stadt, inklusive Bürgersteigen, gebaut. Das feine Volk auf den Hügeln hatte keine Lust, dauernd runter ins Zentrum zu latschen, geschweige denn wieder hoch, also ließ man die Einkäufe von dienstbaren Geistern mit Eselskarren tätigen. Die Viecher bedankten sich mit ihren Hinterlassenschaften auf den Gassen, der Mensch hatte ja Bürgersteige. Diese Unterteilung machen die vielen tausend Straßenköter des heutigen Valparaiso leider nicht mehr, überall liegen Hundeköttel, in der Luft hängt ein widerlicher Geruch von Ammoniak.

Genauso „up and down" wie ein Spaziergang durch die Stadt ist deren Geschichte. Zuerst besiedelt 1542 war das klimatisch mediterrane Valparaiso anfangs nur ein kleiner Hafen zum Handel mit Peru. Nicht weniger als sieben Mal wurde es von Piraten überfallen, auch der legendäre Sir Francis Drake bediente sich. Im 19. Jahrhundert – zu Zeiten des US-amerikanischen Goldrausches – begann der Aufstieg zu einer der wichtigsten Seestädte Südamerikas. Valparaiso wurde der Schlüsselhafen für US-Schiffe, die von der Ostküste Amerikas nach Kalifornien unterwegs waren und wurde südamerikanisches Handels- und Bankenzentrum für die USA und Europa. Hier gab es das erste Post-Büro des Landes, das erste

Fotostudio, die erste Dusche in einem Wohnhaus und die erste Feuerwehr. Heute gibt es 16 verschiedene freiwillige Feuerwehren in der Stadt, alle von unterschiedlichen Immigrantengruppen gegründet. Direkt am Hafen ist die „Segunda Compañia Bomba Germania" des „Cuerpo de Bomberos de Valparaiso" stationiert. Zwei technische Errungenschaften besiegelten den Niedergang der Stadt, zuerst der Bau der Eisenbahn quer durch Nordamerika, dann (1914) die Eröffnung des Panamakanals, der die langen Seereisen an Kap Horn vorbei unnötig machte. Wie überall verließen die Ratten das sinkende Schiff schnell, das benachbarte San Antonio wurde wichtigster chilenischer Hafen, Santiago wurde Finanzzentrum des Landes, Einwohner mit Geld zogen ins ebenfalls benachbarte Vina del Mar.

All das haben wir nicht im Reiseführer gelesen, sondern lernen es auf einer „Tour4Tips". Die Wahl-Valparaisoanerin Erica aus Kalifornien führt uns kostenlos – bzw. in Erwartung von Trinkgeld – drei Stunden durch die Stadt, zeigt uns ihre Lieblingsecken und berichtet aus Geschichte und Gegenwart. So ist der Niedergang auch heute noch zu sehen, es gibt übelste Slums, die man in Chile nie erwarten würde. Dazu große und kleine Bauruinen mitten im historischen Herzen der Stadt, an denen die UNESCO eine gewisse Mitschuld trägt. Kölner und Dresdner kennen es: Kaum ist irgendwas Weltkulturerbe, ist Schluss mit lustig. Auch in Valparaiso ist man sich nicht mehr so sicher, ob der seit 2003 bestehende Weltkulturerbe-Status für das historische Zentrum und die Cerros (Berge, Hügel) Allegre und Concépcion ein Segen oder ein Fluch ist. Zum Beispiel steht mitten in der Stadt am Rande eines zentralen Platzes und der ehemaligen Prachtstraße Valparaisos die Ruine eines Luxushauses und ist für den angesichts der Lage lächerlichen Preis von 1 Million US-Dollar zu haben. In anderen Städten würden sich Hotelketten gegenseitig überbieten. Hier nicht, denn die UNESCO-Vorgaben, nach denen das Haus zu restaurieren wäre, machen einen Kauf unattraktiv (Von der alten Dame, letzte Vertreterin der Besitzerfamilie, die immer noch in dem Loch wohnt, ganz zu schweigen.). In der früheren Prachtstraße besuchen wir ein ehemals prunkvolles Haus, ebenfalls einmal Sitz einer reichen Familie. Heute sind die einzelnen Zimmer Büros, für nur 300 US-Dollar Miete im Monat zu haben. Die Treppe ist angeschlagen, Hunde hausen im Flur, statt eines wertvollen Glasdaches klappert nun Plastik im Wind. Auf dem Cerro Allegre zeigt uns Erica die Ruine eines vor sieben Jahren abgebrannten Wohnhauses mitten in einem ordentlichen Wohnviertel. Sie ist sicher, dass die Ruine auch in zehn Jahren noch genauso aussehen wird, da sich niemand leisten kann, sie nach UNESCO-Vorgaben wieder aufzubauen, zumal moderne Baumaschinen in den verwinkelten Gassen kaum einsetzbar sind.

So bleibt Valparaiso die Stadt der Parallelwelten: Anmut und Niedergang in unmittelbarer Nachbarschaft. Für Schönheit und Aufstieg sorgen neben dem historischen Erbe der Stadt vor allem Straßenkünstler. Sie nehmen die Tradition der Stadt der bunten Häuser auf und machen aus ihren Vierteln einzigartige Freilichtgalerien. Dieser weltstädtische Boheme-Flair zieht heute wieder Massen von Menschen in die Stadt, Ausflügler aus der Hauptstadt genauso wie Touristen aus aller Welt. Vielleicht wird ja doch wieder alles gut für Valparaiso. Denkt ER und latscht in die nächste der tausenden Straßenköter-Tretminen. Scheiße.

VOM SÜDKREUZ, PUPSENDEN BAKTERIEN UND B'ELANNA TORRES

Wie der deutsch gewellte Hubert Kah vor gefühlten 100 Jahren sehen wir in den Sternenhimmel und lernen in nur zwei Stunden mehr über Astronomie als in allen Jahren zuvor. Nordchile ist Dank der äußerst trockenen Luft – mittendrin liegt die Atacama-Wüste, die trockenste Wüste der Welt – und der geringen Lichtverschmutzung einer der wichtigsten Standorte der internationalen Himmelsforschung. Mehr als 30 Prozent aller wissenschaftlichen Teleskope weltweit stehen hier. Unter anderem das „Very large teleskope", das in Zusammenarbeit verschiedener europäischer Staaten gebaut und betrieben wird. Im Moment lassen die Staaten ein noch größeres bauen. Bei der Namensgebung beweisen die Wissenschaftler mal wieder, dass sie eben keine Poeten sind, denn es wird schlicht „extremely large teleskope" heißen und einen Hauptspiegel mit einem Durchmesser von 40 Metern haben. Als Dank für die Beherbergung dürfen chilenische Wissenschaftler das Monstrum an zehn Prozent der Tage benutzen.

Nicht ganz so extrem groß sind die Teleskope im Mamalluca-Observatorium, das wir von La Serena an der Pazifikküste aus besichtigen, wo wir einige sehr schöne, ruhige Tage im Hostel „El Punto" genießen. Was wir durch die Teleskope sehen und lernen, genügt aber für den ein oder anderen Kinn-Klapper. Schon beim Aussteigen erkennen wir, was die trockene Luft im Elqui-Tal (nur 40 Tage im Jahr ist es bewölkt!) und die strahlungsarme Beleuchtung der Dörfer (bereits seit 1995!) hier ausmachen: Die Sterne strahlen in unbeschreiblicher und selbst auf einsamen Berghütten in den Alpen nie gesehener Intensität. Die Milchstraße liegt wie ein weißer Teppich dazwischen, etliche Sternbilder strecken sich uns entgegen. Sogar die vermeintlichen schwarzen Leerräume dazwischen sind hier so deutlich, dass die Inkas diesen nach ihrer Form Namen gegeben haben, zum Beispiel Schlange oder Lama.

Das Südkreuz drängt sich auf, es ist das Gegenstück zum Polarstern und ziert die Flaggen Australiens, Neuseelands und Brasiliens. Es hat technisch minder bemittelten Seefahrern früher den Weg gewiesen. Steht der Polarstern am Nordhimmel immer über der nördlichen Verlängerung der Erdachse, ist das wie ein Luftdrachen aussehende Südkreuz in jeder klaren Nacht am Südhimmel zu sehen und zeigt den Weg nach Süden. Zieht der Navigator eines Schiffes in einer gedachten Linie die Längsachse des Drachens weiter und nimmt den Abstand dieser Achse mal viereinhalb, findet er exakt den Punkt oberhalb der südlichen Verlängerung der Erdachse.

Die Teleskope, durch die wir im Observatorium sehen können, sind ansonsten ziemliche Zerstörer. Sie machen durch ihr genaues Hinsehen so manchen Stern kaputt, den wir am Nachthimmel kennen. So entpuppt sich einer der Sterne des Orion beim Blick durch das Teleskop plötzlich als viele verschiedene Sonnen, in einem anderen Bild wird ein vermeintlicher Stern plötzlich zu über 2.000 leuchtenden Punkten, die nächste klitzekleine helle Stelle sogar zu einem wahren Meer von über 2 Milliarden Sternen. Selbst der gute alte Polarstern ist ein Doppelstern, besteht also aus zwei Sonnen. So unglaublich uns die Vorstellung von zwei Sonnen am Himmel anmutet, so normal ist sie für viele dreiäugige Grünlinge im Weltall. 70 Prozent aller Sterne sind Doppelsterne, nur 1 Prozent aller Sonnen ist wie unsere.

Wer daraus wieder eine Alleinstellung und Einzigartigkeit der Erde und unseres Sonnensystems ziehen will – die Sonne dreht sich um die Erde und ähnlicher Quatsch, der das Mittelalter noch dunkler machte, als es eh schon war –, dem sei gesagt, dass Wissenschaftler bis zu 70 Trilliarden (also 70.000.000.000.000.000.000.000) Sterne in fast 200 Milliarden Galaxien im Universum vermuten. Wenn nur 1 Planet je Galaxie unserer Erde ähnlich ist und Leben trägt, sind das immer noch 200 Milliarden belebte Planeten.

Und warum hat sich – außer beim Kölner Karneval morgens um 3.00 Uhr – noch kein neon-lila-blauer Kopffüßer mit Armen bis auf den Boden bei uns vorgestellt? Ganz einfach: Es sind zu große Entfernungen. Selbst die nächst gelegene Galaxie, die Magellan-Wolke, die wir hier mit bloßem Auge sehen können, ist immer noch 168.000 Lichtjahre weit weg. Das Licht eines Magellan-Sterns braucht also genau 168.000 Jahre zu uns. Und selbst wenn Außerirdische mit der Schläue von Vulkaniern, dem Mut von Klingonen, der Boshaftigkeit von Romulanern, der Gier von Ferengi und der Schönheit von B'Elanna Torres schneller fliegen können als das Licht (und damit Einstein Hops nehmen), warum sollten sie zum richtigen Zeitpunkt hier auftauchen? Vielleicht waren sie vor in astronomischen Maßstäben Millisekunden schon da, und das Leben auf der Erde bestand lediglich aus pupsenden Bakterien, vielleicht kommen sie noch, und der Mensch hat sich längst wieder zu einem pupsenden Bakterium zurück entwickelt.

Irgendwie ist das Berührendste, was wir in dem Observatorium am Nachthimmel Chiles beobachten, nicht mal eine Sonne, sondern ein altbekannter Nachbarplanet. Wir brauchen dafür auch nicht das große, elektronisch betriebene Teleskop, das vorher unsere schönen Sterne in seine Einzelsterne zerlegt hat, es genügt ein nur 2000 US-Dollar teures mechanisches Teil, um uns mächtig zu ergreifen. Denn über einem kleinen Berg östlich des Observatoriums ist eben der Saturn aufgegangen, und im Teleskop wird aus dem vermeintlichen Sternchen plötzlich ein klarer, heller Punkt mit seinem ebenso hellen Gürtel. Das aus so vielen Fotos und Zeichnungen bekannte Bild mit so wenigen technischen Mitteln so nah, groß und deutlich zu sehen, treibt uns die Tränen in die Augen.

Denn plötzlich wird alles so winzig klein, alles normal Nervige, an das wir während der Weltreise-Auszeit fast noch mehr denken, als wenn wir es erleben, die Dicke-Hose-Typen im Alltag und auf der Autobahn, die großen und kleinen Verluste, die großen und kleinen Wehwehchen, die Abstiege in die zweite Liga. Alles Schöne wird auf einmal noch wertvoller, weil so unendlich zerbrechlich und ganz still und heimlich beschließen wir, dieses so völlig unbedeutende, winzige Stückchen Lebensgeschenk so gut es nur eben geht zu genießen. Wer will, macht mit: Ärgert irgendwer oder irgendwas, einfach ein Teleskop kaufen, Saturn anschauen, und nervenpeitschende Kollegen, Nachbarn, Raser sowie gegnerische Stürmer oder Torleute werden garantiert in Sekundenbruchteilen zu pupsenden Bakterien. Höchstens.

ZEHN WUNDERBARE BEGEGNUNGEN

DANIELA UND RAPHAEL AUS SAO PAULO, BRASILIEN
Vier Tage in einem altersschwachen Jeep durch Bolivien,
das schweißt zusammen.

DAVID AUS HECTOR, NEUSEELAND
Ein großes Kind, das sich auch am tausendsten schönen
Sonnenuntergang erfreuen kann wie am allerersten.

EDGAR AUS QUITO, ECUADOR
Der gebürtige Schwarzwälder ist als selbst erklärter Rezeptionist und Kabarettist
ein Feuerwerk an guter Laune und voller Reisetipps für den ganzen Kontinent.

ELLA, THOMAS, TJURUPARU UND NOLIE AUS DEN ADELAIDE HILLS, AUSTRALIEN
Wir waren eine Vorweihnachtswoche lang eine große Familie.

HOLLÄNDERIN AUS PUERTO NATALES, CHILE
Sie hat uns beim Vortrag über den Nationalpark Torres del Paine auf den Boden
der Wanderkunst zurückgeholt. Zitate: „Regenjacken nützen nichts, wenn das
Wasser von allen Seiten kommt. Die ersten Indianer hier sind im Winter und
Sommer nackt gewesen. Wem kalt ist, der wandert nicht schnell genug."

JAKOB AUS WIEN, ÖSTERREICH
Er lebt halb in Österreich, halb in Neuseeland und ist der Typus sensibler,
belesener einsamer Wolf.

JENNY UND JOSH AUS FLAGSTAFF, USA
Tolle Gesprächspartner, die beweisen, dass eine Rock'n'Roll-Einstellung
zeit- und alterslos ist.

MADISON UND JAMES, SOPHIA UND ANTHONY, CHARLOTTE UND STEFAN AUS HOPKINTON, DERWOOD, LAS VEGAS, USA
Unsere liebsten Gastgeber: offenherzig, spannend, unterhaltsam,
gaben uns Heimat in der Fremde.

MICHELE UND PAUL AUS SEATTLE, USA
Die beiden haben uns fühlbar von der ersten Sekunde an ins Herz
geschlossen – und wir sie. In Micheles Café fand SEIN erstes
öffentliches Ukulele-Konzert statt.

TAMAR UND ARIEL AUS TEL AVIV, ISRAEL
Wir sind in kürzester Zeit Freunde geworden und werden es bleiben.

Nach zehn gemütlichen, am Ende aber schweinekalten Tagen verlassen wir La Serena und machen heute eine unserer geliebten Übernachtfahrten, 17 Stunden mit dem Bus nach San Pedro de Atacama, einer Oasenstadt mitten in der trockensten Wüste der Welt. Derzeit hinken wir dem Sommerwetter etwas hinterher und sind das erste Mal auf dieser Reise neidisch auf das Wetter zu Hause. Denn egal wie kalt es wird, aufwärmen können wir uns in La Serena nirgends, weder die Restaurants noch die Cafés noch unser Hostel haben eine Heizung. Zwar gibt es im „El Punto" einen Kamin und leihweise wohl auch kleine Öfchen, aber „erst im Mai". Ob wir uns in der Wüste die hiesige Kühle zurückwünschen, ist noch nicht gesagt, angeblich wird es dort im südamerikanischen Herbst/Winter nachts deutlich unter Null, und die Sonne schafft tagsüber nicht mehr als 15 bis 20 Grad.

Wir wissen mal wieder wenig über die Region, in die wir reisen, die letzten Informationen stammen aus einer „Terra X"-Folge in der ZDF-Mediathek. Danach regnet es in der trockensten Wüste der Welt, die westlich direkt am eigentlich recht nassen Pazifik liegt, nur alle sechs bis zehn Jahre, wenn aufgrund von El Niño der kalte Humboldtstrom zurückbleibt. Letzterer sorgt sonst dafür, dass sich über dem Meer keine Regenwolken bilden. Tut sich doch ein Wölkchen auf, bleibt es an den Anden hängen und von Osten kommt nur trockener Wüstenwind. Dennoch blüht es am Rande, und sogar Pinguine leben hier. Flora und Fauna werden morgens mit Feuchtigkeit beliefert, die als Nebel vom Meer über die Berge in die Wüste kriecht und wie Tau an den Pflanzen hängen bleibt. Selbst Menschen nutzen diesen Nebel und ernten das Wasser mit Hilfe riesiger Planen.

Dagegen ist das vor den Toren der Atacama liegende, rund 155.000 Einwohner zählende La Serena voller Reichtum. Dass hier viele Menschen leben, merken Busreisende schon viele Kilometer vorher, wenn es durch Steppe, Wüstenrand und große, moderne Windparks wieder in Richtung Pazifikküste geht. Denn die Einöde ist leider voller Müll, nicht alle paar Meter eine Flasche, sondern flächendeckender Abfall. Selbst mit dem kleinsten Bildausschnitt bekäme man kein Landschaftsfoto hin, das nicht an eine viele Quadratkilometer große Mülldeponie erinnert. Der Bus durchquert den ersten Gürtel von halb zerfallenen Bretterbaracken, dann kommen Häuser aus Wellblech, dann gemauerte und schließlich teuer anmutende Wohnsitze mit einem historischen Kern der im 16. Jahrhundert gegründeten zweitältesten Stadt Chiles.

Der Höhepunkt ist direkt neben dem Busterminal eine nagelneue Mall, ein riesiges Einkaufszentrum mit fast schon US-amerikanischen Ausmaßen. Darin ein großer adidas-Store, PUMA, Nike, HP, Pepe-Jeans London, CAT und vieles mehr, selbst Herr Schweinsteiger grinst uns meterhoch von oben herab an, dazu gibt es einen ebenfalls überdimensionalen Supermarkt, wie man ihn selbst in Deutschland nicht oft findet. Dieser Riesenkomplex ist nicht mal ein Planungsfehler, sondern fast jeden Tag rappelvoll, die Menschen kommen mit ihren großen Tüten der Markengeschäfte kaum aneinander vorbei. Einen herzlichen Lacher erntet dann das auch in unseren Supermärkten übliche Regal mit Spezialitäten aus aller Welt („Productos del Mundo"). Denn neben Thaifood stehen dort vor allem Maggi-Suppen, Krüger Cappucchino und Dr. Oetker-Pudding. Dazu dudelt die ganze Zeit das typische chilenische Radioprogramm: Kuschelrock I bis XXXI, von REO Speedwagon bis Marillion, aus den Autos dröhnt Klassik oder Iron Maiden, die einheimische Jugend trägt T-Shirts von Marilyn Manson (lebt das überhaupt noch?) und Helloween (eine deutsche Heavy Metal-Band aus den 80ern). Das alles erleben wir ohne die sonst üblichen Anzeichen einer Zeitschleife, nein, das meinen die ernst hier!

Auch die chilenische Airline LAN, die uns in ein paar Wochen helfen wird, einen großen (vertikalen) Bogen um Peru zu machen, veräppelt uns nicht, als sie uns Hin- UND Rückflug von Tacna (Südperu) nach Quito, der Hauptstadt von Ecuador, verkauft, auch wenn wir betonen, dass wir den Rückflug selbstverständlich verfallen lassen. Denn wir wollen nicht nach Tacna zurück, aber: Der Hinflug alleine wäre mit über 400 Euro fast doppelt so teuer gewesen wie die gleiche Strecke hin und zurück. Sprich: LAN lässt wissentlich einen nicht kleinen Teil seiner Maschinen leer durch die Gegend fliegen. Für uns ist das ökonomisch und ökologisch Schwachsinn, aber wer es sogar schafft, eine Wüste zuzumüllen, dem ist alles zuzutrauen (Und wir sind immer noch in dem südamerikanischen Land mit dem höchsten Human Development Index, in keinem anderen Land auf dem Kontinent geht es den Menschen so gut wie hier).

Wie weit entfernt dieser Kontinent nicht nur in Kilometern von einem Europa der Zusammenarbeit und des Zusammenlebens ist, zeigen alleine schon die Flugpläne. Oben genannten Hin- und Rückflug haben wir erst nach tagelanger Recherche gefunden. Es gibt zwar spottbillige Verbindungen innerhalb der einzelnen Länder, aber über die Grenze wird es direkt richtig teuer.

Zur Erholung nutzen wir ein ziemlich irdisches Transportmittel und machen eine Radtour nach Coquimbo. Wir lernen, dass kalter Wind nicht unbedingt wenig Sonne bedeutet. Dazu ein sein Lebtag noch nie geöltes, zum 1-Gang-Rad mutiertes 21-Gänge-Mountainbike, dessen Hinterradbremse schon bei der ersten Benutzung zumacht. Die ganze Tour ist also wie ein Spinning-Marathon mit höchstem Widerstand. Dennoch lohnt es sich. Endlich wieder der Pazifik, der nach Verschwinden des Nebels und bei guter Wahl des Blickwinkels tatsächlich entfernt an den Pazifik Neuseelands erinnert – selbstverständlich wie sich das für Nachfahren von Spaniern gehört mit zehn Kilometer langer Avenida voller Hochhäuser-Betonburgen. Aber immerhin empfinden wir die paar Surfer nicht wie in Australien als bedrohliches Massenphänomen, sondern als Teil einer Strandnormalität.

Coquimbo, am anderen Ende der zugebauten Bucht, ist eine Arbeiter- und Hafenstadt, seit dem 5.5.2000 überragt von einem 93 Meter hohen, begehbaren Kreuz, das zu Ehren von Jesu 2000. Geburtstag gebaut wurde. Das ist jedenfalls die offizielle Begründung, wahrscheinlich wollte man aber nur gegen das benachbarte La Serena anstinken, das exakt 28 Kirchen und eine Kathedrale beherbergt. Die Aussicht von oben ist wirklich phantastisch, ansonsten kommt uns dieses Cruz del III. Milenio viel zu bombastisch vor. Das erinnert eher an sowjetische Architektur zu Hochzeiten des kommunistischen Weltmachtanspruchs und hat trotz lebensechter Kreuzwegdarstellungen so überhaupt nichts Besinnliches.
Da genießen wir nach halsbrecherischer Abfahrt, vorbei an hunderten Pelikanen, schon viel mehr die kleinen Buden direkt am Hafen, in denen der Fisch und die Meeresfrüchte tatsächlich fangfrisch auf den Tisch kommen. Herrlich zu sehen, wie die am Morgen aus dem Wasser geholten Schätze auf verschiedene Arten zubereitet und angeboten werden. Wir lassen uns vom weltgereisten Vitaly in sein Zeltrestaurant zerren und essen mit Meeresfrüchten gefüllte Teigtaschen, Fischfilet und Salat. Das entschädigt für die Dank der Elendskarren tagelang schmerzenden Beine und Hintern.

Gesalzene Preise und ein Ausflug auf den Mond

Endlich sind wir auch mal hart. „Nur die Harten schauen sich den Sonnenaufgang im Valle de la Luna an", heißt es in unserem Reiseführer, er meint ganz alleine uns beide. Für mehr als drei Stunden haben wir diese bizarre Landschaft ganz für uns. Während die meisten Touristen zu hunderten am Nachmittag durch die Landschaft stromern, leihen wir uns dank des Tipps unseres französischen Gastgebers im Hostel La Rose d'Atacama am Vorabend Räder und radeln dann am nächsten Morgen bei Dunkelheit und Eiseskälte um 7.00 Uhr die 16 Kilometer von der Wüstenoase San Pedro de Atacama zu dem einsamen Tal.

Auf der Strecke arbeitet sich die Sonne in unserem Rücken ganz langsam über die bis zu 6.000 Meter hohen Vulkane in der Umgebung und beleuchtet Meter um Meter mehr die rötlich schillernden Farben der Wüste. Dann erreichen wir das mitten in den Cordillera de la Sal (Salzberge) gelegene Tal, einem der unwirtlichsten Fleckchen der Erde, so fern jeglicher Fauna und Flora, dass hier sogar die NASA einen Prototypen des Mars-Roboters getestet hat. Die nahezu ewige Trockenheit, dazu nichts als Salz, Fels und Sand verhindern jegliches Leben, kein Halm, kein Strauch, keine Fliege, nichts. Nur zwei einsame Radfahrer auf dieses Mal richtig guten Bikes, die dem Minute um Minute höher kletternden Thermometer Tribut zollen, innerhalb einer Stunde eine Kleidungsschicht nach der anderen ablegen und von Winter auf Sommer umstellen. Nach einem Tag hier wundert man sich nicht mehr über die vor der massiven UV-Strahlung warnende Ampel in der Ortsmitte und den Rat der Hostelbetreiber, regelmäßig Sonnencreme UV 50 aufzulegen. Obwohl wir widerstrebend vorbildlich sind, hat uns die Sonne dann doch ziemlich ausgeknockt: Brennende Augen, Lippen, Kopfschmerzen, Herzrasen, alles, was Selbiges so gar nicht begehrt.

Der Ausflug ist jede Anstrengung wert, eine Hostel-Mitbewohnerin, die das ganze am Tag vorher erlebt, spricht von einer „Lifetime-Experience" und hat Recht: So etwas sieht und erlebt man nur einmal. Wir krabbeln durch immer enger zusammenlaufende Gänge und Höhlen reinsten Salzes, sehen von der Natur geschaffene Flächen glatt und durchsichtig wie Glas, müssen die Augen schließen vor dem Glitzern der kristallinen Steine, fühlen uns abwechselnd am Meeresboden und auf fremden Planeten, erklettern Sanddünen und staunen über filmreife Mondlandschaften in rot, braun, purpur und gold – daher der Name des Tals, das unter Naturschutz steht und von Indianern verwaltet wird. Über Allem spannt sich der endlos blaue Südhimmel, an dem wir uns schon in Neuseeland die Augen ausgeguckt haben.

San Pedro de Atacama selbst ist ein fast 500 Jahre altes Oasendorf, das sich trotz Horden von Touristen seinen ursprünglichen Charme bewahrt hat. Im Zentrum steht eine Kirche aus dem 17. Jahrhundert, deren Dach aus Kakteenholz statt mit Nägeln durch Lederbänder befestigt ist. Gedrungene Lehmhütten im Ortskern beherbergen herrliche Cafés, vegetarische Restaurants, leider mit vergleichsweise gesalzenen Preisen, eine supermoderne Apotheke, die zu betreten wie das Erleben eines Zeitsprungs ist, dazu zahllose Herbergen und Agenturen mit den immer gleichen, trotzdem lohnenswerten Tourenangeboten zum Valle de la Luna (die Weichen lassen sich fahren…), zu Geysiren, Salzwüsten, Salzlagunen und nach Bolivien.

Unversehens sind wir mittendrin in der Weltpolitik. Bolivien verklagt Chile vor dem Internationalen Gerichtshof in Den Haag. Damit hat eine jahrzehntelange Krise zwischen beiden Nachbarn einen neuen Höhepunkt – seit rund 60 Jahren haben sie keine offiziellen diplomatischen Kontakte miteinander. Hintergrund ist der von 1879 bis 1884 dauernde, so genannte Salpeterkrieg um die damals nur schwach – und zum Großteil von Chilenen – besiedelten Wüstenregionen des heutigen Nordchiles, die zu Peru und Bolivien gehörten. Als dort große Nitratvorkommen gefunden wurden, interessierten sich die beiden letztgenannten Länder dann doch für das Gebiet, verbündeten sich heimlich, brachen Verträge mit Chile und enteigneten die Salpeter abbauenden chilenischen Firmen. Chile begann den fünf Jahre dauernden Krieg, der 1884 mit einem Friedensvertrag mit Peru endete.

Erst 1904 unterschrieben Bolivien und Chile einen Friedensvertrag, in dem Bolivien den Verlust von 120.000 qm Staatsgebiet inklusive 400 Kilometern Pazifikküste und damit seinen Binnenstatus ohne eigene Meeresküste bestätigte. Chile akzeptierte den Zugang Boliviens zu chilenischen Häfen und als Kompensation eine Bahnlinie zwischen dem bolivianischen La Paz und dem ehemals peruanischen Arica, in dem wir gerade ein paar Tage wohnen und das von dem Hügel Morro del Arica – chilenisches Symbol des gewonnen Krieges – überragt wird. Mehr als hundert Jahre alte Verträge sollen nun nicht mehr gelten, der aktuelle bolivianische Präsident Evo Morales, der erste aus der indigenen Bevölkerungsmehrheit von fast zwei Dritteln, will die Souveränität seines Landes über das verlorene Gebiet.

Gott bewahre. Wir sind zwar nur vier Tage in Südamerikas höchst gelegenem und isoliertestem Land gereist und haben – irritiert, überrascht und neugierig – danach Vieles darüber gelesen, was unseren Eindruck bestätigte: Bolivien ist kein moderner Staat, sondern ein mittelalterliches Desaster von Klein- und Kleinst-Staaterei. Das nach dem südamerikanischen Revolutionär Simon Bolivar benannte und in den ersten Jahren von dessen Gefährten Otto Philipp Braun aus Kassel als Kriegsminister mitregierte Bolivien ist seit 1825 unabhängig. Das Sagen haben seitdem vor allem spanisch-stämmige Industriellenfamilien, was die meisten Einwohner aber genauso viel interessiert, als würde im Altiplano ein Sack Quinoa umfallen. Vier Millionen der nur zehn Millionen Menschen umfassenden Bevölkerung sprechen die indianischen Idiome Aymara oder Quechua als Hauptsprache, die meisten kein Spanisch. Das wird sich auch kaum ändern, nur 40 Prozent der Kinder gehen trotz Schulpflicht in eine Lehranstalt.

Eines der Grundprobleme des Landes ist, dass der Großteil der Menschen in den aus rein ökonomischer Sicht falschen, bitterarmen Gegenden lebt, während der ressourcenreiche Teil fast unbewohnt ist. Was in den meisten anderen Ländern der Welt zu Wanderungsbewegungen innerhalb des Landes führt, wird hier ignoriert. Die Menschen im armen Teil leben selbst gewählt von dem, was sie anbauen, fernab von monetären und Bildungs-Systemen.

Beliebtestes Anbauprodukt ist die Coca-Pflanze, Bolivien ist eines der weltweit größten Anbauländer der Basispflanze für Kokain. Selbst bolivianische Präsidenten sollen, erzählt uns ein Bolivianer, in Anbau und Handel verstrickt gewesen sein. Kein Wunder, dass das Land auf Platz 108 im weltweiten Entwicklungsindex liegt, zusammen mit der Mongolei und hinter Gabun (Norwegen ist übrigens 1., Deutschland 5., Argentinien 45.). Das ist eine Schande, denn Bolivien ist eigentlich ein reiches Land, voller Mineralien wie Lithium und Energiequellen, es hat zum Beispiel die zweitgrößten Gasfelder in ganz Südamerika. Als indigener Präsident ist Evo Morales sicher der erste Regierungschef, der die Bevölkerungsmehrheit versteht, ob das so nützlich ist, sei dahin gestellt. Denn die Indianer lehnen die Gasförderung ab, prompt hat Morales 2006 Militär zu den ausländischen Firmen in den Gasfeldern geschickt und sie gezwungen, die Förderverträge aufzulösen. Mittlerweile merken aber sogar die indigenen Bolivianer, dass man weder Gas, schöne Landschaft, noch Coca dauerhaft essen kann. Gewalttätige Auseinandersetzungen nach Preissteigerungen für Essen, Benzin (rund 80 Prozent teurer!) und Lohnsenkungen sind an der Tagesordnung.

Trotz der Streiks und Demonstrationen, trotz der Destabilisierungsversuche der Geschäftseliten Boliviens, trotz der Separationsversuche einzelner Städte und Regionen Boliviens (zum Beispiel der Ölmetropole Santa Cruz) und trotz der Vorwürfe der Opposition wegen seines Missmanagement sitzt Sozialist und Indio Morales fest im Sattel. Geschmückt wie ein afrikanischer Stammesführer grinst er uns neben Bolivar in der Grenzbaracke am Fuße des 6.000 Meter hohen Vulkans Licancabur an, der hier, auf rund 4.300 Metern Höhe, längst nicht mehr so mächtig wirkt wie vom auf 2.400 Metern gelegenen San Pedro de Atacama aus. Der Präsident ist der einzige, der grinst, die bolivianischen Grenzer sind unfreundlich und scheißen Touristen zusammen, weil die Reihe vor dem Stempelmännchen nicht gerade ist.

Schon hier lernen wir einen wichtigen Aspekt der bolivianischen Alltagskultur kennen: Wenn einer der kurz gewachsenen, an halbstarke Jugendliche erinnernden Männer etwas hat und sei es nur eine Uniform, einen Stempel, ein Auto, eine

Schranke, verhält er sich herablassend gegenüber denen, die etwas wollen. Dabei gibt es hier oben wirklich nichts, auf das die uniformierten Kleinkotze stolz sein könnten. Von den umwerfenden Landschaften ist noch nichts zu sehen, es ist um 10.00 Uhr morgens auf dieser Höhe schweinekalt, gleichzeitig verbrennt die Sonne schon die Haut. In der Grenzbaracke würde man in Deutschland nicht mal Vieh halten, für Grenzer und Touristen gibt es nur ein „Baño natural", wie alle paar Meter kleine Häufchen Klopapiers beweisen, das sind im Grenzgebiet Tretminen ganz besonderer Art. Gut, dass kleine Mauerreste von noch schlimmeren Ex-Barracken stehen, denn so können die Damen wenigstens etwas sichtgeschützt Geschäfte machen, die Herren haben es einfacher, auch wenn der gewohnte Baum zum Urinieren fehlt, hier wächst trotz Touri-Guano nichts.

Neben einer weiteren Baracke, in der unsere Agentur – eine der teureren, was uns vor Zivilisationsschocks bewahren sollte, dachten wir fälschlicherweise – Frühstück reicht, stehen Toyota-Geländewagen, aus denen verhärmte, hundemüde und offensichtlich seelisch und physisch gebrochene Menschen, die die Tour hinter sich haben, aussteigen. Wir – ER, SIE, Silvia aus Nürnberg sowie Daniela und Rafael aus São Paulo – nehmen all die Warnsignale nicht wahr und steigen ein zu Guide „Papa Noel" (Wird es jemals wieder eine Generation in Deutschland geben, die nicht „Guide" sagen muss, um das Wort „Führer" zu vermeiden?). Die Fahrt beginnt . . . nicht. Denn unser Wagen springt nicht an. Kein Problem, unser Fahrer tauscht die Batterie mit einem anderen. Daraufhin springt dessen Wagen nicht an, und wir müssen ihn anschieben. Was das Manöver sollte, wissen wir nicht, sind aber froh, dass ausgerechnet unser Papa Noel den in dieser Kultur überlebenswichtigen Längeren hat – Erfahrungsschatz natürlich!!! Bewiesen haben können und wollen wir es nicht, da uns das entscheidende Wort auf Spanisch fehlt.

Auch das wird sich an den folgenden vier Tagen immer wiederholen: Bis auf sehr interessante Informationen zu Landschaft und Umgebung erklärt man uns Touristen nichts. Nicht, warum wir eine Stunde irgendwo rumstehen, nicht, warum es kein Frühstück gibt, nicht, wo der dritte Wagen unserer eigentlich drei Jeeps großen Gruppe am zweiten Tag ist, um den wir uns langsam Sorgen machen. Wenn unser neuer Freund Rafael, der als Brasilianer des Spanischen mächtig ist, nicht als Dolmetscher fungiert hätte, wir wären aufgeschmissen gewesen. Das war es dann aber schon mit dem Verständnis. Obwohl aus einem Nachbarland kommend, kann Rafael über die Verhältnisse in Bolivien nur lachend den Kopf schütteln. Dabei sind wir in der glücklichen Lage, einen freundlichen, sogar zuvorkommenden Guide zu haben, der ein wenig Spanisch spricht. Der Fahrer, der uns am Nachmittag des vorletzten und Morgen des letzten Tages zurück an die Grenze zu Chile bringt, kann nur Quechua, und Spanisch so gut wie wir. Das ist eine tolle Fahrt, die einsamsten Stunden unseres Lebens. Bis dahin ist aber noch viel Tolles und auch manch Unschönes zu erleben.

GOLD IM MUND, WÜSTENTAUFE UND ZWEI GANZ HARTE JUNGS

Um den zweiten Teil unserer Bolivien-Schilderung so authentisch wie möglich schreiben zu können, sind wir heute Morgen nochmal mit dem Bus von Meereshöhe auf 3.500 Meter gefahren. Zwei Nächte bleiben wir in Putre, einem chilenischen Bergdorf mitten im Dreiländereck Chile-Peru-Bolivien. Und wieder prallen wie bei unserer Bolivientour die Welten aufeinander. Kopfschmerzen, Müdigkeit und Schwindel melden sich wegen der Höhe, wir fühlen uns außerdem verloren, weil unser Gastgeber, der die von Deutschen gebaute Anlage mit schönen Hütten übernommen hat, kaum Spanisch spricht, geschweige denn eine andere Sprache. War wohl nix mit den tollen Tourentipps, die man hier laut Website bekommen kann. Den Menschen verstehen wir sicher nicht und aus dem serviceorientierten Dauergrinsen können wir noch lange keinen Wanderweg ablesen.

Selbst bei der Beschreibung der Touri-Info liegt unser neuer Reiseführer – eines der wenigen Male – falsch. Der Mitarbeiter, den das Südamerika-Handbuch als hilfsbereit, sehr kompetent und Englisch sprechend charakterisiert, ist wohl vor kurzem in Ruhestand gegangen. Seine Nachfolger sind allesamt so clever wie ein ausgestopfter Auerhahn. Karten vom Ort? Fehlanzeige! „Ihr könnt die hier (zeigt auf einen vergilbten Fetzen an der Wand) abfotografieren." Karten von Wanderwegen in der Umgebung? Fehlanzeige! „Ihr könnt die hier (der nächste vergilbte Fetzen) abfotografieren." Dabei befinden wir uns nur wenige Kilometer von einem der angeblich spektakulärsten Nationalparks Chiles entfernt. „Und wie kommen wir dahin?" „Mit dem Auto." „Haben wir nicht, wir sind mit dem Bus gekommen." „Dann per Anhalter." „Noch eine bessere Idee?" „Den Bus nach La Paz nehmen und den Fahrer überreden, am Nationalpark zu halten." „Und zurück?" „Per Anhalter." Touristen für blöd zu verkaufen scheint in dieser Region ein beliebtes Spielchen dies- und jenseits der Grenze zu sein. Wieder stehen wir mit unserem Rat alleine da und stellen uns vor, ihn in die Landschaft zu brüllen: „Wenn Ihr keine Gäste wollt, schreibt es groß an die Busterminals und richtet es den Reiseführern aus, dann bringen wir unser schmales Budget woanders hin!!!"

Wie in diese ganze Geschichte das tolle Restaurant hier in Putre passt, in dem wir gerade – dezent beschallt vom Blues eines Gary Moore – Omelette mit Ziegenkäse und Süßwasseralgen essen, wissen wir nicht. Zivilisation ist wohl eine Frage des Blickwinkels.

Voller Gegensätze sind auch die Landschaften Boliviens. Im warmen chilenischen Putre sitzend gehen wir die drei Tage nochmal im Geiste durch: Mit abgefrorenem Hintern ging es am ersten Tag unserer Jeeptour durch Bolivien hinter der Grenze am 6.000er Vulkan Licancabur vorbei zu in unterschiedlichen Farben schimmernden Lagunas (Bergseen). Die erste, Laguna Blanca, ist noch milchig-weiß, dann kommt die grünlich glitzernde Laguna Verde, dann die in vielen verschiedenen Rottönen strahlende Laguna Colorada. Schon bei der zweiten Laguna reißen sich viele Touristen die Klamotten vom Leib, sie wird gespeist von heißen Thermen, die zu einem Bad einladen, auch wenn es draußen immer noch winzig kalt ist. Das heiße Wasser zeigt uns, dass der gesamte Trip ein einziger Tanz auf dem Vulkan ist, Fahrer Papa Noel weist immer wieder auf dampfende Berge, die alle noch aktiv sind. Den höchsten und heißesten Punkt der Reise erreichen wir noch am ersten Tag bei 4.900 Metern. Wir stehen mitten in einem Geysir-Feld, überall brodelt und sprudelt es. Als wir näher herangehen, sehen wir, dass der Boden in den Löchern tatsächlich kocht und Blasen wirft. Befragt, ob das Gebiet sicher sei, schüttelt Papa Noel nur den Kopf: „Das kann hier jederzeit ausbrechen." Rasend schnell füllte sich unser Jeep wieder, weiter geht es, auch wenn zur Höhenkrankheit und der Querfeldeinraserei von Papa, der gerne mit beiden Händen erzählt, nun auch noch die Schwefelgerüche in der Nase hängen. Bald schon gehen einzelne Besatzungsmitglieder auf Tauchstation und taufen die bolivianische Wüste mit Frühstücksresten.

Eingerahmt sind die Lagunen von einer einzigartigen Bergwelt. Obwohl alles 6000er, trägt kaum einer eine Schneekappe, dafür ist es zu trocken. Auch alpine graue Felsen sehen wir nirgendwo, das Gestein ist eher sandfarben, oft durchzogen von roten, grünen, braunen und weißen Mineralschichten, ein irres Farbenspiel. Wir passieren die „Desierto Dalí", eine Wüste mit bizarren Gesteinsformen, die aussehen, als habe sie eben jener spanische Künstlerwahnsinnige hier in die Pampas geworfen. Erosion hat auch den Piedre del Arbo geformt, heftige Winterstürme mit Sand und kleinen Steinchen haben das weiche Gestein kunstvoll ausgefräst. Was übrig ist, ähnelt an vielen Stellen versteinerten Bäumen.

Zum ersten Mal in unserem Leben übernachten wir auf 4.300 Metern, in einer unbeheizten Steinbaracke, in der sogar das Bettgestell gemauert ist. Sobald die Sonne weg ist, wird es eisig kalt, bis minus zehn Grad. Alle rücken näher zusammen. Gut, dass das Essen gespickt ist von Zwiebeln, die Verdauungsdämpfe sorgen im Sechsbettzimmer für etwas Wärme. Da die Nasen von Trockenheit und Kälte kaputt sind, brennt es nur in den Augen, und die kann man ja auch schließen – aber erst nach einem letzten Blick auf einen atemberaubenden Sternenhimmel. Auf dieser Höhe und ohne Licht von unten ist der Himmel schwarz, die Sterne sind grell wie Scheinwerfer. Wir werden ganz klein und verschwinden fast in unseren Schlafsäcken.

Rotalgen sind das Hauptnahrungsmittel für Flamingos, die wir am nächsten Morgen sehen. Sie sind es auch, die das Gefieder dieser prächtigen Vögel färben. Tausende von ihnen beobachten wir, können uns kaum satt sehen an dem Farbenspiel. Im Vertrauen auf Papa Noels Aussage, dass das „Hotel" an diesem Abend nicht nur – im Gegensatz zur ersten Baracke – eine (!) Dusche hat, sondern sogar eine (!) Steckdose, ignorieren wir die „Akku-leer"-Warnungen der Kamera und knipsen uns einen Wolf. Ein schönes Motiv gesellt sich unversehens zu uns: Papa Noel nimmt im Nirgendwo zwei ältere Männer mit, die ihm glaubhaft versichern, keine Drogenschmuggler zu sein, sondern illegale Grenzgänger. Sie arbeiten schwarz in Chile, können sich den Grenzübertritt nicht leisten (angeblich ist der Reisepass teuer) und sind die vergangenen Tage mal locker das Stück, das wir in 24 Stunden mit dem Jeep gefahren sind, zu Fuß gelatscht. Sie dürfen mitfahren und beweisen nochmal, welch harte Typen sie sind. Denn statt einzusteigen, müssen sie aufs Dach klettern und hängen stundenlang bei Eiseskälte, Sandstürmen und der immer noch herausfordernden Fahrweise von Papa Noel zwischen Gepäck und Benzintanks, die ebenfalls oben mitfahren.

An der Musikauswahl im Jeep ist beginnendes Heimweh zu hören. Rafael und Daniela wünschen sich brasilianischen Bossa Nova, Silvia auf dem Beifahrersitz legt Roland Kaiser, Peter Maffay und Fanta4 auf. Die Laune erreicht ihren Höhepunkt, als wir am Ende der Welt in ein 700-Seelen-Kaff kommen, in dem uns unser ganz aus Salz gebautes „Hotel de Salar" erwartet. Sogar der Boden ist hingerieselt. Vorher setzt uns Papa Noel noch in Lorindas Lädchen ab, dort sei Alkohol günstiger als im Hotel, sagt er. Wir testen peruanisches Quinoa-Bier sehr in Maßen und werden doch schnell froh. Auch wenn Touristen in Bolivien oft wie Vollidioten behandelt werden, scheint doch der ein oder andere davon zu profitieren. So finden wir in dem Laden bis auf das peruanische Bier ausschließlich „Westprodukte" wie Pringels, Maggi, Coca-Cola, Snickers und mehr (und werden in den Tagen darauf feststellen, dass fast alle Läden an der Gringo-Route nur „Westprodukte" anbieten). Wie viel von der angeblich so authentischen Lebensart in bolivianischen ländlichen Regionen übrig ist, beweist Lorinda. Als Daniela sie mit ihrem ipod 4 fotografieren will, da die indianische Bolivianerin sich ein Herz aus Gold in die Vorderzähne hat meißeln lassen, sagt Lorinda, dass sie ein ipod 5 habe, mit einem 4er müsse man ihr nicht kommen.

Der Wecker im Hotel de Salar klingelt am kommenden Morgen um 4.15 Uhr, Abfahrt ist um 5.00 Uhr, das angekündigte Frühstück fällt aus. Warum, weiß nur Pachamama, eine Naturgottheit, der man bei einem gepflegten Besäufnis immer ein Schlückchen überlässt. Von Rafael erfahren wir, dass das in ganz Südamerika üblich ist, nur die Gottheiten seien immer andere. Gesoffen haben alle anderen Jeepbesatzungen, das eine Klo für 40 Leute sieht am Morgen entsprechend aus. Das zweite ist nicht benutzbar, da es halb in der Dusche steht und nach ausgiebigen Wasserorgien am Vorabend ertrunken ist. Der Hotel-Führer mit seiner entsprechenden Frisur und steinernem Gesicht hat durch SEINEN Wunsch des Aufladens der Kamera die eigenen Grenzen erreicht und gibt die Kamera nach der kurzen Nacht leer zurück. Das Gerätchen hat aber Erbarmen mit uns und fotografiert den ein oder anderen Höhepunkt dieses Tages noch tapfer mit. Denn wir erleben einen der schönsten Sonnenaufgänge in der größten Salzwüste der Welt. Größer als Holland ist das Gebiet und man sieht von Horizont bis Horizont nichts als eine glatte weiße Fläche puren Salzes, die die Sonne nun mit jedem Millimeter, den sie steigt, bunter bestrahlt.

FRANZOSEN, SPITZHACKE UND EIN HEILIGER SCHWUR

Zwei ungewöhnlichen Species begegnen wir am Ende unseres Aufenthaltes im Bergdorf Putre. Zuerst vollführt ein Kolibri, während wir am Frühstückstisch sitzen, seine Flugkünste direkt vor unserem Fenster. Wie ein Hubschrauber steht er in der Luft, um einen indianischen Traumfänger zu begutachten und während des Stehendfluges mit seinem langen Schnabel anzuknabbern. Dann begegnen wir einem deutschen Geographen mit Job (!) und zwar sogar in seinem Fachgebiet (!). Außerdem stammt er aus München und interessiert sich trotzdem nicht für Fußball (!), wofür er seinen Eltern nachhaltig Vorwürfe macht. Ob diese kommunikative Krise dafür verantwortlich ist, dass er zuerst im tiefsten Kanada bei einem Staudammbau mitgewirkt hat und nun für eine norwegisch-chilenische Firma eine Stromleitung im chilenisch-bolivianischen Grenzgebiet plant und baut, wissen wir nicht. Es fühlt sich jedenfalls ganz angenehm an, an diesem Arsch der Welt einen Landsmann zu treffen, den genau wie uns die Sorroche (Höhenkrankheit) plagt. Während er mit seinen Kollegen noch höher hinaus muss, genießen wir unsere Sabbatical-Freiheit und fahren wieder runter ans Meer.

Von 3.500 Metern über einen ca. 4 Kilometer hohen Pass in kurzer Zeit auf Normalnull – da sind wir schon froh, dass der Bus ein Mercedes-Benz ist, neu aussieht, dass es nicht regnet und der Fahrer nüchtern (alles gegenteilig zu dem, was man peruanischen Bergbusfahrten ein paar Kilometer weiter nördlich nachsagt). Aber auch diese Straße ist nicht ohne, wie etliche Anzeichen für spektakuläre Unfälle beweisen. In nahem Abstand stehen kleine Sarkophage, die in Südamerika Ausmaße von Kapellchen annehmen können, als Reminiszenz für Verkehrstote. Dazu liegen Auto- und LKW-Wracks oder verbeulte Container bedrohlich am Abhang. Wir können die Abfahrt trotzdem fast genießen, denn die Aussicht ist irre. Ist Putre noch eine grüne Oase am Fuße zweier Vulkane, von einem rauschenden Bach durchzogen, mit bunten Blumen, sogar – auf dieser Höhe! – Bäumen und Oregano-Anbau, holt uns die Wüste auf dem Weg nach unten wieder ein. Sand- und andere mineralische Farben prägen die von Schluchten gespaltene Landschaft, bis zum Horizont steht ein Berggipfel neben dem anderen. Davor kreist ein Kondor. Mit Argusaugen achten wir darauf, dass der Bus in die richtige Richtung fährt, nicht nach La Paz, denn in Bolivien waren wir schon.

Noch einmal blicken wir zurück auf die Zeit dort: In der Salar de Uyuni stieg die Sonne höher und höher und bescheint die größte Salzwüste der Welt mit ihren ersten Strahlen – eine in alle Richtungen fast unendliche Weiße vor immer blauer werdendem Himmel. Schweinekalt ist es noch so früh am Morgen, misstrauisch-deutsch vermuten wir einen großen Schwindel, bestimmt stehen wir auf schnödem Eis statt auf Salz. Der – je nach Konfession – Papst- oder kommunistische Brudertest widerlegt das Misstrauen: Auf die Knie und Zungenkuss mit dem Boden – es ist Salz, wir stehen mitten in einem ehemals riesigen Salzsee, der mangels Wassernachschub von oben heute trocken ist, bis auf drei Monate im Jahr, dann bedecken ein paar Zentimeter H_2O das $NaCl$. Irgendwie zieht einen diese Weite tiefer hinein, schon wenige Schritte weg vom Jeep erfasst uns die Einsamkeit. Kaum zu glauben, dass sich hier immer wieder Radfahrer, unser Guide Papa Noel sagt: „Vor allem Franzosen!", und sogar Wanderer in diese Einöde wagen. Vertreter beider Arten überholen wir an diesem Tag mit dem Jeep. Welch ein Gefühl muss das sein, stundenlang zu radeln oder zu wandern, ohne dass sich ringsherum irgendetwas verändert? Hier wächst kein Baum, nichts zur Orientierung außer den Jeepspuren, die Berge am Horizont zu weit entfernt, als dass sie bei Schrittgeschwindigkeit erkennbar näher kämen. Was die meisten Touristen hier zu psychedelischen Fotos animiert – da das Auge keinen Anhaltspunkt hat, entstehen zum Beispiel Bilder, als trage ein Mensch einen anderen auf dem kleinen Finger –, muss die Einsamen doch zu ganz anderen Horizonten führen. Wo diese während ihrer bis zu drei Tage dauernden Salzwüsten-Durchquerung schlafen, weiß Papa Noel auch: Meistens nur mit dem Schlafsack auf dem Boden. Während Romantiker sicher an unbeschreibliche Sternenhimmel und Sonnenaufgänge denken, erinnern wir uns an den noch dunklen Morgen, als wir der Idylle wegen ohne Licht durch die scheinbare Salzleere gebrettert sind. Mindestens einen doppelten Achsbruch würde hier ein Franzose im Schlafsack verursachen. 2014 war für ein paar Tage Schluss mit „Coucher sous les etoiles", denn dann wurde hier eine Etappe der Rallye Dakar gefahren.

Endgültig wie Jesus auf dem Wasser fühlen wir uns, als plötzlich eine Insel auftaucht, die Isla Incahuasi – „Insel Haus der Inkas" – eine wie ein trocken gefallenes Korallenriff aussehende Oase mitten im Salz. Hier gibt es nicht nur das ersehnte Frühstück, sondern vor allem einen Wald von Kakteen, das höchste Exemplar 19 Meter hoch. Da diese Pflanzen nur 1 Zentimeter pro Jahr wachsen, können Gewiefte ausrechnen, wie alt manche von diesen spitzen Dingern sind (für Rechenfaule ein kleiner Tipp: fast so alt wie der Namensgeber der gleichnamigen Latschen). Unsere Kamera hat längst keinen Saft mehr, da erreichen wir wieder festen Boden unter den Füßen, ein bolivianisches Mittagessen (Nudeln mit Soße und Coca-Cola) wird in einem zum Tourimarkt umfunktionierten Dorf am Rande der Wüste gereicht. Um dem anderen Ende der Versorgungskette zu fröhnen, folgen wir den Schildern zum „Baño". Fehler!! Sauberkeit erwarten wir ja längst nicht mehr, Ekel bis zum Würgereiz gehört hier dazu, aber das geht gar nicht: Hier haben die Toiletten nicht mal mehr Wasserspülungen. Stattdessen steht vor den Schächten ein Bottich mit einer undefinierbaren, aber in jedem Falle widerlichen Flüssigkeit, aus der man sich nach dem Geschäft mit einer Schöpfkelle bedienen soll, um die Hinterlassenschaften ins Erdreich zu feuern. Bei dem Anblick schalten alle unsere organischen Systeme im Bruchteil einer Sekunde auf Verstopfung und etwas verkrampft geht die Fahrt weiter.

Rafael, unser brasilianischer Leidensgenosse, und Papa Noel kommen dabei etwas ins Gespräch über die Größenverhältnisse in ihren Ländern. Denn während in ganz Bolivien 9 Millionen Menschen wohnen, sind es in Rafaels Heimatstadt São Paulo alleine schon 14 Millionen. Wie der bolivianische Presidente Morales die Zahl der Geburten zu steigern gedenkt, ist typisch: Per Gesetz. Wer zu wenige Kinder bekommt, soll mehr Steuern zahlen.

Weiter geht die Fahrt in die der „Salar de Uyuni" ihren Namen gebende Provinzhauptstadt. Von der Bedeutung des über Grundwasser verfügenden und ideal zwischen Bolivien, Peru, Chile und Argentinien liegenden Ortes lange vor den Touristenströmen zeugt ein Bild der Verwesung: Bis zu 200 Jahre alte Dampfloks verrotten hier. Angeblich grüßen Lokführer heute noch bei der Vorbeifahrt mit einem Hupen die ehemaligen Arbeitsgeräte, notiert jedenfalls der SWR, der diesem Friedhof eine Folge der offensichtlich beliebten Reihe „Eisenbahn-Romantik" gewidmet hat.

In Uyuni verabschieden wir Silvia, die ihre Reise in Bolivien fortsetzt und in ihrem Hotel erst nach längerem Suchen tatsächlich eine Toilette mit Wasserspülung findet. Wir verabreden, dass wir in Kontakt bleiben und in ein paar Tagen den Sieger der schlimmsten kommenden 24 Stunden küren. Wir gewinnen haushoch, denn wir hätten besser hinhören sollen, als die Reiseagentur für Uyuni das Ende der offiziellen Tour ankündigt, was danach kommt, sei der Rücktransport nach San Pedro de Atacama, genau, mit dem zweiten Wortteil wie in Viehtransport. Zuerst sieht's gemütlich aus. Offensichtlich benötigt man am Folgetag für die nächsten Bolivienverrückten an der Grenze zwei Jeeps, jedenfalls steckt man uns paarweise in zwei Wagen.

Unser Fahrer sieht aus wie 17, spricht während der Fahrt kein Wort und lächelt nie. Statt dessen ist er sein eigener DJ, spielt jedes einzelne von tausenden Liedern von seinem USB-Stick (!) in dröhnender Lautstärke je zehn Sekunden an, um dann zu wechseln. In den etlichen Stunden Fahrt viele hundert Kilometer querfeldein hören wir höchstens sieben Songs durch. Wenn wir eines dieser Lieder hier in Arica, wo wir nach der halsbrecherischen Abfahrt aus Putre wieder angekommen sind, aus einer Kneipe dröhnen hören, stellen sich sofort wieder Angstschweiß, Magenkrämpfe und Nasenbluten ein, der Körper hat ein Elefantengedächtnis. Es gibt kaum ein Gefühl größerer Verlorenheit, als im Nirgendwo, fernab jeglicher Straße und Zivilisation in tiefster Dunkelheit, von einer völlig fremden Lebensform abhängig zu sein. Auch Daniel und Rafael haben ihren Spaß mit dem Schweiger ihres Jeeps. Der ist nämlich eine fremde Lebensform mit einem Megaschatten. Alle zehn Minuten während der unbeschreiblich langen Rücktour schaltet der das Innenlicht des Jeeps an, murmelt etwas – wohl auf Quechua – und schaltet es wieder aus. Immer und immer wieder.

In tiefster Nacht erreichen wir den Ort Villa Mar, der so hässlich ist wie sein Name schön. Unser Fahrer hält vor einer Baustelle, offensichtlich sind wir da. Es ist wieder (noch?) saukalt, die „Zimmer" haben Garagencharakter, nirgendwo eine Heizung. Der Höhepunkt ist das „Bad", das schlicht und einfach noch nicht fertig gebaut ist, blankes Mauerwerk, in der Kaltwasser-„Dusche" liegt eine halb verrottete Palette, damit man nicht im Matsch steht, die völlig verdreckten Klos haben nicht mal eine Klobrille. Rafael versucht sich nochmal als Übersetzer, aber die Chefin dieses Lochs ist „Mrs. No": „Ofen anfachen?" – „No!", „Bekommen wir was zu trinken?" – „No!", „Haben Sie in diesem Misthaufen von Herberge noch eine benutzbare Klobrille?" – „No!". Stattdessen kocht sie Tütensuppe und -püree auf, und das ist es dann. Wir vermuten, dass Mrs. No von den 220 Dollar, die jeder von uns für diesen Trip bezahlt hat, 2 bis 3 Dollar bekommt und planen in allen (gewaltbereiten) Details das Kritikgespräch mit der Agentur für den kommenden Tag durch.

Der beginnt schon morgens um 4.30 Uhr und schnell sind wir uns sicher, dass auch die Fahrer nicht viel mehr Geld bekommen, geschweige denn Investitionen in die Jeeps getätigt werden. Denn bis tief in die Nacht haben die beiden Helden an den Wagen rumgeschraubt und gehämmert (mit der Spitzhacke auf Reifen und Felge!). Mit zweifelhaftem Erfolg, unser Fahrer muss am letzten Tag der Tour zwei Mal den Reifen wechseln, gut, dass wir dafür auch das Ersatzrad des zweiten Jeeps bekommen. Alle Reifen sind augenscheinlich uralt, Profil Fehlanzeige. Und damit brettern die Jungs und ihr Vieh im Affenzahn durch das bolivianische Geländenichts. Der Höhepunkt: Als wir an der Grenze aussteigen, laden die beiden Schweiger sofort wieder neue Touristen ein und starten die Salar de Uyuni-Tour mit neuen Irren, nach vielleicht vier Stunden Schlaf, ohne Ersatzreifen und mit Spanischkenntnissen so umfassend wie unsere (also Kleinkindniveau).
Mit Tränen der Erleichterung fahren wir wieder den Berg runter nach Chile, auf einer nagelneuen Straße mit Nothaltebuchten alle paar Hundert Meter. Für das erträumte Kritikgespräch mit der Agentur fehlt uns die Kraft, für einen heiligen Schwur reicht sie schon: Von den fast 200 Staaten auf dieser wunderschönen Erde werden wir einen auf dieser Reise ganz bestimmt nicht mehr betreten!

CHAU, CHILE! QUE PASA, QUITO?

Ein Hauch von Frankreich liegt über Arica, unserer letzten Station in Chile und dem peruanischen Tacna, wo wir eine Nacht verbringen, bevor es dann per Flieger weiter geht nach Ecuador – so jedenfalls unser Plan. Ein gewisser Gustave Eiffel (eigentlich Gustave Bönickhausen, dessen Vorfahren aus der Eifel stammten), dem man ja schon den Turmbau zu Paris nachsagt, hat hier einige Gebäude errichtet, unter anderem die Kathedrale von Arica. Der peruanische Präsident – die Stadt gehörte damals noch zu Peru – hatte den Stahl-Architekten eingeladen, da eine Tsunami-Welle in den 1870er Jahren alle herkömmlich errichteten Kirchen Aricas zerstört hatte. Ob Metall besser hält, ist noch nicht erwiesen, seitdem gab es hier im Norden Chiles kein großes Erdbeben mit Riesenwelle mehr, aber alle warten, wie wir aus Gesprächen in hiesigen Cafés wissen, auf den „Big Bang" (und geben uns gleich ein paar Verhaltenstipps für den Fall der Fälle mit auf den Weg: „Ab auf den El Morro, den Hausberg Aricas!").

Mit einem leckeren Fischessen in einem Restaurant am Hafen – die Fischerboote, riesige Seelöwen und Pelikane nur ein paar Liter Meerwasser entfernt – beschließen wir unsere fast sechs Wochen dauernde Reise durch Chile. Schon länger ahnen wir, dass unser „Chau, Chile!" im wahrsten Sinne des Wortes „Auf Wiedersehen, Chile!" bedeutet. Zu viele schöne Ecken konnten wir ohne Mietwagen gar nicht besuchen, für andere hatten wir trotz der sechs Wochen viel zu wenig Zeit oder Muße. Da hilft nur, irgendwann mal wiederzukommen. Durch puren Zufall haben wir aber gestern unsere Reiselust exponentiell steigern können. Per gelangweiltem Klicken durch die ARD-Mediathek sind wir auf die uns bisher nicht bekannte TV-Serie „Weltreisen" gestoßen – inklusive vier Folgen, die exakt zu unserer Route passen, eine zum Seelenleben der USA, zur heimlichen Kaffeehauptstadt der Vereinigten Staaten, Portland, zur Wildnis Kanadas und zur Eisenbahn Ecuadors. Solche Zufälle machen die Magie einer Weltreise aus.

Von Medellin nach Kabul und dazwischen vier Kopfkissen

Kolumbien hat uns wider Erwarten richtig gut gefallen. Kolumbien? Stimmt, Kolumbien stand nicht auf unserer Reiseroute. Erst recht nicht die angeblich schillernde Drogenhochburg Medellin, in der wir dann im wahrsten Sinne des Wortes gelandet sind. Eigentlich sind wir ja auf dem Weg nach Quito. Aber das ist eine lange Geschichte, und die beginnt mit einem morgendlichen Weckerklingen in Arica, im Norden Chiles. Nach einem Frühstück im Hostal Chiloe, in dem wir nach der Rückkehr aus Putre fünf Tage gewohnt und mit dessen Chefin wir uns dann trotz zahlreicher Sprachschwierigkeiten (Stichwort „No-Entiendo-Blick") und mit Hilfe von Alfajores (Süßigkeiten) angefreundet haben, nehmen wir ein Taxi zum internationalen Busterminal, um über die Grenze nach Peru zu fahren.

Zuerst stellen wir uns dazu an einem Ticketschalter an und kaufen Busterminal-Benutzungstickets im Wert von ein paar Euro-Cent. Dann müssen wir uns entscheiden: Links stehen die Busse, die für 2.000 chilenische Pesos pro Person (3,20 Euro) in 2,5 Stunden nach Tacna in Peru fahren, rechts die so genannten Collectivos, die das Ganze in 1,5 Stunden, aber für 3.000 Pesos erledigen. „Zeit ist Geld" denken die Deutschen und nehmen ein solches Collectivo, große alte Limousinen amerikanischer Bauweise (meist Buick, Chevrolet oder Ford), in denen hinten drei Personen Platz nehmen und vorne inklunsive Fahrer ebenfalls drei sitzen können. Der Senor Conductor nimmt erst mal die Reisepässe an sich, im Büro erledigen dann seine Kolleginnen die papiernen Formalitäten für den Grenzübertritt. Prompt wird aus dem Westerwälder ein in Alemania geborener Chilene, was aber zu keinen diplomatischen Verwicklungen führen wird, Leute aus dem Wald sind flexibel.

Mit weit geöffneten Fenstern, dem melodischen Gejaule des Kolumbianers Galy Galiano, den zwecklosen Versuchen des Fahrers, seine Rockermähne mithilfe aller zur Verfügung stehenden Spiegel zu bändigen und immer (!) mindestens (!) doppelt so schnell (!) wie erlaubt geht es die rund 70 Kilometer nach Tacna. An beiden Grenzstationen verlassen alle den Wagen, begegnen den wie immer geübt böse dreinblickenden Grenzern mit ausgesuchtester, fast schon wienerisch-hansmoserischer Freundlichkeit und steigen wieder ein. Bei der Einreise nach Peru hätten die Deutschen ihr Gepäck mitnehmen sollen, was – zu spät bemerkt – den rasenden Tross etwas aufhält. Der Zwangspause begegnet der Fahrer mit dem meist geglückten Versuch, immer (!) mindestens (!) dreimal schneller (!) zu fahren, als es erlaubt ist. Dabei können wir uns an ein für den nördlichen Teil Südamerikas offensichtlich typisches Geräusch gewöhnen, das uns seither im Straßenverkehr begleitet: Andere Verkehrsteilnehmer, ob schneller oder langsamer, stärker oder schwächer, größer oder kleiner, werden an-, weg- oder niedergehupt.

Nur ein Geräusch übertönt das Ganze noch: Das Gepfeife der nach unseren bisherigen Recherchen zu fast 80 Prozent weiblichen Verkehrspolizisten. Sie sehen grenzüberschreitend gleich aus, sicherlich von einem James-Bond-Gegenspieler aus reiner Fiesigkeit geklont, adrett bis in die Haarspitzen, mit Uniformen, dagegen ist die Schweizer Garde ein Lumpentrupp, mit dem nicht mal die Schmuddelkinder spielen.

Tacna ist die einzige Freihandelszone Perus und entsprechend reich. Ein Schönheitssalon reiht sich an das andere Dentallabor und umgekehrt. Halb Chile fährt hierher, um sich an verschiedenen Stellen richten zu lassen. Ein mondäner Platz in der Stadtmitte wird geprägt von einem Triumphbogen, an dem, wie üblich in Südamerika, irgendwelchen aufgeplusterten Generälen gehuldigt wird. Sowohl beim Bau des danebenliegenden Brunnens als auch der benachbarten Kathedrale hatte wieder Gustave Eiffel seine Finger im Spiel. Wir streifen durch die Gassen und freuen uns über die Freundlichkeit der Menschen, auf der Straße, auf dem Markt, im Restaurant – ein großer Unterschied nochmal zu den Nordchilenen, die schon deutlich netter sind als die meisten Argentinier, die wir erlebt haben.

Zuerst essen wir ein peruanisches Menu del Dia (Tagesmenü mit drei Gängen) für schmale 3,20 Euro, danach wieder schlendernd noch ein „Snickers Mandel". Alles geht gut, wir erwischen offensichtlich keinen der vielen falschen peruanischen Geldscheine (Falschgeldquote = 10 Prozent!), werden nur selten angebettelt und müssen keinem Hundekot ausweichen. Hier gibt es keine Straßenköter, so dass wir uns im Vergleich zu Chile fast schon einsam fühlen und den ersten freilaufenden Kläffer mit großem „Hallo" begrüßen. Er beachtet uns nicht mal. Das Schild „Münchner Bräuhaus" lassen wir links liegen, der Laden hat leider noch zu. Dafür ist das einem Deutschen gehörende „Cafe Zeit" offen, in dem wir ein peruanisches Bier genießen, stilecht aus dem Flensburger-Kühlschrank und auf einem Warsteiner-Bierdeckel. 15 Euro pro Person kostet uns die Übernachtung in dem guten Innenstadt-Hotel „Copacabana", in dem sich uns am Abend schon der Taxifahrer persönlich und mit Handschlag vorstellt, der uns am kommenden, frühen Morgen (6.15 Uhr) zum Flughafen Tacna bringen wird. Von dort soll es zuerst nach Lima gehen, danach weiter nach Quito.

Der erste Flug verläuft reibungslos. Lima präsentiert sich uns aus der Luft, wie wir es uns vorgestellt haben, als ziemlicher Dreckmoloch. Gut, dass wir direkt weiterfliegen, auch wenn uns der Flughafen fast schon heimatlich vorkommt (sogar mit Starbucks). Dass wir am Abend wieder in Lima sein und dort übernachten würden, ahnen wir beim Start wirklich nicht. Der zweistündige Flug nach Quito, das auf fast 2.800 Metern liegt, ist gesichtsweißend rumpelig, wir queren die mehr als 6.000 Meter hohen Anden, über die sich nochmal riesige Wolkenberge türmen. Dann die Erlösung, der Pilot meldet für Quito blauen Himmel und 19 Grad, um dann nach 30-minütigem Kreisen zu korrigieren, dass er wegen schlechten Wetters nicht landen kann und seinen Flug nach Medellin in Kolumbien fortsetzt. Dazu muss man wissen, dass Quito bis Februar 2013 einen der gefährlichsten Flughäfen der Welt hatte. Passagiere konnten beim Landeanflug den Menschen in den Hochhäusern beim Mittagessen auf den Teller schauen, so eng war das. Viel später als geplant (Wowereit hatte damit aber nichts zu tun, und das ist gut so) wurde der neue Airport eröffnet, leider ist der extrem nebel- und windanfällig. Wir glauben dem Capitano also und fliegen mit in die Deutsche-werdenentführthochburg. Und kommen aus dem Staunen nicht mehr heraus, beim Landeanflug sieht es aus wie im Schwarzwald, grüne Wiesen, üppige Wälder, gemauerte Häuser, ein traumhafter Anblick nach den vergangenen Wüsten- und Bretterbudenwochen. Kaum gelandet, bricht ein teutonisches Unwetter los, wir verstehen im nagelneuen Flughafengebäude kein Wort, nur dass es in zwei Stunden nach Quito zurückgehen werde.

Auch wenn der einzige Nahrungsmittelladen in diesem Terminal keine Karten nimmt, werden wir satt, ein paar Notdollar, die wir seit Neuseeland in Geheimtaschen mit uns schleppen, retten uns vor dem Verhungern. Um 18.00 Uhr fliegen wir wieder nach Süden, nach 30 Minuten Kreisen über Quito sagt der Pilot, dass der Flughafen jetzt geschlossen ist und er zurückfliegt nach Lima. Daraufhin bricht eine typisch südamerikanische Revolte los, die in Europa jeden Skymarschall auf den Plan gerufen hätte, Stewardessen werden beschimpft, auch die Mutter des Piloten wird immer wieder erwähnt. Hintergrund ist, dass dieser Flug eigentlich die Route Lima-Quito-Medellin-Quito-Guayaquil hat, und keiner versteht, warum der Pilot nicht in die ecuadorianische Hafenstadt ausweicht. Zudem kursiert die später verifizierte Nachricht, dass viele andere Flieger an diesem Nachmittag in Quito gelandet sind. Wir sind uns mittlerweile sicher, dass der Pilot beim Hinflug wegen des Wetters Sorge hatte, Medellin nicht mehr anfliegen zu können und dann lieber Quito ausgelassen hat. Beim Rückflug ist der Airport dann tatsächlich zu, der Pilot will aber unbedingt nach Lima, weil die Fluglinie LAN dort Möglichkeiten hat, ein Flugzeug voller genervter Lang- und Kurzzeit-Touristen sowie Geschäftsleute stilvoll unterzubringen.

Um 21.00 Uhr landen wir dann in der Stadt, in der wir eigentlich nicht sein wollen, werden von einer LAN-Mitarbeiterin wie die Schafe eingesammelt, durch den Flughafen geführt und in Touristen-Busse (Marke „Bruce"!) in die Innenstadt geladen. Wir erinnern uns an die Warnung des Reiseführers, auf keinen Fall abends oder nachts mit einem solchen Gringo-Shuttle in die Innenstadt von Lima zu fahren, da diese oft gestoppt und ausgeraubt werden. Weil es aber unser Glückstag ist, passiert nix, und wir landen im unverschämt, pervers luxuriösen 5-Sterne-Sheraton in Lima-City. Um Mitternacht erwartet uns ein fürstliches Essen, an dem selbst die geübteste Buffet-Fräse gescheitert wäre. Wir sind so voller Adrenalin, dass wir uns sogar 2 Heineken für je 7 US-Dollar leisten und fallen in riesige Betten mit Federdecken und jeweils vier Kopfkissen. Leider können wir die nur ein paar Stunden genießen, denn bevor wir alle Telefonkabel aus der Wand reißen können, klingelt eines uns zum opulenten Frühstück und zur Abfahrt zum Flughafen heraus. Ein zweiter Kaffee im Starbucks, ein Stuhlgang in einer bemerkenswert sauberen Airport-Toilette und dann ist es das wirklich gewesen, Lima! Dieses Mal geht alles glatt, wir landen mit 24 Stunden Verspätung in Quito. Wir schwören uns, dass, wenn wir auch diese Stadt überleben, wir bereit sind für Urlaube in Mexiko-City, Caracas, Grosny und Kabul.

Die *ZEHN* besten Musikentdeckungen der Reise

Attaque 77 *(Tipp unserer Gastgeber im Hostel „Nakel Yenu Posada Patagonica", El Calafate, Argentinien)*

Bersuit Vergarabat *(ebenso)*

Del Barber *(gehört live in Jasper, Kanada, Juli 2013)*

Alejandro Filio *(Tipp einer Gastwirtin in Villa Traful, Argentinien)*

Fleet Foxes *(gehört in einem Café, Michigan Avenue, Chicago)*

Gospel Favorites *(live vor dem ersten Starbucks-Café der Welt, Seattle, USA, Juli 2013)*

Paul Kelly *(Empfehlung der Gastgeber in Summertown, Australien)*

Maná *(per Zufall im La Posta Hostel, Ushuaia, Argentinien)*

Danny Michel *(gehört live in Vancouver B.C., Kanada, Juli 2013)*

The Littlest Birds *(gehört in ihrer Hütte, Bishop, USA)*

„NOTRE DOM" IN QUITO UND EINE REISE FREI NACH JOHNNY CASH

Nur in einer Hinsicht ist Quito langweilig: Jeden Tag des Jahres geht die Sonne gegen 6.00 Uhr morgens auf und gegen 6.00 Uhr abends unter, Eintönigkeit, die der nahe, für das Land namensgebende Äquator bedingt. Damit hat es sich aber schon mit Langeweile. Quito ist die spannendste und gleichzeitig aufgeräumteste, schönste und bestorganisierte Großstadt, die wir in Südamerika besucht haben. Es gibt sogar Citybikes, Nobelläden wie Dior, moderne Gebäude von Weltfirmen und ein Stadtlogo, das nach den verschiedenen Verwaltungsdisziplinen wie Sicherheit, Verkehr, Wasserversorgung etc. thematisch angepasst ist. Das schafft so manche deutsche Großstadt nicht. Wir wohnen im modernen Teil Quitos, in der deutsch-schweizerischen Casa Helbling, unüberhörbar geprägt von einem Schwarzwälder, der uns mit entsprechendem Dialekt und viel Charme willkommen heißt und mit vielen wertvollen Tipps füttert.

Die gelten zuallererst der Sicherheit, denn Quito und ganz Ecuador sind längst nicht mehr die „Insel des Friedens in einem Meer der Gewalt", wie man hier früher immer betonte. Im Gegenteil, das wirklich schöne Quito kann hässlichste Fratzen zeigen oder, wie es im Casa Helbling heißt: „Vor allem abends und nachts kommen hier die Ratten raus." Nach 18.30 Uhr sollen wir selbst kürzeste Strecken nur mit dem Taxi fahren, auch tagsüber leere Seitenstraßen meiden und bis auf ein bisschen Geld und die Reisepasskopie in der Hosentasche alles im Casa-Safe lassen. Nicht mal ein Rucksack oder eine Handtasche sind angeraten, stattdessen höchstens eine nicht repräsentative Plastiktüte. Das soll nicht nur vor Trickdieben schützen, sondern auch vor den nicht seltenen (bewaffneten) Überfällen, dem Express-Kidnapping (Die Räuber fahren die Opfer von Geldautomat zu Geldautomat, bis die Kreditkarte nichts mehr hergibt) und den Angriffen mit Ketchup, Senf oder Fäkalien, um dann beim Säubern die Taschen zu lehren. Das kennen alte Opfer-Hasen ja aus Buenos Aires, lustig war es nicht.

Ein Blick in die Sozialstatistik zeigt die Gründe: 10 bis 15 Prozent der Bevölkerung verdienen mehr als 50 Prozent des Geldes. Mehr als die Hälfte der Bevölkerung ist als arm zu bezeichnen, 10 Prozent leben am Rande des Existenzminimums. Ob sich das ändert, ist ungewiss, denn auch in der Schulbildung zeigt sich, wie weit die Schere auseinandergeht. 30 Prozent haben Universitätsabschluss, knapp 20 Prozent einen Hauptschulabschluss, ganze 50 Prozent haben keine nennenswerte Schulbildung. Auch wenn es so viele Bettelarme gibt, sehen wir kaum Bettler auf den Straßen. Vielmehr versuchen alle Ehrlichen, irgendwie durch Dienstleistung und Handel zu Geld zu kommen. Vor allem Obst und Gemüse – frisch oder geröstet – werden alle paar Meter angeboten, zum Teil unter Einsatz des Lebens. Wir beobachten einen Rollstuhlfahrer mitten auf einer dreispurigen Schnellstraße, der bei roter Ampel Ware verkaufen will. Springt die Ampel auf grün, versuchte er, einfach nur zu überleben, mit Erfolg, jedenfalls solange wir ihm zusehen. Schuhputzer gehören zu den zahlreichsten Dienstleistern im Stadtbild, am Cleversten finden wir die Dame, die sich einen Drucker-Kopierer gekauft hat und damit auf dem Bürgersteig einen Kopierservice anbietet.

Neben der Kriminalität hat Quito zwei weitere Seiten, an die sich der Gast gewöhnen muss: Erstens die Höhe, 2.800 Meter merkt man dann doch schon, gerade am Anfang. Zweitens eine furchtbare Luft. Die Stadt leidet unter permanentem Stau, lange nicht alle Wagen haben Katalysator, die Busse und LKW keine Filter. Letztere blasen dunkle schwarze Wolken aus, dass einem im wahrsten Sinne des Wortes schlecht wird. Dazu liegt Quito trotz der Höhe in einem Kessel, die Berge drum herum sind bis zu 6.000 Meter hoch, die Abgase ziehen also kaum von dannen. Trotzdem mögen wir die Stadt, ein bisschen haben wir uns sogar in sie verguckt. Selbst das neue Quito hat richtig Charme, prachtvolle Gebäude, mal wie Bürgerhäuser, mal kleine und große Villen, dazu beeindruckend moderne Hochhäuser. Haben sich Nebel und Abgase doch einmal verzogen, blickt man auf herrliche grüne Hügel und Berge, mit üppigen Feldern und sattem Wald. Nach dem staubtrockenen Nordchile fühlen wir uns fast wie zu Hause. Wie lange wir schon fern der Heimat sind, merken wir, als wir uns über Regentropfen freuen, denn die letzten Regenwolken haben wir, außer beim Fehlflug nach Medellin, vor vielen Wochen gesehen. Hier sind sie an der Tagesordnung, schließlich ist gerade Regenzeit (eine der beiden „Jahreszeiten" Ecuadors, das fast immer frühlingshafte Temperaturen hat).

Das nasse Wetter kann durchaus heftig sein, treffen doch genau vor der Küste Ecuadors der warme Nordstrom El Niño und der kalte Humboldtstrom aus dem Süden zusammen. Der Regen ist teils so stark, dass die Küstenregionen immer wieder katastrophal überflutet werden. Davor sind wir hier gefeit, dafür droht eine ganz andere Gefahr: Das kleine Ecuador zählt 70 Vulkane, von denen fast 20 aktiv sind und jederzeit ausbrechen können. Wo viele aktive Vulkane sind, ist die seismische Aktivität meist hoch. Zahlreiche Erdbeben haben Quito und andere Städte in der Gegend in früheren Jahrhunderten verwüstet. Das nächste heftige Gerüttel darf unserer Meinung nach gerne noch etwas warten. Wer uns nicht kennt, mag uns angesichts der Reiseroute sowieso für Vulkanologen oder Erdbensucher halten. Der allergrößte Teil unserer Tour verläuft entlang des „Ring of

Fire", der seismisch und vulkanisch aktivsten Region der Erde: Ostaustralien, Neuseeland, der komplette Westen Südamerikas, der Westen Nordamerikas. Erst wenn wir uns in Kanada ostwärts bewegen, ist Schluss mit Johnny Cash. Wahrscheinlich werden wir dann von einem Bären gefressen.

Viele Menschen kommen wegen der kolonialen Altstadt nach Quito. Sie ist UNESCO-Weltkulturerbe und voller prächtiger Häuser und Plätze, Galerien, Paläste, schön restaurierter Gässchen, die älteste aus der Gründungszeit der Stadt 1534 und vor allem sakraler Bauten. Wir wähnen uns fast in Rom, über so viele Kirchen und Klöster stolpern wir, zum Teil voll mit fast schon blendendem Prunk. Die Assoziation ist nicht so weit hergeholt, wollten die spanischen Eroberer in Quito doch „ihre eigene Projektion europäischen Kulturgutes verwirklichen", wie es in einem Reiseführer heißt. Die Voraussetzungen sind sehr gut, Klima und Umgebung fruchtbar, dazu etliche Steinbrüche in unmittelbarer Nähe und vor allem die Kunstfertigkeit der in der vormaligen nördlichen Provinzhauptstadt des Inkareiches lebenden Indios und Mestizen ist hoch. Fast 30 Gotteshäuser waren im 16. Jahrhundert in Quito gleichzeitig im Bau. Zahllose katholische Missionare unterschiedlicher Provenienz kamen aus Europa nach Ecuador und bildeten die begabtesten unter den Eingeborenen in einem noch heute deutlich erkennbaren religiösen Kunststil aus, der so genannten „Escuela Quitena", also der Quito-Schule. Sie ist geprägt von „einer Symbiose aus christlichen Idealen, griechisch-römischen Stilelementen, barocken Schnörkeln und indianischer Kreativität" (Danke an den Michael-Müller-Reiseführer Ecuador).

Uns ist das alles einerseits viel zu schwer, die letzten Tage Jesu wie ein Horrorfilm, dazu viel zu erleuchtend, irgendwie hat sich dann doch der Sonnengott der Inkas eingeschlichen. An wieder anderer Stelle ist es nur ganz furchtbar kitschig, wie ein Jesus am Kreuz, der neon-grün angestrahlt ist. Last but not least wird der sehr persönliche Heiligenkult dann gerne auch politisch genutzt, ein General ist in einer Kathedrale reliquiengleich aufgebahrt, darüber steht „Götter sind unsterblich". Neben einem Altar finden wir eine Nachbildung des Schwertes des südamerikanischen Befreiers Simon Bolivar. Unchristlich lachen müssen wir, als wir in einer Basilika eine Muttergottesfigur mit dem traditionellen Indiohut, der auch Charlie Chaplin gut gestanden hätte, sehen. Wie viel Freude ecuadorianische Künstler und Architekten noch heute am Mixen haben, zeigt die die Stadt überragende Basilica del Voto Nacional, die wir kurzerhand „Notre Dom" taufen. Denn die nach über hundert Jahren Bauzeit in den 1990er Jahren fertig gestellte Kirche erinnert nicht nur uns an eine Mischung aus Notre Dame in Paris und dem Kölner Dom.

Jetzt hat es uns gepackt, das Jauchsche Fieber. Daher an dieser Stelle eine kleine Fragestunde zu unseren Erlebnissen in Ecuador. Die Antworten, garniert um ein paar Geschichten, gibt es im Folgekapitel.

?Warum binden sich die männlichen Fischer des ecuadorianischen indigenen Stammes Wuaorani ihr bestes Stück auf den Bauch?

?Was ist falsch am Äquator-Monument „Mitad del Mundo", rund 20 Kilometer nördlich von Quito?

?Was ersetzt in einem originalen Schrumpfkopf den vorher entfernten Schädelknochen mitsamt Hirn?

?Was fehlt den meisten Ecuadorianern am Mittag des 21.3. und des 23.9.?

?Drehen Wirbelstürme auf der ganzen Welt in die gleiche Richtung?

?Wiegt der Mensch auf dem Äquator bzw. in Äquatornähe im Vergleich zu anderen Regionen mehr, weniger oder gleich viel?

?Kann man auf dem Äquator ein rohes Ei aufrecht auf einen Nagel stellen?

?Was haben Meerschweinchen am Äquator mit Gänsen im alten Rom gemeinsam (Die Frage hat nix mit Essen zu tun!)?

?Die meisten durch Straßenhändler in Überlandbussen Ecuadors verkauften Leckereien bestehen aus Kartoffeln, Erdnüssen, XXXX und XXXX?

?Welche Filme werden in diesen Bussen gezeigt: Romantisch-erotische Filme, gerne mit viel Haut; Musik- und Musicalfilme, gerne in voller Lautstärke; Action- und Raserfilme, gerne mit Bus- und LKW-Unfällen?

?Wogegen hilft angeblich das Mittel „Formula 1", das ein Straßenhändler den bettelarmen indigenen Bergbauern auf der Busfahrt von Alausí nach Riobamba für 5 Dollar das Fläschchen andrehen will?

?Woran erinnert der Kopfschmuck, den die indigenen Frauen und Männer in der Andenregion rund um die Stadt Alausí tragen: an einen deutschen Jägerhut, eine Melone á la Charlie Chaplin, einen Cowboyhut Marke John Wayne oder eine Baskenmütze?

?Was essen Alausíaner am Liebsten zum Frühstück: Eine Art Brioche, am liebsten in Ziegenmilch getunkt, eine Art Fladenbrot, gefüllt mit Gemüse und Fleisch oder eine Art Hühnerfrikassee mit Reis?

?Was hängt an der Hauptstraße Alausís an einem Mast und was macht es?

?Was ist das Besondere an der 12 Kilometer langen Zugstrecke Alausí – Sibambe von „Tren Ecuador" rund um die Teufelsnase „Nariz del Diablo"?

?Auf welcher Höhe liegt die Gipfelstation der Kabinenbahn Quitos, von der aus wir zur höchsten Bergwanderung unseres Lebens aufgebrochen sind?

?Welcher Ingenieurskunst müssen wir bei der Fahrt vertrauen: der deutschen, der französischen, der spanischen oder der US-amerikanischen?

?Wie heißen Feuerwehrleute fast überall in Südamerika: Aquanos, Fuegos, Borrados oder Bomberos?

CORIOLISEFFEKT, HARNRÖHRENWANDERER UND BOMBENLEGER

Fragen über Fragen. Die Antworten kommen aus Panama City, das eine spannende Mischung aus US-amerikanischem und lateinamerikanischem Stil bietet. Die Stadt wächst und gedeiht. Der gleichnamige Kanal, der seit 1914 die Umfahrung von Kap Horn überflüssig macht, bringt mächtig viel Geld nach Panama, ein Bank-Hochhaus reiht sich ans andere. Mittlerweile fließen offensichtlich auch Balboas (Panamas Währung nach dem Nationalhelden, der Anfang des 16. Jahrhunderts das Land durchquerte und hier als erster Europäer den Pazifik entdeckte) in die Restaurierung der wunderschönen Altstadt. Sie hat sich gerade in den vergangenen drei, vier Jahren völlig – zum Positiven – verändert. Das weiß SIE, die vor wenigen Jahren schon mal da war, aus eigener Anschauung. Aber zurück zu den Fragen und Antworten, mit denen wir das Kapitel Südamerika für diese Reise abschließen.

!Die Wuaorani-Fischer binden ihr bestes Stück hoch, da im Dschungelwasser ein Parasit lauert, der – vom Uringeruch angezogen – den umgekehrten Weg nimmt, sich über die Harnröhre in das Gemächt wühlt, sich dort einnistet und an allem, was er so findet, rumknabbert. Wenn überhaupt, lässt er sich nur noch operativ entfernen. In einem Museum in Ecuador haben wir ein zeigefingergroßes, ausgestopftes Exemplar des Parasiten gesehen. Den möchte niemand auf Wanderschaft in der Harnröhre und anderen Regionen down under haben. Daher gibt es eine wichtige Devise für alle Müssenden im Amazonas-Dschungel: „Don't pee in the water!"!

!Noch so viele schöne Striche und Himmelsrichtungen auf dem Boden machen es nicht richtiger: Das von viel Tam Tam und Nippesläden umgebene Äquator-Monument steht nicht auf dem Äquator. Der verläuft, wie moderne GPS-Messungen ergeben haben, 180 Meter weiter nördlich. Gut, dass es dort ein kleines privates Museum gibt, in dem man viel über Parasiten, den Äquator und mehr lernen kann!

!Den Schädelinhalt ersetzt beim Schrumpfkopf ein Stein. Einige indigene Stämme stellen übrigens heute noch Schrumpfköpfe her. Die der Feinde kommen auf Lanzen, die von hoch stehenden Persönlichkeiten des eigenen Stammes werden um den Hals getragen. So haben wir den geschrumpften Kopf einer vor wenigen

Jahren verstorbenen Frau gesehen, der so gut geraten war, dass jeder, der die Frau kannte, sie hätte wiedererkennen können!

!An den beiden Tagen um Punkt 12 Uhr mittags fehlt den in Ecuador lebenden Ecuadorianern (ein paar Millionen leben im Ausland, vor allem in den USA und Spanien) der Schatten, die Sonne steht senkrecht über ihnen!

!Die Erde dreht sich überall in eine Richtung, nach Osten. Da sie aber keine echte Kugel ist, sondern am Äquator den größten Umfang hat, entsteht der Corioliseffekt. Luftmassen über dem Äquator legen in 24 Stunden fast 40.000 Kilometer zurück, sind also fast 1.800 km/h schnell. Luftmassen weit entfernt vom Äquator, beispielsweise über Deutschland, sind nur rund 1.000 km/h schnell, legen in 24 Stunden also 24.000 km/h zurück. Luftmassen über den Polen bewegen sich kaum, stehen fast. Trifft nun die sehr schnelle, aus den Tropen auf der Nordhälfte in Richtung Norden und auf der Südhälfte in Richtung Süden abfließende Äquatorluft auf die lahmarschige Polarluft, drehen sich die Luftmassen umeinander, drehende Stürme (Wirbelstürme!) entstehen und zwar die südlichen im Uhrzeigersinn und die auf der Nordhalbkugel gegen den Uhrzeigersinn. Das lässt sich natürlich schwer simulieren, aber im Äquatormuseum konnten wir sehen, dass das Wasser, das man auf dem Äquator aus einem handelsüblichen Waschbecken ablässt, nicht rotiert, es rauscht schnurstracks nach unten!

!Auf dem Äquator wiegt ein Mensch bis zu einem Kilo weniger als sonst, da die Entfernung vom Erdmittelpunkt sehr groß und die Erdanziehung entsprechend gering ist. Wer ohne Diät noch weniger wiegen will, dem sei ein Ausflug auf den Mond empfohlen!

!Ja, man kann auf dem Äquator ein rohes Ei auf einen Nagel stellen, wir haben es mit eigenen Augen gesehen. Keine Ahnung, wie es funktioniert!

!Genau wie Alarm schlagende Gänse 400 vor Christus die Römer vor einem gallischen Angriff warnten, nutzten und nutzen indigene Stämme aus dem ecuadorianischen Hochland Meerschweinchen (hier heißen sie: Koi) als Warntiere. Betritt ein den Bewohnern böse wollender Mensch ein Haus, sollen die hoch sensiblen Tierchen ein warnendes „Koi, Koi, Koi"-Geschrei anstimmen!

!Die Straßenhändler verkaufen vor allem Kartoffelchips, geröstete und gesalzene Erdnüsse, aber auch welche mit Sesam oder im Teigmantel. Sie verkaufen aber noch viel mehr süße, salzige oder pikante Bananenchips (aus den in Europa wenig bekannten Kochbananen) und geröstete Saubohnen. Letztere im Bus zu kaufen und zu verzehren, ist saudämlich, haben sie doch auf mitteleuropäisches Gedärm eine ähnliche Wirkung wie Glaubersalz!

!Unabhängig vom Land laufen in südamerikanischen Langstreckenbussen fast immer und überall brutalstmögliche Actionfilme, am Liebsten die mit spektakulären und blutigen Bus- und LKW-Unfällen!

!Das Mittelchen sollte gegen Arthritis helfen, und der Verkäufer war ein ganz ausgebuffter Klinkenputzer (Direktmarketing vom Feinsten…)!

!Der Hut der indigenen Bevölkerung (Männer und Frauen!) rund um Alausí sieht aus wie der Hut deutscher Jäger, verziert mit einer Pfauenfeder!

!Die Herrschaften schaufeln sich tatsächlich frühmorgens so etwas wie Hühnerfrikassee rein, aber wir haben Gott sei Dank ein Café mit ordentlichem „Desayuno" gefunden!

!Auf jeder Seite der Hauptstraße hängt in einem kleinen Holzkasten ein Wählscheibentelefon wie aus Omas Wohnzimmer. Hin und wieder klingelt es auch und wie selbstverständlich geht der ein oder andere eingeborene Passant dran (das haben wir uns nicht getraut…)!

!Die Zugstrecke ist eine von weltweit zwei Zick-Zack-Strecken. Der Zug fährt vorwärts in ganzer Länge über eine Weiche, dann springt der Maschinist ab, stellt die Weiche um und rückwärts geht es weiter bis nur nächsten Weiche und so weiter. Nur so kann der Zug auf wenigen Metern viele hundert Höhenmeter rund um den Nasenberg überwinden. Die Route ist eine der schwierigsten Zugstrecken der Welt, beim Bau vor über hundert Jahren sind einige tausend Arbeiter ums Leben gekommen. Ecuador belebt das Bahnwesen im Land derzeit wieder, vor allem aus touristischen Gründen. In seinen Anfängen war die Bahn ein wichtiger Aspekt für die Landesidentität. Erst durch Züge wurden die Teile des aus vielen verschiedenen Landschaften und sich den dortigen Gegebenheiten anpassenden Kulturen bestehenden Staates Ecuador (Dschungel, Hochanden, Küste) miteinander verbunden, man lernte sich kennen!

!Quito liegt auf über 2.800 Metern, die Talstation der Kabinenbahn liegt auf rund 3.000 Metern, die Fahrt endet bei 4.100 Metern! Von dort wollen wir den 4.700 Meter hohen Rucu Pichincha besteigen, müssen aber wegen einsetzenden schlechten Wetters bei rund 4.500 Metern umkehren. Es ist dennoch die höchste Bergwanderung unseres Lebens, was spektakulärer klingt als es ist. Die Landschaft sieht aus wie in Deutschland oder Österreich auf 1.000 Metern. Wo in Europa nur noch nackter Fels ist oder gar nix mehr – der Mont Blanc hat „nur" 4.810 Meter –, sind hier Felder und blühen schönste Blumen. Ohrensausen und Übelkeit erinnern uns an die schwindelerregende Höhe. Aber wie das dann immer so ist: Wir überleben gerade so, da kommt uns ein Trupp lächelnder Bergläufer entgegen, die offensichtlich die nächste Eigenbluttherapie vorbereiten!

!Wir haben der französischen Ingenieurskunst vertraut, und alles ging gut!

!Südamerikanische Feuerwehrleute heißen Bomberos. Der Name klingt eher wie Bombenleger, daher müssen wir immer an die Bläck Fööss und das Lied „Dat Wasser vun Kölle" denken: „Uns Feuerwehr ess bestimmp niet schlääch, doch wenn se lösch, dann brennt et etz rääch"!

OH, WIE SCHÖN... KÖNNTE PANAMA SEIN

Ein nächtlicher Höllenritt über Kurven, die sich die Natur auf der Nordschleife des Nürburgrings abgeguckt haben muss, bringt uns aus Panama City an die Nordküste des Landes. Statt der üblichen zehn Stunden benötigt Fahrer Sebastianos Vettelos nur etwas mehr als acht. Statt Schlaf- steht für uns Haltsuche auf dem Programm. Ans Überleben denken wir schon gar nicht mehr, das muss von selbst funktionieren. Gut, dass wir nicht aus den Sitzen fliegen können. Die sind in dem einem Viehwagen verwandten Reisebus so eng gestellt, dass der gesamte Körper im Sitz wie ein Weinkorken in der Flasche festgepfropft ist. Nur die Köpfe vollführen Bewegungen, mit denen ER beim Iron Maiden-Konzert Ende der 80er in Offenbach jeden Headbanging-Contest gewonnen hätte. Wenn nur das Haar nicht so schütter geworden wäre.

Im bis auf den Hafen für Wassertaxis unnötigen Almirante spuckt uns der Transporter an einer Kreuzung aus. In Reih und Glied stehen dort die Bauern, um dem Vieh ein Seil umzubinden und es auf die nächste Weide abzutransportieren. So halluzinieren wir jedenfalls nach der von Sekundenschlaf geprägten Nacht (es könnten aber auch Ruta 40-Ohnmachtsanfälle gewesen sein). Bei näherer Betrachtung entpuppen sich die Bauern im Nebenberuf als Taxifahrer, die das Touristenvieh zum Hafen verfrachten wollen. Das tun sie lautstark kund, man könnte auch von einer Belagerung sprechen, zu Fuß zu gehen scheint nicht opportun zu sein. Der Schlachtruf der Bauernfahrer heißt „Amigo". Wir antworten mit letzter Kraft: „Ich bin nicht Dein Freund … aber fahr uns trotzdem!"

Immerhin sprechen sie hier auf der Karibikinsel Bocas del Toro mit uns, wenn darunter auch schon mal blöde Sprüche IHM gegenüber sind. Offensichtlich können die Eingeborenen einen Deutschen nicht von einem der gehassliebten Amerikaner unterscheiden. Dabei versucht doch gerade ER mit Freundlichkeit, Aufmerksamkeit, Zurückhaltung und vielen Brocken Spanisch den kulturell gebildeten Mitteleuropäer zu geben. Das ist nicht mehr als ein H_2O-Molekülchen auf einer in der Hitze glühenden Motorhaube. Denn leider lassen die Panameños gerne ihre unfreundliche Seite raushängen, auch hier an der Küste, aber ganz besonders in Panama City. Mit einem unmöglichen Ton, einer an Autismus grenzenden Nichtbeachtung anderer und aggressiver Missbilligung im Blick suchen sie sich einen hinteren Tabellenplatz auf unserer Sympathieliste. Was wir zuerst für eine Art Fremdenhass halten, prägt auch den Umgang der Panameños untereinander. Arrogant und unfreundlich bis ins Mark gehen sie miteinander um. Wer nur ein klein wenig höher steht als das Gegenüber, wird zum Großkotz. Busfahrer gegenüber Passagieren, Kassiererinnen gegenüber Kunden, Chefkassiererinnen gegenüber Kassiererinnen. Umso mehr freuen uns die Ausnahmen: Die Dame, die „Salud" ruft, als SIE niesen muss, das ältere Pärchen, das uns im Restaurant zu sich an den Tisch einlädt, damit wir nicht im Stehen essen müssen, die Dame, die uns vor dem Aussteigen auf ihren frei werdenden Sitz im ansonsten vollen Bus hinweist.
Bis auf den latenten Antiamerikanismus (um den sich etliche Staatler, die wir hier beobachten, aber auch mit ihrer Ungehobeltheit bewerben) ist die Touristeninsel Bocas del Toro doch anders. Von karibischen Vibrations, die die Reiseführer hier erspüren, wollen wir nicht gerade sprechen, außer damit sind knapp bekleidete junge Menschen aus aller Welt gemeint, die abwechselnd betrunken, stoned oder verkatert sind. In der momentanen Nebensaison lässt es sich hier sehr gut aushalten, denn der Ort hat die Infrastruktur eines Touri-Spots, der aber derzeit kaum besucht ist.
Wir wohnen in einem herrlich deutschen Häuschen einer Juristin, die mit ihrem Sohn nach Bocas de Toro ausgewandert ist und machen Garten- und Strandurlaub. Für Letzteren müssen wir ein wenig mit dem Rad fahren. Sobald wir die letzte menschliche Ansiedlung hinter uns lassen, werden auch die wilden Müllberge weniger (Wer sagt den Einheimischen und ihren Gästen eigentlich mal, dass das geöffnete Autofenster nicht der eingebaute Mülleimer ist?). Der Blick wird frei auf das karibische Meer. Ein kleiner Heimwehschlucker klettert da die Kehle hoch,

als wir das erste Mal nach fast genau einem Jahr den Atlantik wiedersehen. Aber Schluss mit dem Romantikmüll, zurück zum realen Abfall: Ganz Lateinamerika hat ein Müllproblem, Bocas del Toro scheint eine Spitzenposition einzunehmen. Jedenfalls ist es der erste Ort, in dem neben schönen Kolibris und Schmetterlingen zahllose Geier in der Luft sind, die sich unbeeindruckt von der menschlichen Nachbarschaft über die Tonnen von Müll hermachen, die sie in den Straßen finden. Das ist nicht nur für Vogelphobiker ein ziemlich widerlicher Anblick.

Warum wandern Menschen aus freien Stücken aus?, fragen wir uns oft in letzter Zeit, denn wir haben in den vergangenen Wochen, gerade in Chile, Ecuador und Panama, sehr viele Auswanderer aus Deutschland und Europa getroffen. Nur die wenigsten kamen uns wie die klassischen Auswanderertypen vor, also Lebenskünstler, die sogar auf dem Mars einen Fuß auf die Erde kriegen und sei es, in dem sie den Marsmännlis grüne Farbe verkaufen. Die Mehrzahl scheint, wie wir aus den Erzählungen heraushören, durch ein mehr oder weniger einschneidendes Erlebnis die letzte Motivation zum tief greifenden Lebensumgekrempel bekommen zu haben. Da lernt der eine bei einem Sprachurlaub in Südamerika die große Liebe kennen, die andere, im achten Monat schwanger, verliert den Mann bei einem Unfall, wieder eine andere verlässt mit den Söhnen Deutschland des Klimas und der „schlechten Stimmung" wegen Richtung Spanien und wird dort von noch schlechterer Stimmung eingeholt, so dass sie weiterzieht nach Mittelamerika.
Wir selbst sind von jeglichen Auswanderungsgedanken verschont, selbst an paradiesischsten Orten fehlt uns irgendwann deutlich mehr als nur vom Balkon die Aussicht „op d'r Dom". Immer mal wieder auf längere Reisen zu gehen – das können wir uns gut vorstellen. So machen es auch unsere Nachbarn in einem deutschen Hostel in Panama City, der australische Zoologe und Surflehrer (die Kombination trifft man nur auf einer Weltreise…), der sich in eine Kolumbianerin verliebt hat, die Kleinfamilie aus Dresden, die in Alt-Panama nicht den üppigen Neuaufbau sieht, sondern sich durch die immer noch vielen bewohnten Ruinen an ihre Heimat 1989 erinnert fühlt oder wie der pensionierte kalifornische Uni-Professor, dem tatsächlich in einem ecuadorianischen Surferdorf ein Foto von „The Edge" (U2!!!) gelingt.

ALLNÄCHTLICHES ERTRINKEN UND DIE FRENCH OPEN

Welch ein Alltag hier in Bocas del Toro. Jede Nacht wachen wir um die gleiche Zeit von einem Ertrinken-Traum auf und liegen doch nur im eigenen Schweiß.

Mit letzter Kraft ertasten wir die Fernbedienung der Klimaanlage, stellen das Ding auf 17 Grad (niedriger geht nicht) und warten, bis sich Halsschmerzen und erste Nieser einstellen, dann schalten wir den Raum-Kühlschrank wieder aus. Der nächste Ertrinken-Traum stellt sich gegen 7.30 Uhr ein, der erste Griff gilt wieder der Klimaanlagen-Fernbedienung, der zweite der Fernseh-Kontrolle: French Open live. Dann Schnick-Schnack-Schnuck, wer verliert, muss Frühstück machen und sich länger in der Backofen-Küche aufhalten. Jeden zweiten Tag arbeiten wir uns dazwischen eine Stunde laufend durch die feucht-heiße Luftwand, bis die Körpertemperatur 42 Grad erreicht und Wahnträume von fliegenden Coca Cola-LKWs das selige Lächeln der Durchgedrehten auf unsere Lippen zaubern.

Auf Knien robben wir vom Frühstückstisch zurück ins Zimmer, unter die Klimaanlage, schauen French Open, schreiben manisch-witzige Mails, Exposés oder sonstige Pamphlete, warten minütlich auf die Nachricht, dass Stefan Kuntz Sportdirektor beim DFB wird (bloß nicht!), beschäftigen uns mit Berufsselbstfindungsfragen, zeichnen unseren Reisebegleiter Herrn Kirmesbär oder malträtieren die Ukulele auf dem Weg zum ersten öffentlichen Konzert in Seattle. Dann geht es meistens ins Dorf, längst bewegen wir uns so träge wie die Einheimischen, das Wetter lässt keine andere Bewegungsart zu. In einem der ausschließlich von Chinesen geführten Supermärkte mit nahezu identischem Sortiment kaufen wir ein. Wir schleppen uns und die Ware nach Hause, dann bricht die Hölle über uns rein: Kochen. Bei gefühlten 40 Grad Hitze und 99 Prozent Luftfeuchtigkeit am Gasherd zu stehen, ist eine echte Herausforderung, die nur vom anschließenden Essen übertroffen wird. Wegen der Außentemperatur dampft die heiße Mahlzeit nicht einmal. Kauen strengt an, Hunger und mindestens drei Liter Wasser treiben es rein. Dagegen ist das anschließende Spülen erfrischend.

Meist gehen wir danach wieder ans Limit: Mit Anlauf und letztem Schwung in die Hängematte und ganz langsam ausschwingen lassen. Stundenlang passiert nur schwitzen, dann – täglich um Punkt halb Sieben – knallt die Sonne ins Meer, Dämmerung gibt es hier in der Erdmitte nicht. Abkühlung bringt das kaum, genauso wenig wie der fast tägliche Regen, der in manchem Hostel Südamerikas als Heißwasserdusche durchgehen würde. Während hinter dem Gartenzaun die Einheimischen Feste feiern, illegal Müll verbrennen oder Hahnenkämpfe stattfinden lassen, retten wir uns ins Bett. Der letzte Griff des Tages gilt erneut der Klimaanlagen-Fernbedienung, dem Aus-Knopf, denn bei deren Dröhnen könnte niemand schlafen. Panisch harren wir im Halbwachschlaf dem nächsten Ertrinken-Traum entgegen.

V. USA und Kanada

If you are going to San Francisco...

...be sure to have the beard short. Was tut man nicht alles, um in Gottes eigenes Land reinzukommen. ER geht in Panama-City also extra zum Bartstutzer und hat so dann doch nochmal in der Lateinamerika-Zeit ein Messer am Hals (Gott sei Dank nur ein Rasiermesser – und das freiwillig). SIE schafft es, am Flughafen keine politische Diskussion mit der chinesisch-stämmigen US-Grenzbeamtin anzufangen und schon sind wir in San Francisco. Aber nur kurz, dann geht es via Mietwagen auf die Tour so mancher Kindheitsträume: Death Valley zum Suchen des U2-Joshua tree, Las Vegas zum Budgetaufbessern, Monument Valley für Kinnklapper etc.

Bodenturner, Grashüpfer und Bad-Beschwerer

Da werden Kindheitserinnerungen wach. Herrlich, wie wir uns damals vor Schreck auf den Boden warfen, als NATO-Kampfjets ihre Tiefflugübungen noch über dem Westerwald machen durften, und das Geschirr im Schrank wackelte, wenn die Jungs in Überschall gingen. Heutzutage übt die deutsche Luftwaffe zusammen mit den amerikanischen Kollegen über wenig besiedeltem Gebiet, zum Beispiel über dem Death Valley, in dem wir uns gerade befinden. Das Aufdenbodenwerfen macht immer noch genauso viel Spaß wie vor Jahrzehnten. Der Boden ist in der Wüste auch immer schön warm, um nicht zu sagen glühend heiß. Wir vollführen bei 45 Grad Celsius jeder Bundeswehr-Grundausbildung spottende „Runter in die Scheiße und wieder hoch"-Übungen, für die manche in Fitness-Bootcamps deutscher Großstädte teures Geld bezahlen. Die beiden Übernachtungen in einer Zelt-Kabine sind das Gegenteil von der davor, wir schlafen sozusagen diametral. Denn in der Nacht zuvor in Bakersfield hatten wir das Glück, einen Sonntag-auf-Montag-Spottpreis in einem Designerhotel zu zahlen, Marke vier Kopfkissen pro Person. Da entsprechen die beiden Feldbetten auf dem Campground in Panamint Spring am Rande des Toten Tales schon eher unserem Stil.

Wir sind also drin im gelobten Land, das sich seit dem Terrorangriff am 11. September 2001 mehr und mehr abschottet. Sorgen hatten wir schon an der Grenze, denn eine fristgerechte Ausreise konnten wir nicht nachweisen. Unser Rückflug geht erst vier Monate nach der Einreise und zwar von Montreal. Das ist zwar Kanada, in ihren Einreisebestimmungen, die besagen, dass man sich nur 90 Tage auf dem nordamerikanischen Kontinent aufhalten darf, zählen US-Amerikaner aber Kanada und Mexiko dazu. Eine Wiedereinreise nach 90 Tagen von Kanada nach USA ist also verboten. Ein kurzer Rundblick in der Boeing von El Salvador, einem Zwischenstopp von Panama kommend, nach San Francisco beruhigt uns vor der Einreise aber ein wenig. Wenn all diese Gestalten reingelassen würden, sollten wir das auch. Kurz irritiert sind wir noch, als all diese Gestalten sich in der Schlange für „Residents" (also: US-Bürger) anstellen und nur ein kleines Häufchen „Visitors" sind. Die liebe, chinesisch-englisch sprechende Frau Li, Grenzbeamtin von der US-Border-Control, hört SEINER ausufernden Lobpreisung der US-amerikanischen Werte, Landschaft, Musik und Filme dann aber fast schon beleidigend unaufmerksam nur mit einem Ohr zu, hämmert den Aufenthaltsstempel in den Pass, und das ist alles. Da war die Einreise in das vermeintliche Touristen-Paradies Neuseeland komplizierter.

Manchmal müssen wir uns kneifen, denn Kalifornien ist so was von südamerikanisch. Werbung, Hinweisschilder, Namen sind mindestens zweisprachig, wenn nicht sogar nur auf Spanisch. Ein kurzer Besuch in einem Supermarkt beweist schnell, dass wir nicht mehr in Lateinamerika, sondern in der Zivilisation sind. Wir werden beim Betreten des Ladens gegrüßt, nicht als Störenfriede gesehen, wir bekommen Ware gereicht, nicht vor die Füße geschmissen, am Ende fragt die Kassiererin, ob man alles gefunden hat und lächelt dabei – kein Schreibfehler: sie lächelt! ER fühlt sich das erste Mal seit langer Zeit wieder als ganz normaler Mensch und nicht als Gringo, auf den die armen Eingeborenen alle furchtbar neidisch sind, und der es als Kunde dann auch noch wagt, sie beim Nasepopeln zu stören.

Da trauen wir uns direkt wieder etwas und verfahren uns am ersten Tag mit unserem grünen Ford Fiesta – Kampfname: Grashüpfer – prompt. In Kalifornien landet man dann aber Gott sei Dank nicht direkt im straßenlosen Nirgendwo oder in Slums, sondern in so illustren Orten wie Palo Alto, fährt an der Stanford University vorbei, an San José, Santa Cruz und dann liegt vor uns der legendäre Highway 1, eine teilweise atemberaubende Strecke direkt am Pazifik entlang. Trotz der Zweisprachigkeit und des Klimas merken wir an jeder Ecke, dass wir nicht mehr in Lateinamerika sind. Hier sind sogar die Highways blühende Landschaften, statt Müllschneisen säumen riesige bunte Blumenfelder die Fahrbahnen und da der Regen offensichtlich nicht genügt, werden sie automatisch gewässert. Das ist mal Reichtum.

Wir finden eine Abkürzung vom Highway 1 auf die andere Seite des National-parks Los Padres und merken erst nach vielen Höhenmetern und Haarnadelkur-ven, dass wir durch militärisches Sperrgebiet brettern und gar nicht hier sein dürften. Gut, dass Sonntag ist und der US-amerikanische Soldat in anderen Ecken der Welt zu tun hat. Offensichtlich kennen handelsübliche militärische Sperrgebiete hier also auch die Sonntagsruhe, nur ein paar Hirsche gucken blöd und wundern sich. Geschossen wird nicht. Jedenfalls nicht hier, aber ansonsten offensichtlich überall in diesem Land. Schon in den ersten lokalen Frühstücks-nachrichten, die wir in San Francisco sehen, gibt es einen Exhibitionisten zu ver-melden und fünf Schießereien mit insgesamt sieben Toten. Zwei haben übrigens Polizisten auf dem Gewissen, mit dem Fluchtunfähig-Schießen wie der europäi-sche Polizeibeamte hält sich sein US-Kollege nicht auf. Wir haben als einzige Waffe wie überall auf der Welt nur das Wort und werden endlich wieder verstan-den. Umgehend beschweren wir uns heute deutsch-gründlich auf dem Wüsten-Campingplatz, dass das Bad nicht geputzt ist, ein herrliches Gefühl.

EIN STÄNDCHEN FÜR EINEN TOTEN BAUM

Jetzt wissen wir endlich, wie Amerikaner schauen, wenn sie uns für bekloppt halten. In dem eisgekühlten Restaurant, das zum Panamint-Ensemble am Rande des Death Valley gehört (plus Tankstelle und Campingplatz), wagt ER es, nach dem genauen Standort des Joshua tree vom Cover des gleichnamigen U2-Al-bums zu fragen. Für die Jugend von heute: „The Joshua Tree" ist eines der am meist verkauften Alben (früher Schwarz und groß mit Loch, dann klein und Silber mit Loch, heute nur noch in irgendeiner Cloud) der Musikgeschichte. Es zeigt die vier Iren in der Blüte ihrer Jugend, von dem Holländer Anton Corbijn im oder in der Nähe des Death Valley fotografiert. Zu Entstehung und Bedeutung dieses Jahrhundert-Albums sei der entsprechende Wikipedia-Artikel ans Herz gelegt! Zurück zur Frage: Alle Restaurantmitarbeiter wissen irgendwas, zeigen dabei aber in verdächtig viele verschiedene Himmelsrichtungen. Nur einer hält uns er-kennbar für irre, dass wir in diesem Meer von Joshua trees (eine im Westen der USA weit verbreitete Agavenart) einen speziellen finden wollen, noch dazu einen, der vor vielen Jahren aus dem Leben geschieden und umgefallen ist. Dank Wi-kipedia haben wir dann aber doch die genauen Koordinaten entdeckt und uns von der GPS-Funktion des Handys führen lassen wie die Brian-Anhänger von dessen Sandale (Jugend von heute: Eine Anspielung auf „Das Leben des Bri-an").

Es hat tatsächlich einen Hauch von Religiosität, diesen Baum da liegen zu sehen, begleitet das dazu gehörige Album IHN doch seit 26 Jahren durch alle Höhen und Tiefen. Der handelsübliche, zum Pathos neigende Amerikaner würde sagen: „This tree made my life". Da ist ein Ständchen auf der Ukulele für den toten Baum doch das Mindeste. Mal sehen, wann das dazugehörige Video trotz oder wegen der durch den Wind verursachten Tonstörungen Millionen wert sein wird. Ganz unmonetäre Bedeutung hat der Baum für viele: U2-Songtitel sind mit Steinen in den Sand geschrieben, ein Koffer neben dem Baum ist voller Erinnerungsstücke und Notizen von Fans. Ein Künstler hat den Joshua tree vom Album in eine Bodenplatte gemeißelt und die Frage geschrieben: „Have you found what you are looking for?" Was antwortet man da in der (hoffentlich) Mitte seines Lebens?

Ganz andere Bäume (und zwar analog mit einer Straßenkarte) haben wir vor unserem Besuch im Death Valley auf dem Weg ins Landesinnere gefunden, die größten Bäume der Welt, angeführt vom General Shermann Tree. Der General ist die größte lebende Pflanze der Erde. Hoch ist der Bergmammutbaum im Sequoia-Nationalpark zwar „nur" knapp 84 Meter, da verliert er deutlich gegen den Weltmeister Hyperion, einen 116 Meter hohen Küstenmammutbaum im Redwood-Nationalpark nördlich von San Francisco. In seinen geschätzt zwischen 1.900 und 2.500 Lebensjahren hat Sherman aber das weltgrößte Stammvolumen angesetzt, nämlich lockere 1.489 Kubikmeter. Der Stammdurchmesser ist mit 11 Metern auch nicht schlecht, genauso wie der Umfang: 32 Meter. Über den Durchmesser des größten Astes würde sich mancher mitteleuropäische Baum als Stamm freuen. Er beträgt mehr als zwei Meter. To put it in a nutshell, wie die Einheimischen zusammenfassend sagen würden: Die Dinger sind einfach unglaublich groß, passen auf jeden Fall in keine Pocketkamera japanischer Herstellung.

Interessant für den Universallaien ist, dass diese riesigen Bäume auf hohen Bergen wachsen, auf denen wir nicht so viele Nährstoffe erwartet hätten. Außerdem sind die Wetterschwankungen verglichen mit dem Einheitsbrei der besuchten Länder der vergangenen Wochen monströs. Im Sommer geht es bis auf deutlich über 30 Grad, im Winter liegt der Schnee hier meterhoch. Letzteres gibt einigen Amerikanern die Gelegenheit zu erfahren, wie ein Deutscher guckt, wenn er sie für bekloppt hält, sind wir doch – mehr als staunend – auf dem Weg ins Death Valley bei 45 Grad Hitze an einem komplett mit Schaufel und Salzstreuer ausgerüsteten Schneeräumfahrzeug vorbeigefahren. Der Fahrer kam wohl gerade aus einem der unsere Reise begleitenden Wurmlöcher oder vom – auch im Sommer schneebedeckten – Mount Whitney, dem höchsten Berg der USA außerhalb

Alaskas, der auf der Fahrt ins Todestal noch lange im Rückspiegel glänzt.

Zwischen den höchsten Gipfeln der Sierra Nevada und dem Death Valley liegen ganz unscheinbar die Alabama Hills, die jeder schon mal gesehen hat, haben sie doch in zahllosen Filmen als Kulisse gedient, in vielen älteren Western, aber auch in jüngeren Produktionen wie in „Gladiator". Bis zu 200 Millionen Jahre alte bizarre Granitformationen, darunter ein Dutzend Bögen und natürliche Brücken, prägen das Bild, und ER verfällt ehrfurchtsvoll automatisch in eine Gangartmischung aus John Wayne und Fuzzy.

Das eigentliche Death Valley eignet sich im Hochsommer leider nur zum Durchbrettern nach Las Vegas. Mehr als 45 Grad Celsius machen das Aussteigen zur Qual. Selbst der starke Wind ist nicht erfrischend, sondern wie ein Trockenaufguss mit dem Teufel als Saunameister. Im Badwater Bassin, dem mit 86 Metern unter dem Meeresspiegel tiefsten Punkt der USA, haben wir uns noch einmal aus dem Wagen in die riesige Salzwüste gerollt. Der „OmG (Oh my god), wir sind wieder in Bolivien"-Schock hat uns dann aber schnell wieder in den Grashüpfer getrieben, der Sin City Las Vegas entgegen, wo das Kinderzimmer einer Achtjährigen und das dazu gehörige Haus ihrer Familie uns für ein paar Tage sehr schnell Heimat werden.

DER STRAHLESTAAT UND DAS LAS VEGAS-FIEBER

Spätestens als beim Betreten des riesigen Casinos „The Venetian" die „99 Luftballons" von Nena in voller Lautstärke aus den Boxen dröhnen, wissen wir, dass es in Las Vegas alles gibt: Schlachten von Piratenschiffen mitten in der Wüstenstadt (vor dem „Treasure Island"), Vulkanausbrüche (vor dem „Mirage"), Wassersymphonien (vor dem „Bellagio"), Gondoliere (im und vor dem „Venetian"). Halb Europa, dazu New York und Ägypten sind auf dem „Strip", dem Las Vegas Boulevard, nachgebaut: Die Freiheitsstatue, das Chrysler Building, der Eiffelturm, der Markusplatz, die Sphynx, das alte Rom etc. Nur ein für Weltreisende bedeutsames Etablissement haben wir nicht gefunden: einen Waschsalon. Der ist am ersten Vegas-Tag eminent wichtig, läuft ER doch schon in der Badehose. Sprich: Alle Unterhosen sind in der Wäsche, nur das kleine schwarze Speedo ist noch übrig, um alles zusammenzuhalten, es wird also wirklich Zeit für eine Laundry. Die finden wir in Boulder City, einige Meilen östlich von Las Vegas. Hingefahren sind wir dort aber vor allem, um den Hoover Dam zu besichtigen, zu dessen Bau Anfang der 30er Jahre die Stadt Boulder City erst gegründet wurde.

Die genau auf der Grenze zwischen Nevada und Arizona liegende Talsperre staut den Colorado River zum Lake Mead auf, der mit 170 Kilometern Länge und einer Tiefe von bis zu 180 Metern der größte Stausee der USA ist. Gehalten wird das Wasser von einer 221 Meter hohen Staumauer, die am oberen Ende 14 Meter und am unteren Ende 220 Meter dick ist. Insgesamt 2,6 Millionen Kubikmeter Beton und 43.500 Tonnen Stahl wurden verbaut. Die Talsperre ist für ganz Nevada, Arizona und Kalifornien überlebenswichtig. Sie sorgt für kontrollierte Wasserabgabe in den drei Staaten – vorher wechselten sich Überschwemmungen und Dürreperioden entlang des Colorado River ab – und wird zur Gewinnung von Strom genutzt.

Strom benötigt gerade Las Vegas besonders viel. Überall blinkt und glitzert es, dröhnt die Musik aus den riesigen Casino-, Hotel- und Mall-Komplexen, aus den Bars, Restaurants und Nachtklubs und übertönt das Brummen der tausenden Klimaanlagen, die aus Wüstenhitze Kühlschrankkälte machen. Sin City ist eine 24/7-Stadt, rund um die Uhr, an allen Tagen des Jahres steppt hier der Bär. Alles ist größer und schriller als an anderen Orten der Welt. Aus der Pyramide am „Luxor" schießt zum Beispiel gleißendes Licht in den Himmel, das Astronauten sogar aus dem Weltall sehen können. Stars wie Celine Dion oder Rod Stewart geben in der Stadt nicht nur ein Konzert, sondern über 14 Tage lang jeden Abend eines, auch die Blueman Group tritt jeden Tag auf, außerdem hat Las Vegas die schlechtesten Autofahrer der Welt, was aber auch daran liegen mag, dass man vor Ablenkung durch haushohe Leinwände, endlos lange Stretch-Limousinen und mehr gezeigter Haut als in Australien keinen Blick für die Straße hat.

Das ganze Entertainment hat nur einen Zweck: Die Menschen an die einarmigen Banditen und die Spieltische zu locken. Mehrere Fußballplätze groß sind die Spieletagen in den Casinos am Strip, der schon vor Jahrzehnten die benachbarte Freemont Street als Spielhauptstraße der Welt abgelöst hat. Das erste Hotel hier war 1957 das von der New Yorker Mafia finanzierte Tropicana, das nun von einer ganzen Casino-Stadt umgeben ist. Gespielt wird mit allen Tricks, in keiner der Spielhöllen hängt eine Uhr, das Parken in den riesigen Parkhäusern ist kostenlos genauso wie die Drinks auf den Spielebenen. Die Spieler sollen die Zeit vergessen und zocken bis zum Umfallen. Geld spielt keine Rolle, überall stehen Geldautomaten, jedes Spielgerät nimmt auch Kreditkarten. Ist Cash erst mal in Chips eingelöst, ist der Bezug zum sauer verdienten realen Geld schnell verloren.

Gut, dass wir gerne wissen, wofür wir Geld ausgeben, damit sind 99 Prozent der Spielautomaten passé. Sie sind so kompliziert, dass wir nie verstehen, warum wir gewinnen oder verlieren. Nur die wenigsten haben mechanische Rollen, fast alle sind Computerspiele, unübersichtlich und trotzdem grottenlangweilig. Dann lieber

Roulette oder Blackjack. Aber auch das geht schnell, denn die Mindesteinsätze liegen zwischen 10 und 15 Dollar, also ab ca. 7,50 Euro. Zwischen dem Verlust von 50 Dollar, dem Gewinn von 75 Dollar und dem erneuten Verlust von 60 Dollar lagen bei uns kaum zehn Minuten. Gut, dass IHN dann schon am zweiten Tag das Vegas-Fieber packt, eine furchtbare Virusinfektion fesselt ihn an das Bett im Kinderzimmer. Es beginnt mit schlimmsten Magenkrämpfen, hohem Fieber, totaler Schlappheit und endet mit einer veritablen Herpes quattro stazioni.

Was wir zur Geschichte von Las Vegas lernen, kann aber auch krank machen, liegt die Stadt doch mitten in einem Atomtestgebiet. In den 50er Jahren waren Nuklearversuche Teil des Entertainments. Die Menschen saßen, „geschützt" von Sonnenfinsternis-Brillen, auf den Dächern der Hochhäuser und beobachteten die Pilze von Atombomben, die nur wenige Kilometer entfernt von der Stadt gezündet wurden, so nah, dass die Fensterscheiben der Casinos zu Bruch gingen. Noch heute gibt es Straßen in Nord-Nevada, die so strahlend sind wie am Explosionstag vor Jahrzehnten.

Ob krank oder nicht, die Casinos haben wir schon nach drei Tagen über, sie sind wie von morgens bis abends rund um die Uhr Zuckerwatte zu futtern. Das ist einmal super lecker, ein zweites Mal auch noch, beim dritten Mal kommt das Sodbrennen, beim vierten Mal das große K… Dazu tragen dann schnell auch die typischen Vegas-Besucher bei. Natürlich sind viele „normale" Touristen unterwegs, daneben aber auch Gestalten aus den Kellergeschossen der Zivilisation, dazu Mitleid erregend viele erkennbar Spielsüchtige, die monatlich nach Vegas fahren, um in einem Casino ihren Lohn aufs Spiel zu setzen und durch Zocken zu vermehren, was den wenigsten gelingt.

Warum sie dennoch vor acht Jahren hierhin ausgewandert sind, können unsere garantiert nicht zockenden, aus Norddeutschland stammenden Gastgeber in den Mittdreißigern mit ihren beiden Mädels (acht und fast sechs), schnell erklären: Sie haben sich in dieses Land verliebt und versuchen, einen – ihren – amerikanischen Traum zu leben. Das ist nicht einfach, acht Jahre lang hing die Aufenthaltserlaubnis der gesamten Familie an seinem Job – er ist Koch in einem deutschen Restaurant. Kündigung heißt da automatisch für die ganze Familie: „Raus und tschüss, USA!" Sie darf in ihrem Job als Pflegeleiterin nicht arbeiten, die gesamte Familie darf während des jahrelangen Greencard-Prozesses, der sie fast 15.000 Dollar kostet, nicht ohne anwaltliche Beratung das Land verlassen. Die Gefahr ist groß, dass die US-Border-Police sie trotz aller Unterlagen nach Rückkehr nicht mehr reinlässt in Gottes eigenes Land. Die Frage an der Grenze „Warum wollen sie eine Greencard, wenn sie jetzt schon wieder in ihr Heimatland gereist sind?" hat wohl schon manche in den USA lebende Familie für Wochen und Monate zerrissen.

Wir hätten es keine acht Jahre in Vegas ausgehalten, auch wenn das mit etlichen absolut identischen Häusern in Wüstenbeige bebaute Wohnviertel sicher und gut gelegen ist und wir uns wunderbar wohl gefühlt haben. Es ist im Sommer zu heiß in der Wüste, monatelang ist es zwischen 38 und 45 Grad im Schatten warm. Kein Mensch ist auf der Straße, keine Spaziergänger, keine Kinder, niemand fährt mit dem Fahrrad. Die riesigen Entfernungen innerhalb der Metropole erzwingen fast für alles den Einsatz des Autos.

Da ist Flagstaff in Arizona, unsere nächste Station, ca. 5 Stunden Autofahrt von Vegas entfernt, zum Teil auf der legendären Route 66, durch Wüste, Steppe und schließlich von Elchen bevölkerte Wälder, schon überschaubarer. Wobei man auch hier in jeder Wohnstraße mit einem 30-Tonner einen U-Turn machen könnte, so weitläufig ist das alles gebaut. Wunderschön in einem ausgedehnten Waldgebiet liegend, erinnert uns die Gegend daran, wie wir uns Kanada vorstellen. Mal sehen, wie es dort wirklich aussieht... Hier gibt es Jahreszeiten und zwar nicht wenig. Bei den momentanen 35 Grad können wir nicht glauben, dass das einstöckige Haus, in dem wir wohnen, im Winter fast zuschneit.

DIE *ZEHN* GRÖSSTEN HERAUSFORDERUNGEN DER REISE

ERMÜDENDER SCHLAFMANGEL WEGEN PAPIERWAND-BAUWEISE IN ALLER WELT

FREUNDE UND FAMILIE ZU VERMISSEN UND GANZ BESONDERS,
GEBURTEN UND HOCHZEITEN VERPASST ZU HABEN.

IMMER WIEDER ABSCHIED NEHMEN ZU MÜSSEN VON WUNDERSCHÖNEN
ORTEN UND TOLLEN MENSCHEN.

IMMER WIEDER DIE EIGENEN STANDARDS (VOR ALLEM IN DER HYGIENE)
HERUNTERSCHRAUBEN ZU MÜSSEN.

IN SÜD- UND MITTELAMERIKA IN DER GRINGO-SCHUBLADE ZU STECKEN.

KARNEVALSZEIT OHNE KÖLSCHEN FASTELOVEND

SÜDAMERIKANISCHE TOILETTEN

ÜBERFALLVERSUCHE IN BUENOS AIRES

VERLORENHEIT IM BOLIVIANISCHEN NIRGENDWO

WEIHNACHTEN IM HOCHSOMMERLICHEN AUSTRALIEN

Der größte Moment beim Besuch des Grand Canyon ist der erste Anblick. Normalerweise ist etwas derartig Großes und Gewaltiges schon lange vor der eigentlichen Ankunft zu sehen, ein Gebirgsmassiv oder ein Meer zum Beispiel. Das einzige Anzeichen, dass der Grand Canyon in der Nähe sein muss, ist das Kassenhäuschen zum gleichnamigen Nationalpark, in dem die Gäste 25 US-Dollar pro Wagen abdrücken oder ihren Nationalpark-Jahrespass vorzeigen. Nichts ahnend führen wir sonst weiter durch die typische Landschaft in diesem Teil Arizonas, mit viel Wald, teilweise Graslandschaften und hin und wieder einem Vulkan. Doch dann ist plötzlich Schluss mit Bäumen, die Straße führt ganz nah an den Abgrund und um nicht wie „Thelma und Louise" zu enden, bremsen wir scharf, denn wir sind tatsächlich da. Vor uns liegt der Grand Canyon, 450 Kilometer lang, zwischen 6 und 30 Kilometer breit und bis zu 1.800 Meter tief, weder mit der Kamera noch mit dem bloßen Auge auch nur annähernd zu erfassen.

Geologen ermöglicht die Schlucht einzigartige Einblicke in die Vergangenheit der Erde. Denn beim Fräsen in den Untergrund hat der Colorado River sich in den vergangenen zwei Millionen Jahren bis in Urtiefen gegraben. Ist die unterste Schicht der tiefsten Schlucht innerhalb des Canyons 1,840 Milliarden Jahre alt, zählt der Kalkstein am Rand „nur" 230 Millionen Jahre. Ganz unten beißt sich der Colorado derzeit ziemlich die Zähne aus an dem Uraltgranit und versucht es nun lieber an den weicheren Rändern, daher wächst der Grand Canyon eher in die Breite. Das Gestein der verschiedenen Schichten ist aus unterschiedlichstem Material entstanden und zeigt, was hier vor Jahrmilliarden einmal war: Meer, Flüsse, Wälder, Sandwüste.

Bis zu 3.000 Meter tiefer soll das heute zwischen 1.500 und 3.000 Meter hohe Colorado Plateau am Vierländereck von Utah, Arizona, Colorado und New Mexico vor Ewigkeiten gelegen haben. Früher hätten die Nationalpark-Ranger also im Taucheranzug am Meeresgrund das Eintrittsgeld kassieren müssen. Gut für alle nicht-schwimmenden Beteiligten, dass durch tektonische Plattenverschiebungen, bei denen die Rocky Mountains entstanden sind, das ganze Plateau nach oben gedrückt wurde. Von der zum Teil alpinen Höhe sehen wir nicht viel, da das Plateau fast immer brettflach ist. Nur der starke Wind, die angenehmen Temperaturen auch im Sommer und die Geschichten der Einwohner von den winterlichen Schneehöhen lassen erahnen, dass wir nicht auf dem platten Land hinter Oldenburg sind.

Bergwandern einmal anders – nämlich zuerst nach unten und dann wieder rauf – ermöglicht der Grand Canyon allen, die es wollen. Offensichtlich überschätzen sich dabei immer wieder viele, jedenfalls sind die Warnschilder, genug Wasser, Zeit und eine gute Karte mitzunehmen, groß. Wir schnuppern nur mal kurz an einem 5 Meilen langen Trail in die Tiefe, den Kupfer abbauende Minenarbeiter vor 100 Jahren angelegt haben. Dabei treffen wir zwei Kanadier, die über den Grand Canyon nur müde lächeln: „Der Grand Canyon ist nett, aber der Zion Canyon ist wirklich spektakulär!" Gut, dass wir diesen genauso wie den Bryce Canyon auch auf dem Plan haben. Vorher – auf dem Weg von Flagstaff nach Bluff – machen wir aber noch eine magische Entdeckung, wir fahren durch das Monument Valley.

Dieses Tal mit den aus Filmen von John Wayne-Western über „Spiel mir das Lied vom Tod" bis hin zu „Forrest Gump" (die Stelle, an der er seinen Lauf beendet) bekannten Tafelbergen packt uns, obwohl wir die Kulissen schon im Kino gesehen haben. Dort zu sein und zu erleben, wie sie am Horizont auftauchen, größer werden und sich je nach Blickwinkel verändern, ist eine erhabene Erfahrung, die wir auf dieser Reise erst einmal, bei den Torres del Paine in Südchile, hatten.
Wenn Experten die Entstehung des Monument Valley erklären, ist es ähnlich wie Wolf Maahns Beschreibung der Schule: „Der Zauber all der schönen Dinge erstarrt zu Buchstaben an einer Wand...". Physikalisch-geologisch und ganz unmagisch sind die Tafelberge rot, weil sie Eisenoxid enthalten. Das ganze Gebiet gehört zum Colorado-Plateau, war also mal wie Günther Wallraff. „Ganz unten", in einem Tieflandbecken, sammelten sich allerhand Sedimente und wurden zu Stein. Dank der Rockys sind sie über sich hinaus gewachsen, bis auf 2.100 Meter. Wind, Regen und die Temperaturunterschiede haben seit Jahrmillionen das Plateau beackert und wie Bildhauer ein paar Felsen, unter anderem die „drei Schwestern", die „Fausthandschuhe" und den „Totem-Pfahl" freigelegt. Gut gemacht, Danke!
Der auf 2.400 bis 2.700 Metern Höhe liegende Bryce Canyon im Süden Utahs ist gar kein Canyon. Im fehlt der alles fräsende Fluss. Stattdessen haben Wind, Wasser und Eis eine Kante des schon mehrfach erwähnten Colorado-Plateaus zu so genannten Amphitheatern erodiert, die von zahllosen bizarren Felsnadeln geprägt sind. Noch heute geht die Erosion weiter, jährlich wechseln sich 200 Frost- und Tauphasen ab. Die Gesteine im gleichnamigen Nationalpark sind Basalt und Sandstein voller Fossilien, auch dieses Gebiet war mal Meeresgrund.
Der Zion-Canyon ist wieder ein echter Canyon, vom Virgin-River gebildet, dem Fluss mit dem – bezogen auf seine Länge – größten Gefälle Nordamerikas. 2,6 Millionen Menschen besuchen den gleichnamigen Nationalpark jährlich. Wir rechnen mal schnell, wie viel Geld das einbringt, wenn nur jeder Dritte die üblichen 25 Dollar Eintritt zahlt und beschließen, nach Rückkehr einen Nationalpark

in Köln-Chorweiler zu eröffnen. Der Zion-Canyon ist unser erster Canyon, den wir von unten befahren, in die anderen Schluchten haben wir immer „nur" von oben geschaut. Und was machen wir? Betreten einen der insgesamt 260 Kilometer langen Wanderwege im Park, der direkt und steil wie eine Treppe viele hundert Meter aus der Schlucht hinauf führt. Dabei genießen wir jeden Meter, denn die Aussicht ist stundenlang genauso grandios wie der Weg, der in Serpentinen einen riesigen Felsbrocken hinauf führt, dann durch eine so enge Seitenschlucht, dass man die Ellbogen anwinkeln muss, und der uns dann wieder fast vogelfrei am Abgrund balancieren lässt. Die Erkenntnis ist alt, aber immer wieder neu: Am Schönsten sind Naturwunder, die man sich selbst erwandert hat.

AUSSERIRDISCHE KÜHE UND EINE STADT IM HIMMEL

Wer menschliches Elend in Reinform erleben will, dem seien Übernacht-Fahrten wärmstens empfohlen. Egal ob 30 Stunden im Bus auf der argentinischen Ruta 40 von El Chaltén nach Bariloche oder wie gerade 17 Stunden im Zug von Emeryville bei San Francisco nach Portland – was da im ersten Licht des neuen Tages in unbeschreiblichen Verknotungen in Sesseln dahin vegetiert, mit allen möglichen und unmöglichen Körperteilen auf den Gang hinausragt oder vom Sitz in Richtung Zugtoilette schlurft, sieht evolutionologisch einem Bakterium ähnlicher als dem Homo mehr oder weniger sapiens. Natürlich vermeiden wir jeglichen Blick in den Spiegel und reden uns ein, dass wir nicht so zerkaut und ausgespuckt aussehen wie alle anderen, sondern wie Bruce W. und Sarah Jessica P. zu ihren besten Zeiten. Der moderne Zug und die tolle Strecke entschädigen für die Strapazen. Es geht durch riesige Wälder, vorbei an Seen und schneebedeckten Bergen.

Insgesamt haben wir in zwei Wochen rund 6.000 Kilometer von San Francisco nach San Francisco mit unserem grashüpfer-grünen Fiesta zurückgelegt, in Bauarbeiter-Motels genauso wie in reduzierten Designer-Hotels, bei Gastfamilien oder im Zelt übernachtet. Ein ziemlich langer Fahrtag bringt uns von den Canyons in Utah quer durch Nevada zurück nach Kalifornien. Dabei ist das Fahren viel einfacher als in Deutschland. Fast jeden der rund 800 Highway-Kilometer an diesem Tag haben wir für uns alleine. Kurven? Fehlanzeige! Zum Teil geht es ein Dutzend Meilen schnurgerade und brettflach geradeaus. So kommen wir auch bei einem Tempo-Limit von 70 Meilen pro Stunde zügiger voran als auf der A3 mit den dortigen Wechselbädern zwischen Vollgas, Stillstand, Vollgas, Stillstand, Vollgas, Stillstand.

Ein Teil des Weges zurück nach Kalifornien führt uns über den Extraterrestrial Highway, der nirgendwo besser aufgehoben ist als in Nevada. Auch wenn der Staat die Sin-City Las Vegas beheimatet, macht er auf endlosen Kilometern Highway einen derart depressiven Eindruck, dass gestrandete Außerirdische hier keinerlei humanes Leben vermuten würden. Ein idealer Platz also für die US-Armee, die mittlerweile berühmte, vor einigen Jahrzehnten äußerst geheime „Area 51" einzurichten. In aller Abgeschiedenheit wurden hier neue Technologien getestet, wie zum Beispiel die Hülle der vom gegnerischen Radar nicht zu erfassenden Tarnkappen-Bomber. Als Nebenprodukt sollen den Amerikanern auch ein paar großäugige und weißhäutige ET's ins Netz gegangen sein. Wie zum Beweis hängt im Hof der einzigen Kneipe an dem über 100 Meilen langen Extraterrestrial Highway – dem „Little A'le'Inn" im Minidorf Rachel – ein UFO-Wrack an einem Kran. Der ganze Laden ist voll von Marsmann-Utensilien, die Wände beklebt mit zahllosen Fotos aus den 70er Jahren von UFO-Sichtungen in aller Welt. Wir befreien für 1 Dollar pro Mann vier winzige blaue Außerirdische, die dann nach einem exklusiven Foto-Shooting in den unendlichen Weiten nicht des Weltalls, sondern unserer Rucksäcke verschwinden – mysteriös. Die einzigen Lebewesen, die wir sonst auf und am Highway 375 entdecken, sind Kühe, die unseren Wagen genauso dämlich ansehen wie US-Soldaten damals die Außerirdischen. Die Autobahn führt exakt 110 Meilen lang durch eine Kuhweide, natürlich ohne Zaun, was den interkulturellen Austausch verschiedener Rassen auf dieser Erde ungemein fördert.

Unser Zielort, das 4.000 Einwohner zählende Bishop, liegt zwischen den schneebedeckten Gipfeln der Sierra Nevada, dem mehr als toten Death Valley und nur eine Autostunde südlich der Geisterstadt Bodie, in der wie im Death Valley etliche U2-Fotos aus der „Joshua Tree"-Zeit entstanden sind. Bishop hat – der Ortsname lässt es erahnen – rund 20 christliche Kirchen. Von Römisch-Katholischen über Presbyterianer bis hin zu Nazarenern rufen alle mindestens am Sonntag zum Gottesdienst. Wir können uns nicht entscheiden und brechen statt dessen zum ersten Berglauf unseres Lebens auf. Über Stock und Stein mit Blick auf Felsen, Bergwiesen und -seen zieht es uns. Dabei sehen wir wohl ziemlich Mitleid erregend aus, denn keiner der heimischen Bären macht sich die Mühe eines Jagdlaufes, nicht einer lässt sich blicken. Auch in der Hütte am Waldrand, die uns zwei tourende Musiker „The Littlest Birds" via Airbnb vermietet haben, bleibt es ruhig. Wir schlafen gut, den Geruch frischen Holzes in der Nase – an der passendsten Adresse dieser Reise, liegt die Hütte doch an den Straßen „Running Iron" und „Rocking K".

Frisch ist auch der Duft in San Francisco. An jeder Straßenecke, in jedem Restaurant, sogar in Bus und Bahn riecht es nach Marihuana – entweder in Rauchform oder als getrocknete Blüte in den Hosentaschen der Neo-, Mittelalt- oder Uralt-Hippies dieser Stadt. Blumen trägt man hier nicht mehr im Haar, die zehntausenden Menschen, die derzeit die Straßen von „San Fran" bevölkern, tragen eh sehr wenig, viele nur einen Hauch von nichts. Der Grund sind die jährliche Pride-Parade und der Celebration Day, die Homosexuelle aus den ganzen USA hierher locken. Eine herrlich bunte, fröhliche und vor allem schräge Veranstaltung. Nicht nur die kölsche Toleranz und die lockere Atmosphäre sondern vor allem die tollen Cafés und Restaurants, in denen wir original Falafel oder Crepes essen, die genialen Geschäfte (neue Brooks-Laufschuhe für unter 80 Euro!!), die tollen Wohngebiete, der riesige Golden Gate Park und die kompakte, erwanderbare Größe dieser Stadt von Welt machen San Francisco zur bisher schönsten Metropole der Reise, Sydney, eh von Brisbane gejagt und von Melbourne eingeholt, rutscht in unserem Schönste-Stadt-der-Reise-Wettbewerb etwas ab. Ob die Stadt weiter durchgereicht wird, wissen wir in Vancouver.

Wie eine Stadt im Himmel wirkt San Francisco manchmal, vor allem von der Golden Gate Bridge aus betrachtet. Mit der Fähre fahren wir in das schöne Künstlerdorf Sausalito, problemlos an der früheren Gefängnisinsel Alcatraz vorbei, mit dem Taxi dann an ein Ende der Brücke und schließlich zügig, aber ohne Hast auf Schusters Rappen rüber. Immer wieder wehen Wolken vom Pazifik herein und hüllen Brücke und Stadt ein. Riesige Container-Schiffe, die den Hafen von Oakland auf der anderen Seite der Bay ansteuern, verschwinden plötzlich im Nebel. Nur die Signalhörner sind noch zu hören, dann reißt es wieder auf, ein Helikopter macht Übungen und fliegt unter unseren Füßen hindurch. Eine neue Wolkenfront kommt, wir klammern uns an das Geländer der rostroten Brücke, die auch beim x-ten Besuch nichts von ihrer Erhabenheit verliert. Auch diese Wolken geben irgendwann den Blick frei, nur die Silhouette San Franciscos ist zu sehen, der Rest ist Wasserdampf und dann sieht die Stadt wirklich aus wie ein Ort im Himmel.

KÖLSCH IN „BEERVANA" UND SCHLAFLOS IN PORTLAND

Pünktlich zum Beginn des vierten Viertels unserer Reise nutzen wir das Warten auf die Abfahrt des Greyhound-Busses von Portland nach Seattle, um eine Liste der Gründe, sich auf die Heimat zu freuen, zu beginnen. Unerwartet schnell stehen viele Themen drauf. Personen-, Orts- und Kneipennamen, Aktivitäten und Ereignisse, Biersorten und: Brot. Für Vorletzteres könnten wir eigentlich hier bleiben, denn Portland – in dem in Anlehnung an das Nirwana selbst ernannten

„Beervana"-Bundesstadt Oregon – ist eine der bedeutendsten Bierstädte der USA. Portland gehört zu den Top-3 des Landes, was die Anzahl der Brauereien insgesamt, die Zahl der Brauereien je Einwohner, die Bierproduktion und den Pro-Kopf-Verbrauch angeht.

So begießen wir den am Independence Day (4. Juli) auf der benachbarten Flussinsel Sauvie Island gelaufenen und überlebten Halbmarathon mit einem „Union Pilsener" in der Old Town Brewery, um dann nach entsprechendem Hinweis des aufmerksamen Kellners auf das hausgemachte Kölsch umzusteigen. Das entpuppt sich nicht wie in all den anderen bisherigen Ländern unserer Reise als „German style" also „irgendwie so als ob", sondern als tatsächlich waschechtes Kölsch, unfiltriert zwar und daher etwas trüb, aber bei geschlossenen Augen fehlt eigentlich vom Balkon wieder nur noch die Aussicht auf den Dom. Den gibt es hier nicht, dafür in der Nachbarschaft den Vulkan St. Helens, lebender Beweis dafür, dass wir immer noch auf dem pazifischen Feuerring balancieren. An den größten Ausbruch des Berges im Mai 1980 können sich sogar Anfang 40er noch erinnern, nicht nur weil fast 60 Menschen starben, die Asche über 11 Bundesstaaten wehte und die Lava 50 Kilometer weit floss. Der Ausbruch war der weltweit bisher am Besten beobachtete und auch in Deutschland ein Medienereignis.

Da wir nicht ständig betrunken sein wollen und vor dem Wettkampf einige Tage dem edlen Saft gänzlich abgeschworen haben, beschäftigen wir uns auch mit den anderen Themen dieser Stadt. Dabei arbeitet sich Portland doch tatsächlich vom Zufallstreffer zu einem der Höhepunkte unserer Reise nach oben. Die Flusslage am Columbia und Willamette River ist schon verdammt idyllisch. Dachten sich wohl auch etliche Deutsche, die vor langer Zeit her kamen und um die Ecke die Stadt Bingen/Washington (direkt hinter der Grenze zu Oregon) gründeten. Eine ältere Verkäuferin, die als Kind Deutschland besucht hat, schwärmt uns von Köln vor, das ja auch an zwei Flüssen liege, Rhein und Mosel. Gut, sie meint wohl Koblenz, aber vom fernen und großen Amerika aus betrachtet muss man schon froh sein, dass sie eine mitteldeutsche Stadt nennt und keinen Ort in Skandinavien oder Afrika. Zumindest ein Portlander war in Köln und zwar tief im Herzen der Stadt, finden wir doch im regionalen Biermagazin einen Livebericht vom Besuch eines Bierredakteurs in den Brauhäusern der Stadt. Beim Lesen bekommen wir Heimweh und Sodbrennen zugleich, denn der gute Mann schüttet eine ganze Woche lang täglich Unmengen des von ihm als „eines der besten Biere der Welt" bezeichneten Himmelsgesöffs in sich rein, begleitet von der in Brauhäusern üblichen Leichtkost à la Schweinshaxe. Am Besten schmeckt ihm übrigens Mühlenkölsch, gefolgt von Früh und Hellers. Lange hält er es im Gaffel aus (fast 20 Striche auf dem Deckel), begeistert ist er von der Braustelle. Dom Kölsch mag er nicht.

Ums Trinken geht es auch bei einer Original-Erfindung dieser Stadt: Trinkbrunnen, die wir überall in den USA, Australien und Neuseeland gesehen haben. Die Mär von der Erfindung geht so, dass ein Unternehmer es Anfang des 20. Jahrhunderts leid war, dass seine Angestellten immer betrunken aus der Mittagspause kamen und sagten: „Wsss slllen wirn machen, ssss gibbt nner gansn Statt nuuuuhr Biiieeer?" Brunnen gebaut, Angestellte entgiftet, berühmt geworden, denn jetzt gibt es an jeder zweiten Straßenecke Trinkwasser frisch aus dem oft kunstvoll gestalteten Hahn. Offensichtlich ist das Wasser von Portland gut, denn berühmt ist die Stadt auch für ihre vielen idyllischen Brunnenanlagen, die mal als Wasserfälle, mal als Fontäne und mal als Planschbecken für Metallbiber und -enten die Straßen verzieren. Schon fast übertrieben scheint, dass sich Portland auch noch „City of Roses" nennt, aber auch das stimmt. Die ganze Stadt ist grün, fast jede Straße ist eine Allee, die Vorgärten voller Rosen, anderer Blumen und üppigen Grüns. Perfekt idyllisch wird das durch eine Unmenge alter Autos, nicht schrottreif wie in Lateinamerika, sondern die meisten liebevoll gepflegt. Ganz viele Oldtimer aus Deutschland sind dabei, viel mehr als bei aktuellen Fabrikaten.

Portland ist sicher nicht die reichste Stadt, die wir bisher besucht haben, sie hat aber mächtig viel Flair. Was auch an den Menschen liegt. Man grüßt sich auf der Straße, lächelt sich an, fragt, wie es geht. Hier können sogar – anders als in Lateinamerika – chinesische Ladenbesitzer oder indigene Busfahrer freundlich sein, eine schöne Erfahrung. Genau wie die, am Tag nach dem Lauf zuerst im äthiopischen Restaurant mit den Händen zu essen, dann im chinesischen Minimarkt Gummibärchen als Nachtisch kaufen und dann in einer zum Pub umfunktionierten, ehemaligen afroamerikanischen Kapelle zuerst Nebraska Bitter (ein leichtes helles Bier) und dann ein Ruby (etwas rötlich, weil beim Brauen Johannisbeeren zugesetzt sind) zu trinken.

Womit wir schon wieder beim Flüssigen wären, denn da ist noch etwas, was Portland zur Traumstadt macht: Wir sind in der heimlichen Kaffeehauptstadt der USA gelandet. Hier gibt es fast 50 Röstereien und noch mehr Cafés, die das köstliche Schwarz servieren. Zum Beispiel im winzigen italienischen Stehcafé Spella, dessen Barista zwei Jahre in Ramstein gelebt hat (Air Force) oder im Worldcup Café in der „Powell City of Books", dem größten Buchladen der USA, der alleine schon eine Reise wert ist. Trotz seiner Größe (alleine die Musikabteilung ist so groß wie die meisten deutschen Viertel-Buchhandlungen) ist er familiär und verwinkelt, wie ein guter Buchladen sein muss. Der Kaffee ist in allen Cafés, die wir getestet haben, anders, jede Sorte hat eine andere Note, einen anderen Duft und Abgang, aber alle sind mächtig stark, so dass wir nachts kaum schlafen können. Macht nichts, träumen wir einfach von zu Hause, den kommenden Highlights, von Seattle, von Vancouver, von New York City und davon, auf jeden Fall nochmal nach Portland zurückzukommen.

Champs-Elyssés, Frankfurt-City und Appelhofplatz

Ein anderer Greyhound-Bus, immer noch die Interstate 5, auch die Richtung bleibt – nordwärts, nach Kanada, nach Vancouver. Vancouver BC muss man hier sagen, BC steht für den kanadischen Bundesstaat British-Columbia. Das US-Vancouver im Staate Washington liegt irgendwo auf halber Strecke zwischen Seattle und Vancouver BC.

Einen Massensprint à la Tour de France haben wir bei dem Wettbewerb um die schönste Stadt der Weltreise nicht erwartet, aber auf jeden Fall eine Ausreißergruppe, die den Sieger unter sich ausmacht. Nach mit Singapur mäßigem Beginn setzt sich dann auch schnell der Favorit Sydney an die Spitze, Melbourne etwas überraschend immer am Hinterrad, dann auf Augenhöhe, dann knapp vorbei. Auch die Jungtalente Adelaide und Perth fahren tapfer mit. Uraltstar Buenos Aires macht nur noch mit großmäuligen Sprüchen auf sich aufmerksam, kann dann aber nicht mal ein konkurrenzfähiges Rad auftreiben und fährt mit einer Schrottmöhre – zu hochnäsig, um zu fragen – vom Start weg in die falsche Richtung. Quito hingegen hält gut mit, das wird ein nicht erwarteter Mittelfeldplatz, vor Panama-City, das noch Trainingsrückstand hat. In der zweiten Hälfte des Rennens reiht sich der Altstar und ewige Geheimfavorit San Francisco vorne mit ein, überraschend stößt auch Portland in die Spitzengruppe vor. Dann ein kurzes Pfeifen, ein Luftzug, ein Windstoß und wie auf einer Rakete sitzend rast Seattle am verdutzten Fahrerfeld vorbei, grüßt lässig die bisher Führenden, schaltet kurz auf das nächstgrößere Zahnrad und ist vorbei. Keine Frage: Wäre das Rennen jetzt auf der Champs-Elyssés, Seattle hätte alle besiegt.

„Den Kopf von Portland und die Schönheit von Vancouver" beschreibt ein Reiseführer die Stadt, ökobewegt, pazifistisch, kulturell maximal vielseitig und stoned wie der südliche Nachbar, dazu eine Augenweide wie die Perle Kanadas. Wie Rom auf sieben Hügeln erbaut ist Seattle die einzige Weltstadt, in der man mitten im Wald wohnen kann. Nur wenige Meilen breit, liegt die Stadt zwischen Pazifikarm und Lake Washington. Die Innenstadt mit den üblichen Hochhäusern ist kompakt und gut zu erlaufen, voller Parks, Plätze und dem Meeresufer zwischen dem riesigen Hafen und dem für die Weltausstellung 1962 gebauten Seattle Center mit der die Stadt überragenden, immer noch spacig aussehenden Space Needle. Theater, Musik wie die Konzertreihe „Out to Lunch" jeden Freitag und Mittwoch zur Mittagspausenzeit, dazu bildende Kunst an jeder Ecke und viele tolle Museen machen die Stadt von Jimi Hendrix, Nirvana und Pearl Jam zu einem echten Kulturerlebnis. Ein toller Markt mitten in der Stadt ist das i-Tüpfelchen, von frischem Fisch, Pumpernickel-Bagel (!) und französischem Käse über Klamotten, Antiquitäten (ein Berlinreiseführer von 1982 für nur 1 Dollar!) bis hin zu Blumen, Bio-Obst, Öko-Gemüse und „Ulis Bierstube", da kann man es einen ganzen Tag, bis zum persönlichen finanziellen Ruin, aushalten.

Mindestens zwei Original-Seattler Firmen haben die ganze Welt verändert: Microsoft und Starbucks. Aber wofür eine Kaffeekette frequentieren, wenn an jeder Ecke der weltbeste Kaffee verkauft wird als an der nächsten? Wie viele Kaffeehauptstädte hat dieses Land eigentlich? Soll uns egal sein, wir genießen. Ganz besonders den Kaffee im Caffé Torino, das unser italienischer Gastgeber von seiner Abfindung bei Microsoft gekauft und eröffnet hat, in dem er jeden Tag fast 14 Stunden steht, köstlichen Kaffee und selbst gemachte italienische Speisen verkauft. Das Caffé Torino werden wir nie vergessen, denn es ist auch Schauplatz von SEINEM ersten öffentlichen Auftritt als Sänger mit Ukulele, im Rahmen einer Vernissage. Keiner rennt raus, auch fliegen keine original italienischen Tomaten, dafür gibt es Lob, nicht nur von IHR. Damit ist alles bereit für seine Straßenmusikerkarriere, jeden Samstag zwischen Hohe Straße und Appelhofplatz. Stilecht stoßen wir in der Nachbarkneipe namens „Feierabend" auf das Konzert an, mit heimwehfördernden Sorten wie echtem Reißdorf aus den original 0,4-Liter-Draußen-Gläsern und Hacker Pschorr in Original-Krügen. Veltins, Licher (spinnen die?), Bitburger, Franziskaner und Hofbräubräu hätten wir auch – fassfrisch! – haben können, aber wer will das schon?

Zur Traumstadt wird Seattle durch seine unglaublichen Wohnlagen. Nur eine zehnminütige Busfahrt von Downtown entfernt stehen sie, wunderbar gestaltete Einfamilienhäuser auf riesigen Grundstücken, mit tollen Gärten, die Straßen voller Bäume und Grünanlagen (Die Busfahrzeit ist extrem abhängig von der Zahl der Kranken, die an den auf dem ersten Hügel liegenden Hospitälern – NICHT Grey's Anatomy! – reinrollen, -humpeln oder –rutschen.). Auch die Details stimmen: Riesige Lavendelbüsche ragen auf den Gehweg und werden nicht rüde zurückgeschnitten. Da muss man halt mal ausweichen, na und? Zwischen Straße und Gehweg sind oft noch Grünstreifen, die die Bewohner der anliegenden Häuser zu Gemüsebeeten umfunktioniert haben. Das sieht toll aus und schmeckt. Ganze Stadtviertel Seattles liegen im Wald, teils mit Blick auf den See, denn hier werden nicht Forstflächen zu Baugebieten umgewidmet, sondern Parks und Wälder wieder aufgeforstet. Daran und am öffentlichen Leben beteiligen sich viele Bürger, der Community-Gedanke lebt. Lebensqualität in einer Stadt ist eben doch eine Frage der Gestaltung und des Mitmachens, „hätt noch emmer joht jange" reicht nicht immer.

Aber für's Paradies ist dann auch Seattle zu irdisch. Das Stadtzentrum ist voll von Bettlern und völlig abgewrackten Junkies. Dagegen sind die Drogenparks in Frankfurt-City klinisch rein. Manche versuchen, schweigend Geld zu erbetteln, andere sehen so unglaublich kaputt aus, dass sie gar nichts sagen müssen, wieder andere versuchen es mit Witz. Einer bietet per Pappschild „einen schlechten Rat, für nur 1 Dollar" und macht damit ganz gut Geld. Ärgerlich finden wir offensichtlich kerngesunde Mittzwanziger mit dummen Sprüchen wie „Keine traurige Geschichte, nur kein Geld und weit weg von zu Hause". Das geht uns haargenau so. Da sollte doch was zu machen sein, denn angeblich brummt die Wirtschaft in den USA derzeit wieder. Unser Gastgeber sucht zum Beispiel händeringend nach zuverlässigen Baristas für sein Café, aber der Markt ist leer. IHN hat es viel Überredungskunst, ganz viele Fotos vom Dom und stundenlang die Bläck Fööss auf dem iPod gekostet, um SIE zum Weiterreisen zu bewegen, Barista in Seattle, näh, wat wööhr dat schön?!

Die Lage dieser Traumstadt ist tatsächlich ein Segen. Kein Wunder, dass hier unglaublich viele Sportler – vor allem Radfahrer und Läufer – das Straßenbild prägen. Wem Meer und See nicht genügen, der muss nicht weit fahren, eine Stunde dauert es bis zum Bergsteigen, zwei Stunden bis in die Wüste. Ein schneebedeckter Gipfel neben dem anderen säumt auch gerade den Horizont auf unserer Greyhound-Fahrt nach Vancouver BC, das uns in Seattle als noch schönere Stadt angekündigt wird.

Wo soll das noch hinführen?

Die *ZEHN* schönsten Vorfreuden auf zu Hause

Andere Klamotten als immer dieselben Hosen, Schuhe und Shirts

Beim Erstligaaufstieg live dabei sein zu können

Das Wichtigste: Familie und Freunde!

Der erste Einkauf in einem deutschen Supermarkt: Brot, Quark, Käse, Brillenputztücher, günstige Alkoholika und alkoholfreies Bier

Der Samstagsmarkt direkt um die Ecke

Deutsche Zeitungen, TV und Radio

Die Parks, Kneipen, Cafés und Buchläden Kölns und Vater Rhein

Kino, Theater und Museen

Kurze und lange Urlaube in Wales, Irland, Italien, Österreich, Frankreich, Niederlande, Deutschland

Sesshaft sein, Heimat spüren, ausruhen

Ne, ne, so weit ist es noch nicht. Vielleicht gibt es ja einen Überraschungssieger in Sachen schönste Stadt unserer Reise. Vancouver und Seattle sind blöderweise in ihrer Schönheit kaum zu vergleichen. Die Lage der kanadischen Metropole ist schlicht unschlagbar. Die Innenstadt auf einer Landzunge zwischen Meer und Flussmündungen gelegen, mit dem größten städtischen Park Nordamerikas auf dem vordersten Zipfel, in dem wir nur einen Kilometer von Downtown entfernt über Waschbären und Eichhörnchen stolpern (ist buchstäblich gemeint, aber ohne Verletzte). Umrahmt wird die Stadt von einer endlos scheinenden Bergkette, die so nah ist wie in einem handelsüblichen Alpendorf. Wie Seattle hat Vancouver dazu herrliche Wohnlagen zu bieten, von den mittlerweile vertrauten schönen Vierteln mit Einfamilienhäusern bis hin zu architektonisch interessanten Wohn-Hochhäusern – beispielsweise in Segelform – in der City, die richtig einladend aussehen, mit gepflegten Grünanlagen, Spielplätzen und dem perfekten Blick auf Meer und Berge.

Wir wohnen etwas weniger zentral als in Seattle, dafür in einem tollen Viertel direkt am Commercial Drive, der das Herz des alternativen Vancouvers ist – voll mit Restaurants, Cafés, bezahlbaren Obst- und Gemüsehändlern (und das will in Kanada schon was heißen) und jeder Menge witziger Läden, vom Schallplattengeschäft über einen Hula-Hoop-Laden bis hin zu einem Cannabisshop, der mal eben zur Painmanagement-Society umbenannt wurde. Wie beliebt das „lebenswichtige Gemüse Cannabis" (lokale Schaufensterwerbung) hier ist, zeigt auch, dass wir in USA und Kanada kaum noch Raucher sehen, sondern wenn es qualmt, dann sind es Kiffer. Am anderen Ende der Drogenkette leben in Vancouver leider auch eine Menge Menschen. Der Bus in die City führt uns zum Beispiel rund um das Viertel Chinatown an zahllosen armen Schweinen vorbei, die nur dahinvegetieren. Ein dicker Minuspunkt für Vancouver, unsere schönste Stadt der Welt sollte eigentlich keine ultra-hässlichen Flecken haben. Hilflos verteilen wir hin und wieder Dollars an den ein oder anderen und werden manchmal angeschnauzt, weil es „nur" zwei Dollar sind.
Trotzdem wollen wir schon nach 24 Stunden Vancouver B.C. Kanadier werden. Das Land ist einladend und hat sich den Mix der unterschiedlichen Kulturen in seine nationale Identität geschrieben. Das „Willkommen" am Hafen der Stadt ist ernst gemeint. Und genauso fühlen wir uns.

Von Regeln, vom Geniessen und von Ushuaia nach Alaska

Ein letztes Mal – für diesen Besuch jedenfalls – fahren wir im Westen des amerikanischen Doppelkontinentes nach Norden. Was Mitte Februar, im südlichsten Süden Südamerikas, in Ushuaia/Feuerland, begonnen hat, endet mit dieser Fahrt: die tausendfache Kilometerfresserei Richtung Alaska. Viele, viele Stunden haben wir auf den Rutas, High- und Freeways der beiden Amerikas verbracht, die zusammen die Panamericana ergeben, eben die Fernstraße von Alaska nach Feuerland. In Bussen unterschiedlichster Qualität haben wir gesessen, von argentinisch-schrottreif über chilenisch-ordentlich, ecuadorianisch-vernünftig, panamaisch-unverschämt bis hin zu nordamerikanisch-okay. Wobei es auch bei letzteren Unterschiede gibt, die kanadischen Greyhounds sind dann doch noch etwas besser als die US-amerikanischen, und kaum ein Fahrgast sieht hier schlimmer aus als wir. Also nicht die Haute Volaute (sprich: hau te wo lau te), aber auch nicht wirklich abrissreif. Selbst der Bahnhof in Vancouver – die Pacific Center Station – befindet sich auf der sicheren Seite des Sozialgefüges. Nicht ein einziger „Ich spritz mich vor Deinen Augen tot"-Mitbürger oder -tourist.

Kanada ist generell kein Land für Misanthropen, das ist jedenfalls unsere Erfahrung in der Weltstadt Vancouver. Hier geht selbst dem sensibelsten Menschenfeind kaum jemand auf die Nerven. Tut es dann doch jemand, ragt diese/r aus der Masse heraus wie ein Fernsehturm aus einer handelsüblichen deutschen Skyline. Ob 30.000 Menschen beim Vancouver Folk Music Festival, die englische Wartelinie am Busstop, Fußgänger, Rad- und Autofahrer im Straßenverkehr oder Wanderer auf den Bergwegen hier – die Menschen passen aufeinander auf, keiner versucht, vorzudrängeln oder sich auf Kosten eines anderen einen Vorteil zu verschaffen. Man hält sich hier einfach an Regeln, auch an ungeschriebene, und es funktioniert! Was graut es da vor allem IHM wieder vor dem Dicke-Hose-Gockel-Gehabe auf deutschen Autobahnen, in heimischen Straßenbahnen, in der ein oder anderen Alltagssituation in Supermarkt, Park und sonst wo. Wie schön wäre es, wenn das kanadisch wäre, nur im Fußballstadion, da soll bitte alles erlaubt sein.

Vancouver hat die bislang schönste Laufstrecke unserer Reise, 9 Kilometer direkt am Meer entlang, mit Aussicht auf Strände, Schiffe, Berge. Rund um den schon beschriebenen Stanley-Park herum geht es, und wer verlängern will, kann dann die ein oder andere Steigerungseinheit durch den Wald anschließen. Der Lauf ist sogar an einem Wochenendmittag schön, wenn viele Menschen unterwegs sind. Das liegt an ein paar ganz simplen Regeln: 1. Fahrräder und Skater sowie Fußgänger und Läufer nutzen getrennte Wege; 2. Erstere dürfen nur in eine Richtung fahren, gegen den Uhrzeigersinn um den Park herum; 3. Große Hunde sind verboten. Jeder hält sich dran, keiner stört oder nervt den anderen, um schneller voran zu kommen oder weil er/sie eben der/die geborene Leader ist und gut, wunderbar ist es.

Okay, manchmal ist die Regulierungswut sogar für Deutsche befremdlich. Zum Beispiel als wir uns zu einer Wanderung auf den Hausberg Vancouvers – den Grouse Mountain – aufmachen. Nur eine halbe Stunde (mit Seabus und Earthbus – also einer Fähre und einem Omnibus) von der Innenstadt entfernt geht es los, 1.000 Höhenmeter sind zu überwinden. Wir wundern uns über all die Läufertrikots am Eingang des Weges und nehmen einen anderen quer durch den Wald, freuen uns über einen tollen Wanderweg und die Einsamkeit, verlaufen uns und finden die Einsamkeit dann doch nicht mehr so toll. Dann endlich eine Frau mit Hund, wir fragen nach dem Weg, der Hund pieselt einen Baum an, die Frau antwortet und schickt uns den halben Pfad wieder zurück, dann kraxeln wir quer durch den Wald steil nach oben, von einer orangefarbenen Wegplakette zur nächsten.
Oben angekommen erkennen wir, dass der andere Weg – der Grouse Grind Trail – eine vertikale Laufstrecke ist, mit fest installierter Zeitnahme am Anfang und am Ende. Der schnellste, jemals gemessene Läufer brauchte übrigens rund 23 Minuten, der langsamste 1 Stunde und 40 Minuten, der penetranteste Dauergast ist den Weg bereits rund 2.200 Mal gerannt. Wie bescheuert muss man sein? Wir jedenfalls fragten den Betreiber der Seilbahn und des Holzfäller-Show-Parks auf dem Berggipfel, welchen Weg abwärts er denn empfiehlt. „Keinen" ist die Antwort, wir sollen Tickets kaufen und die Seilbahn nehmen. „Wollnwanisch" sagen wir, „Wollnwandern". „Geht nisch" sagt der Hansel erneut, den „Grouse Grind Trail" darf man nur nach oben rennen und zu den anderen Wegen gibt es keine Karten und aus versicherungsrechtlichen Gründen auch keine Infos. Notgedrungen kaufen wir ein Ticket, ziehen aber noch – unabgesprochen – eine tolle Szene mit den Tickets verkaufenden studentischen Hilfskräften ab, dass wir so etwas noch nie erlebt hätten, nicht mal in Südamerika, Zeter und Mordio. Und wie wir so blötzen, merken wir, dass Kanadier sich offensichtlich nicht oft über irgendetwas beschweren. Wir haben jedenfalls schnell die Aufmerksamkeit der vollen Seilbahnwartehalle und wissen sie zu nutzen, herrlich!
Das Vancouver Folk Music Festival am Jericho Beach erinnert auf den ersten Blick etwas an Mallorca. Jedes Fleckchen ist mit Handtüchern und Strandmatten belegt. Selbst der Regelliebhaber erkennt erst später das System: Das seit 36 Jahren stattfindende Festival ist Jahr für Jahr gewachsen und war früher mal eine Mischung aus Parkliegen, Kiffen, freier Liebe und Musik. Rauchen ist mittlerweile

verboten, alle haben auch etwas an, wenn auch die meisten wenig. Musik gibt es natürlich immer noch, und das Rumliegen wird weiterhin exzessiv betrieben. Über die Jahre gab es aber offensichtlich immer mehr Leute, die sich durch die Musik zu abartigen Bewegungen – das so genannte Tanzen – hinreißen ließen, wodurch sich die Parklieger gestört fühlten. Dann kam die Regulierung. Dieses Mal sind durch blaue Taue auf dem Boden markierte Bereiche voneinander getrennt. Vor der Bühne und dann trichterförmig nach hinten führend ist die Sitzzone, links und rechts davon darf gezappelt werden. Einem hat das wohl niemand erzählt: Der Sänger einer indischen Folkrockband – buddhistisches Gejaule, unterlegt von E-Gitarren-Geschrabbel! – fordert die Sitzenden immer energischer und am Ende herrisch dazu auf, aufzustehen, immer und immer wieder vergeblich, bis sich in einer Liedpause ein Stimmchen aus der Sitzzone erhebt und weinerlich jammert: „Aber wir dürfen hier doch nicht tanzen…".

Tolle neue Bands für die CD-Wunschliste haben wir gehört, und zwei Musiker sogar persönlich getroffen: Sharon von „The littlest birds", die Vermieterin der Waldhütte in Bishop/Kalifornien, in der wir vor einigen Wochen gewohnt haben – das sind Zufälle, die nur eine solche Reise schreibt. Außerdem Steve Earle himself inklusive Autogramm und Händedruck, der fester ist als gedacht, war der gute Steve in den Neunzigern doch Dank Drogen und Alkohol jahrelang mehr tot als lebendig.
Direkt vor den Tanzzonen, die wir beim Konzert von Steve Earle natürlich besuchen, sind die Sitzplätze für Alte und Behinderte – viele davon offensichtlich schwerst krank oder mehrfach behindert, sie können keine Gliedmaße mehr bewegen und müssen gefüttert werden. Bei genauem Hinsehen beobachten wir, wie sich bei dem ein oder anderen der Schwerstbewegungsunfähigen doch der Kopf ein bisschen im Takt bewegt. That's Rock'n'Roll! Auf einer fahrbaren Liege liegt bäuchlings ein älterer Mann, der Kopf normalgroß, der unter einer Decke verborgene Körper nicht größer als der eines Kindes. Nicht eine Bewegung ist zu sehen, stundenlang nicht. Irgendwie liegt er da wie eine stumme Erinnerung an alle, die noch tanzen, sitzen, mit dem Kopf wippen können: „Genießt es, genießt es, genießt es!"

KATERGEWEIH UND DIE SCHÖNSTE STRASSE DER WELT

Die meistgehörte Frage unserer Reise ist die nach dem bisher schönsten Land, das wir besucht haben. „Neuseeland" antwortete ER immer, wie aus der Pistole geschossen – undenkbar, dass es Konkurrenz geben könnte. Gibt es aber doch. Kanada hat eine derart paradiesische Landschaft, das ist kaum zu fassen und selbst für professionelle Schreibprosti..., pardon -kräfte kaum zu beschreiben. Mit bis zur Gaumenaustrocknung offenem Mund fahren wir in einem Ein-Tages-Mietwagen zehn Stunden von Jasper nach Banff, den größten Teil davon auf dem hier beginnenden Highway 93 (der auf diesem Abschnitt „Icefield Parkway" heißt und bis tief nach Arizona führt). Er ist ohne Übertreibung eine der schönsten Straßen der Welt (Wobei wir nicht wissen, welcher Highway noch schöner sein könnte.). Kein Mensch braucht hier die angesichts der Kilometerzahl eigentlich angezeigten drei Stunden. Jeder Kilometer, jede Kurve bringt neue wunderschöne Ausblicke auf die über Jahrmillionen von Gletschern messerscharf geschliffenen, schneebedeckten Rocky Mountains, auf türkisblaue Seen, auf Blumenfelder, auf Dank des Gletscherwassers milchig-weiße Wildbäche, auf riesige Wälder, deren Bäume so dicht stehen wie Grashalme auf einer Alpenwiese.

Als sei die Landschaft nicht schon beeindruckend genug, schauen überall Tiere vorbei und zeigen mit ihrer Coolness, wem die Natur hier gehört, ganz sicher nicht den angeblich schöpfungsgekrönten Zweibeinern. Karibus mit Geweihen so groß wie der erste Silvesterkater äsen im Gebüsch, ein Eichhörnchen knabbert am Wegesrand, Elchkühe fressen sich satt, A- und B-Hörnchen spielen totes Denkmal, bis sie dann doch erschrecken und so schnell weglaufen als könnten sie sich weg-beamen.

Dann der absolute Höhepunkt, bei dem wir selbst totes Denkmal spielen, deshalb gibt es kein Beweisfoto: Ein Schwarzbär, vielleicht 50 Meter entfernt im Wald. Bären – die schwarzen und dazu Grizzlys – sind die eigentlichen Herrscher hier. Im Banff Nationalpark darf man nur in Gruppen zu mindestens vier Leuten wandern. Jeder, der in den Wald latscht, sollte Bärenspray dabei haben, für den Fall, dass die beiden anderen Möglichkeiten – beruhigend auf das Vieh einreden („Ich bin ein Me-ensch und schmecke fu-urchtbar") und toter Mensch spielen – nicht fruchten. Wie man einen aggressiven, seinen Nachwuchs verteidigenden oder einfach hungrigen Bären von einem Artgenossen unterscheidet, der nur zufällig des Weges kommt und zu beruhigen ist, darüber haben wir eine vielseitige Broschüre bekommen, die wir bei Bären-Kontakt erstmal in Ruhe studieren werden, in der Hoffnung, dem guten Vieh wird langweilig, und es trollt sich. Hier in Canmore bei Banff, von wo wir via Calgary und Westjet nach Chicago aufbrechen, steht das Bärenspray sogar im Bücherregal. Unser Appartement liegt wunderbar direkt am Waldrand, und wir warten nur darauf, dass ein Bär anklopft, weil er tierisch gerne (mit) uns futtern würde.

„Home far away from home" haben wir unseren fürsorglichen und aufmerksamen Gastgebern in Jasper als Dank geschrieben, eigentlich eine blöde Floskel, die nur schön ist, wenn man sie ernst meint. Haben wir. Der Ort und „Jober's Cottage" stehen ganz oben auf unserer Da-müssen-wir-nochmal-hin-Liste. Genauso schön gelegen, ist Jasper weniger touristisch als Banff oder – im Winter – Whistler und bietet zahllose Möglichkeiten, den Tag zu verbringen. Wir haben uns aufs kostenfreie Wandern oder Laufen durch tolle Landschaften konzentriert und das durch Nicht-Raften, Nicht-Radleihen, Nicht-Bustour zum paradiesischen Maligne Lake gesparte Geld an einem einzigen Abend auf den Kopf gehauen.

Das hat sich aber nicht nur des Jung-Karibu-Geweih-Katers wegen gelohnt. Wir haben ein tolles Konzert von Del Barber aus Manitoba/Kanada gesehen, der schon das Vancouver Folk Music Festival gerockt hat und nun für immer und ewig unseren Soundtrack für die Erinnerung an die schönsten Berg-, See-, Fluss-, Wald- und Wiesen-Landschaften der Welt spielen wird. Beäugt werden wir dabei von Uroma Queen Elizabeth II., die hier – noch deutlicher als in Australien – omnipräsent ist, auf Geldscheinen, im Copyright von Wanderkarten (!) oder eben als Portrait an der Wand des Konzertareals, der Versammlungshalle der örtlichen Legion, die die größte Veteranenvereinigung Kanadas ist. So spielt Del Barber vor einem gebatikten Wandtuch, das Kampfflugzeuge zeigt, die Herren müssen ihre Mützen und Hüte abnehmen, zumindest beim Vorbeidefilieren an allerhand Flaggen, und: Das Bier ist kampfpreisgünstig. Von der Musik zu allerhand hoch- und tieftrabenden Themen inspiriert lassen wir uns von d en „Dutch Crunch BBQ Chips" zu der gewagten These „Keine gute Party ohne Chio-Chips-Tonnen" hinreißen und verlassen nach Kauf einer Del Barber-CD und Händedruck mit dem Künstler („Sssper, sssper, sssper – Kammm Dschärmoni?") den Saal. Trotz Bewölkung haben wir draußen Sterne gesehen, ein Traum!

Präsidiale Nachbarschaft und Kinn-zum-Bauchnabel

Von wegen „Amerikaner hupen nicht" – das vorausschauende, manchmal bedächtige Autofahren scheint ein reines Westküsten-Symptom zu sein. Wie auch der ständige Marihuana-Geruch an jeder Ecke ist dieses Phänomen in Chicago verschwunden. Dafür ist die Metropole am Ufer des Lake Michigan aber auch mal eine echte Millionenstadt, die drittgrößte in den USA. Dagegen sind San Francisco, Seattle, Vancouver und Calgary Kleinstädte. Und welch eine tolle Stadt ist dieses Chicago, voller Leben, toller Parks und einer atemberaubenden Skyline – wer hätte gedacht, dass wir eine Hochhäuser-Front mal schön finden würden. Aber das ist sie, denn jeder der buchstäblichen Wolkenkratzer hat seinen eigenen Charakter, seine eigene architektonische Finesse, da ist der höchste – der

Willis Tower, das neunthöchste Gebäude der Welt – schon fast der langweiligste. Der Höhepunkt ist ein etwas kürzeres Hochhaus in der Innenstadt, nicht weit entfernt von der Straße, in der die weltberühmte Route 66 ganz unprätentiös beginnt. Das Gebäude ist unten eine Bank und oben – wenn ein Pinguin so hoch schauen würde, würde er hinterrücks umfallen – eine Kirche.

Auf dem Platz vor der Hochhauskirche steht eine Statue von Picasso und wird von Kids bespielt – nix „Betreten verboten". Chicago ist eine Kulturstadt erster Güte, Museen, Theater und Konzerthäuser überall, viele davon preisgekrönt. Das i-Tüpfelchen sind die kostenlosen Angebote in diesem Tempel öffentlicher Kunst. Parks und Straßen sind voll davon, überlebensgroße Köpfe, aus denen Blumen wachsen, eine Spiegelwolke, marschierende Beine ohne Torso. Berühmte Orchester spielen mehrmals wöchentlich kostenlos zur Rush hour in einer Kathedrale, im Millenium-Park finden von Juni bis September fast täglich Konzerte statt, der Eintritt ist frei, dazu gibt es in vielen dutzend Parks den ganzen Sommer über Open Air-Filme für lau, genauso kostenlose öffentliche Yoga-, Zumba- und andere Fitness-Stunden. Wir hören schon das Lamentieren und Pseudo-Argumentieren, das aus dem Rathaus klänge, würde man mal fragen, warum das Metropölchen am Rhein dagegen so trostlos wirkt, ohne die Eigeninitiative Einzelner tote Hose wäre. Vielleicht ist der Weg Chicagos eine Möglichkeit, zum Beispiel ist im tollen Millenium Park jeder Grashalm gesponsert, die BP Bridge, das Mc Donald's Cycle Center, die Boeing Gallery, die AT&T Plaza. Nach nur kurzem Innehalten ist es uns auch schon völlig egal, wer die Anlage bezahlt hat, sie ist einfach schön und wird von Einheimischen genauso wie Touristen zu tausenden angenommen.

Sauber ist die Stadt. Auch wenn es Wrigley's City ist, latschen wir in kein einziges Kaugummi. Manche der Brücken für die Züge in der City ist etwas angerostet, aber das hat einen eigenen Charme, wir fühlen uns in der kompletten Innenstadt wie in einer Filmkulisse. Und nicht nur da, auch die Straße, in der wir wohnen, scheint einem Film entnommen. Wir warten jeden Moment darauf, dass – im besten Falle – Woody Allen oder – im schlimmsten Falle – Al Bundy aus der Kulisse springt und was Schlaues oder Dämliches sagt. Unser Gastgeber bewohnt hier ein Luxusappartement. Zwei Schlafzimmer, zwei Bäder, dazu eine offene Wohnküche, die so groß ist, dass eine Tischtennisplatte reinpasst, die wir nun zum Wachwerden täglich frequentieren. Ansonsten strolchen wir so unauffällig wie möglich durch die Nachbarschaft, denn ein paar Blocks weiter wohnt ein gewisser Barack Obama. Leider ist er im Moment nicht da, das würde man, so unser Gastgeber, merken, dann ginge in der ganzen Gegend wegen der präsidialen Entourage und zahlloser Polizisten gar nichts mehr. Aber auch in Abwesenheit des mächtigsten Mannes der Welt dürfen „seine" Straße nur Anwohner und deren Gäste betreten, dafür sorgen auffällig Secret Service-Beamte.

Wenn wir es nicht wüssten, würden wir nicht glauben, dass Chicago an einem See liegt. Was da nur einige hundert Meter von unserer vorübergehenden Heimat entfernt ans Ufer plätschert, ist so riesig wie ein Meer. Nirgendwo ist ein anderes Ufer in Sicht, nur Richtung Norden, ein paar Meilen entfernt, grüßt die Skyline von Chicago. Hier ist schon wieder eine Kandidatin für die schönste Laufstrecke der Reise. Direkt am Seeufer, etliche Meilen lang, ist eine Parklandschaft entstanden, durch die sich beleuchtete Lauf- und Radwege ziehen. Blöderweise ist die Kulisse – Jachthäfen, Strände und die Skyline – so schön, dass wir oft stehen bleiben und gucken müssen. Die Pausen holen wir wieder rein, denn direkt vor unserer Haustür liegt ein bestens gepflegter Footballplatz mit 1A-Laufrunde drum herum für fieses Tempotraining und Kinn-zum-Bauchnabel-ziehen oder hat unser Firmen-Laufcoach das umgekehrt oder so ähnlich gesagt?

„WHITE TRASH": VON KINDERREGELN UND DER LINIE 4

Das Bussystem von Chicago ist eine „Mess", wie der Einheimische sagt. Das ist nicht hessisch und hat auch nichts mit Gottesdienst zu tun, sondern bezeichnet im Englischen einfach einen großen Haufen von Abortprodukten, der umso größer wird, je länger man warten muss. Das kann bei der Linie 4, die „unseren" rein afroamerikanischen Vorort Kensington mit der Innenstadt verbindet, am hell-lichten Tag schon mal 30 Minuten und länger dauern. Blanker Hohn ist, dass dann nicht nur ein „Vierer" kommt, sondern im Abstand von wenigen hundert Metern gleich drei oder vier. Das passiert bei dieser Linie nicht einmal, nicht manchmal, nicht oft, sondern IMMER.

Als ordnungsbewusste Deutsche gehen wir schnell auf die Suche nach den Gründen, warum die Busse den Fahrplan nicht einhalten können. Wie so oft kommen die aus der Themensammlung: „Gut gedacht, schlecht gemacht". Die Fahrer sind beispielsweise die geduldigsten Menschen auf der Welt, sie warten auf die einzusteigende Oma, wenn die noch gar nicht von zu Hause losgegangen ist. Dazu hat der amerikanische Busreisende gerne unglaublich viel Gepäck dabei, Einkaufswagen, müllsackgroße Taschen, riesige Kinderwagen und spätestens ab dem 60. Lebensjahr einen eigenen elektrischen Rollstuhl mit den Ausmaßen eines Smarts. Reist der amerikanische Busgast ohne Gepäck und auf zwei Beinen, ist er oder sie selbst oft körperlich sehr beladen. „Die USA sind die fetteste Nation des Planeten und gerade in Chicago werdet Ihr das sehen!", hat uns unser Gastgeber in Seattle gewarnt.

Unglaublich, wie Recht er hatte. Ohne Übertreibung: Mindestens jede/r zweite Busreisende in Chicago ist so fett, dass er oder sie zwei Sitze braucht. Manche versperren dann immer noch mit ihrem Körper den Gang, in den Bauch- und Beinrundungen herausragen. Man muss es leider so deutlich schreiben, denn es geht hier nicht um normales Übergewicht, Wohlstandsbäuche, Couchpotatoe-Figuren, was auch immer, wir reden von Frauen, die weit mehr als 150 Kilo wiegen und Männern in der Ü-200-Kilo-Klasse. Das Schlimme ist: Es sind so viele, dass sie gar nicht mehr auffallen, es sei denn, man kommt halt nicht dran vorbei. Es gibt Studien, die besagen, dass in den USA in ein paar Jahrzehnten über 40 Prozent der Menschen adipös sein werden, also nicht übergewichtig, sondern fettleibig, heute sind es schon 27 Prozent. Nicht zuletzt nicht-akademische Schichten sind betroffen, weshalb es uns in Chicagos Bussen besonders aufgefallen ist, denn die nutzen vor allem einfache Leute.

All diese Hindernisse sorgen, ohne dass einer der nachfolgenden Busse überholt (warum auch immer), für einen unglaublich langwierigen Ein- und Aussteigevorgang. Der darüber hinaus noch alle Nase lang stattfindet, denn zwischen den einzelnen Haltestellen liegen – überall in nordamerikanischen Städten übrigens – höchstens 200 bis 300 Meter. Manchmal befindet sich vor einer stinknormalen Kreuzung eine, und die nächste liegt direkt dahinter. Mittlerweile kennen wir jede einzelne Haltestelle der Linie 4 auf unserer einstündigen Fahrt über fünf Meilen nach Downtown. Denn natürlich steht an jeder verdammten Station jemand. Dann geht das Spielchen los: Kopf reinstecken, blöd fragen, ob das die Linie 4 ist. Die Antwort ist simpel, da auf der Strecke nur die Linie 4 operiert. Weder die U-Bahn, die in Chicago ein Mädchen ist und Metra heißt, noch die Schnellbuslinien halten hier. Sie rauschen am afroamerikanischen Kensington vorbei bzw. stationslos drunter durch, das ist reinster Verkehrsbetriebsrassismus.

Worüber auch immer, der eventuelle Fahrgast neben dem Bus und der/die im Bus sitzende Busfahrer/in unterhalten sich angeregt weiter, bis das Wesen draußen zum Einsteigevorgang bereit ist. Ist es rollend, geht der Bus rechts etwas in die Knie, klappt unter tinnitusförderndem Getöse an der Vordertür eine Metallzunge aus, über die der neue Kunde den Bus berollt. Ist es ein adipöser Zweibeiner, geht der Bus ebenfalls wild piepsend, aber ohne Zunge raus, vorne in die Knie, da die michelinmännchenförmigen Beine nur noch einen so geringen Abknickwinkel zulassen, dass lediglich nicht mehr Stufen zu nennende Höhenunterschiede von zehn Zentimetern – im wahrsten Sinne des Wortes – gehen. Der seltene magersüchtige, normal- und normal-übergewichtige Mensch steigt einfach ein.

Selbstverständlich fährt der Bus erst los, wenn alle Fahrgäste sitzen, was dauert, da die Unzahl von Bezahlmöglichkeiten (Cash oder Karte) manchen vor schier unlösbare Probleme stellt. Nicht alle müssen zahlen, was eben auch wieder die USA sind. Wir haben schon viele arme Menschen gesehen, die, mit einem Augenzwinkern bedacht, kostenlos ein paar Haltestellen mitfahren durften. Alle wissen es, keiner motzt. Man stelle sich mal den Aufstand der ticketierten Gutmenschen in Deutschland vor, wenn einige nicht zahlen müssten. Keiner würde mehr Fahrkarten für irgendwas kaufen.

An den Haltestellen, an denen niemand einsteigen möchte, fahren wir selten vorbei, denn es will ganz bestimmt jemand raus. Das geht so: Vor den Fenstern der Busse ist rundherum ein mit Plastik ummantelter Draht gespannt, den man – die Unbeweglichkeit von Michelinmännchen oder -frauchen mal außen vor gelassen – von jedem Sitz aus erreichen kann. Leicht nach unten ziehen und schon leuchtet vorne „Stop requested", und der Bus hält an der gewünschten 32. Straße, 33. Straße, 34. Straße etc. pp. (die Linie 4 fährt von 0 bis zur 95. Straße, wahrscheinlich machen die Fahrer dafür 3-Tages-Schichten). Warum manche an dem Draht zerren wie Rodeoreiter kurz vor dem Abwurf am Gesäume, hat sich uns nicht erschlossen. Am Einfachsten gestaltet sich der Aussteigevorgang wieder für alle bis zum normal Übergewichtigen. Geht es ein ums andere Mal in die Vier-Zentner-Klasse, gerät der ganze Bus in Aufruhr, denn natürlich entscheidet sich Herr oder Frau Sumo-Ringer viel zu spät für das Aussteigen, löst sich – allen Gesetzen der Schwerkraft widersprechend – aus den beiden Sitzen, ein Geräusch wie beim Entkorken einer riesigen Weinflasche entsteht, wenn die Luft den großen freiwerdenden Raum in aller Schnelle einnimmt, da ist ein Bus nicht anders als ein Sturm in freier Natur. Der oder die kurzfristig Aussteigewillige nimmt den seesackgroßen Rucksack bzw. das 50-Liter-Handtäschchen unter den Arm, tankt sich zum am Weitesten entfernt liegenden Ein- und Ausgang durch, die vielen anderen Menschenberge umrundend, Normal-Übergewichtige und alle anderen übersehend und überwalzend. Als Ausstiegshilfe fährt die Zunge wieder aus. Der Übermensch steigt aus, Zunge wieder rein, weiter geht die Fahrt.
Der Höhepunkt sind dann die wahrscheinlich in allen Bussen dieser Welt unvermeidlichen, in den USA aber auffällig reichlich vorhandenen Bestussten, die vor sich hin brabbeln und sabbern, singen, schreien, aufstehen, sich setzen, aufstehen, sich setzen, aufstehen, sich setzen. Einmal geraten wir beim Einsteigen in die bis auf eine vielleicht 50-jährige, englisch aussehende Geschäftsfrau ausschließlich mit Afroamerikanern voll besetzte Linie 4 mitten in einen Streit zwischen der besagten Dame und ihrer vielleicht 70-jährigen afroamerikanischen Sitznachbarin. Worum es geht, wird nicht klar, es eskaliert jedenfalls immer

schön weiter, bis die ältere Dame plötzlich – so überraschend wie weiße Milch überkocht – nur noch „You are white trash" brüllt, immer wieder, bis die Businesslady entnervt aussteigt. Keiner sagt etwas, alle schauen betreten weg. Wir verkneifen uns den Diskussionsbeitrag, dass Müll jede Farbe haben kann, fühlen uns als Minderheit aber dann doch etwas unwohl. Bis ein vielleicht fünf- oder sechsjähriger afroamerikanischer Junge, der vor uns sitzt, uns anschaut, grinst, in Richtung der alten Dame deutet und sich mit dem Zeigefinger an die Stirn klopft. Immer und überall machen also die Mehrheiten die Regeln, nur Kinder nicht, die machen ihre eigenen.

VON GEORGE ÜBER ABRAHAM ZU BARACK

Mal wieder auf der Suche nach dem größtmöglichen Gegensatz sitzen wir – nach einem idyllischen Frühstück im großen Garten unserer deutsch-amerikanischen Gastgeber – im Greyhound von Derwood/Maryland vor den Toren von Washington D.C. in Richtung New York City, mitten rein nach Manhattan. Vom beschaulichen, üppig-grünen Rita Mae Brown-Land, in dem fast jedes Haus so tut, als sei es ein Landsitz, geht es in die größte und sicher auch schnellste und lauteste Stadt Nordamerikas. Fünf Tage Maryland, davon zwei Tage Sightseeing in Washington D.C., sind perfekt zur Erholung von der 19-stündigen Übernachtfahrt mit dem Zug aus Chicago und für die zehn Tage in der Stadt, die laut Frank Sinatra angeblich niemals schläft.

Washington, „The nation's capital", aus einem Kompromiss im 18. Jahrhundert entstanden und ungefähr in der Mitte der 13 Gründungsstaaten der USA gebaut, ist eine reine Beamten- und Repräsentationsstadt. Hier ist alles groß und weitläufig, wer verbeamtet ist, lustwandelt, wer repräsentiert, schreitet. Schnellgänger sind Touristen, die in den meist zu kurz angesetzten Besuch in der kulturell unterschätzten Hauptstadt so viel wie möglich rein packen wollen, zum Beispiel Museumsbesuche, zu denen der Eintritt kostenlos ist, die aber um 17.00 Uhr schließen. Manche Dumpfbacken springen angesichts der heißen Jahreszeit auch in jeden der Brunnen, den sie finden können, auch wenn etliche Schilder das verbieten. Besonders sauer ist der offizielle Amerikaner, wenn die Blindschleichen ein Memorial entehren und statt andächtig drum herum zu laufen in dem Brunnen davor schwimmen gehen. Da kriegt der Ranger lautstark die Motten.

Leider ist Baden oder Waten das einzig Sinnvolle, was man am neuen Memorial zum Zweiten Weltkrieg mitten auf der National Mall tun kann. Es ist das hässlichste, schamloseste, übertriebenste, selbstbeweihräucherndste und unnötigste Denkmal der ganzen Stadt. Hier geht es nicht um das Gedenken an die Opfer dieses von Nazi-Deutschland angezettelten Krieges, sondern nur um eine einzige Aussage: Die USA haben den 2. Weltkrieg gewonnen und zwar überall, auf der ganzen Welt, in der Luft, im Wasser, auf der Erde (und zwar ganz allein und für immer). Das einzig Relativierende, was man als versuchter USA-Versteher, der dann doch lieber eine amerikanisch- als eine nationaldeutsch-, russisch- oder chinesisch-geprägte Welt hat, zu diesem an römische Gladiatorenehrungen und Triumphzüge erinnernden Monstrum sagen kann, ist der Name des Auftraggebers, in dessen schmerzhaft dunkle Amtszeit der Bau und die Eröffnung fällt: George Dabbelju Ab-in-den-Busch. War ja klar.

Dank dieses Dings sieht die National Mall nun auch nicht mehr so schön aus wie in den entsprechenden Filmszenen aus Forrest Gump, auf dessen Spuren wir nach dem Monument Valley nun zum zweiten Mal wandeln. Dessen geliebte Jenny hüpft – wahrscheinlich auch verbotenerweise – durch das heilige Wasser in der Mitte zu ihm. Auch der Obelisk in der Mitte der Mall – das George Washington Monument – (rechts geht es ab zum Weißen Haus) ist nicht mehr das, was es mal war, es ist zu Restaurierungszwecken eingerüstet. George Washington, Kommandeur der amerikanischen Truppen im Unabhängigkeitskrieg gegen die Briten, war übrigens der einzige US-Präsident, der nie im – von ihm beauftragten und von einem Iren nach Vorbild des Dubliner Parlamentssitzes gebauten – Weißen Haus residierte. Es wurde erst 1800, ein Jahr nach dem Tode des auch heute noch omnipräsenten US-Übervaters, fertig. Der zweite Präsident der US-Geschichte, John Adams, bezog es als Erster. Theodore Roosevelt taufte es „Weißes Haus" und mit Barack Obama samt Familie zog offensichtlich deutlich mehr Stil ein als bei seinem unseligen Vorgänger. Die Washingtoner jedenfalls freuen sich, dass dieser Präsident, offensichtlich der erste überhaupt, sich bemüht, einer von ihnen zu sein, in dem er auch schon mal in der Stadt essen geht oder ein Baseballspiel besucht. Wir hoffen, dass er nach der Absage seines Treffens mit Putin Zeit für uns haben würde, schließlich waren wir ja schon in Chicago Nachbarn. Leider braucht er Urlaub und ist für eine Woche auf eine kleine Insel vor der Ostküste, nach Martha's Vineyard, verschwunden.

In einem vom Sklaven haltenden Plantagenbesitzer als erstem Präsidenten mitgegründeten Land wäre nie ein Afroamerikaner Präsident geworden ohne einen anderen, in den USA von vielen hoch verehrten, von anderen immer noch gehassten Vorgänger: Ohne den bekennenden Gegner der Sklaverei, Abraham Lincoln, der wie ein Gott als überdimensionale Statue in „seinem" Memorial am dem Capitol Hill gegenüberliegenden Ende der National Mall dargestellt ist. Nach seiner Wahl sind elf Südstaaten aus den USA ausgetreten und haben einen eigenen Staatenbund gegründet. „Lincoln führte die verbliebenen Nordstaaten durch den daraus entstandenen Sezessionskrieg. Er setzte die Wiederherstellung der Union durch und betrieb erfolgreich die Abschaffung der Sklaverei in den USA. Unter seiner Regierung schlug das Land den Weg zum zentral regierten, modernen Industriestaat ein und schuf so die Basis für seinen Aufstieg zur Weltmacht im 20. Jahrhundert (Quelle: Wikipedia)". Überlebt hat der Republikaner Lincoln seine Politik nicht, er wurde 1865 von einem Südstaatler erschossen.

Dass es für einen Afroamerikaner auch heute noch in manchen dieser ehemaligen Sklavenhalter-Staaten schwierig ist, berichtet unser Gastgeber, der beispielsweise in Georgia niemals in eine von Weißen besuchte Kneipe gehen würde. Er weiß und hat erlebt, dass er dort Ärger bekommt, einfach nur, weil er eine dunkle Hautfarbe hat. Dabei ist er durchaus hart und ein Abenteuersucher: Er trägt mitten in Washington D.C. (Redskins-Land!) eine Cap der dort verhassten Dallas Cowboys und muss sich dafür blöde Sprüche anhören. Wir erklären ihm, dass es in Deutschland nicht nur Worte gäbe, trüge er einen Fortuna Düsseldorf-Schal unter dem Dom und raten ihm zusammen mit einem auf der Durchreise ebenfalls bei ihm wohnenden Kölner Autohändler mitsamt Tanzschule leitender Freundin dringend davon ab, es beim nächsten Besuch seiner in Köln lebenden Tochter auszuprobieren.

WELTSTADT UND DORF – „GOD, I LOVE THIS TOWN!"

„New York City, imagine that". Seit dem ersten Hören vor sicher 20 Jahren schwirrt IHM diese Zeile aus dem Lied „Anchorage" von Michelle Shocked im Kopf herum, weckt magnetische Sehnsucht, aber auch die zweifelnde Frage und Sorge: Ist die Stadt wirklich so toll? Jep, ist sie. New York City ist überragend, das wunderbare Chrysler Building, das Empire State Building, das neue One World Trade Center, ein beeindruckender Wolkenkratzer neben dem anderen, dann wieder eine Kirche dazwischen, die in der Höhe keine Chance hat, aber vielleicht in der Bedeutungstiefe, wie die St. Patrick's Cathedral, die für die irische Gemeinde gebaute, größte katholische Kirche in den USA. Mehr als Palast als ein Bahnhof kommt der Grand Central Terminal daher, der in diesem Jahr seinen

Hundertsten feiert und oft Filmkulisse war, für „Armageddon", „Men in Black", „I am Legend".

Wir gehen weiter – Manhattan ist wunderbar zu erwandern, man muss nur das D-Zug-Tempo der New Yorker aufnehmen –, verlaufen uns im angeblich größten Kaufhaus der Welt, dem Macy's am Herald Square, gehen in Richtung Rockefeller Center, einem Hochhaus-Komplex aus 21 Gebäuden, berühmt vor allem durch im winterlichen New York gedrehte Filme, wenn die halbe Stadt auf einer Eisbahn vor der Prometheus-Statue und einem riesigen Weihnachtsbaum Runden zieht. Für uns beginnt der laute und schrille Times Square schon an der Radio City Hall, denn dort dreht Heidi K. aus Bergisch-Gladbach eine Talentshow. Es geht noch schlimmer: Um die Ecke steht tatsächlich ein M&M's-Kaufhaus, auf drei Stockwerken gibt es die Nicht-in-der-Hand-Schmelzer in allen Farben, Varianten und natürlich in genau so vielen Arten von Devotionalien. Voll wie die Kölner Fußgängerzone an einem Adventssamstag ist der Times Square, Massen schieben sich unter Hochhauswand-großen Werbefilmen durch, da hilft nur die Flucht in den Hardrock-Café-Shop, in dem wir unserer Linie treu bleiben, nie ein Hardrock-Café-T-Shirt zu kaufen, was zum ersten Mal schwer fällt.

Ab geht es nach Hause, nur eine für New Yorker Verhältnisse kurze Fahrt mit der Metro unter dem East River hindurch in den Stadtbezirk Brooklyn, der mit Manhattan, Queens, The Bronx und Staten Island New York City bildet. Von wegen Stadtbezirk, was wie Bockenheim oder Bocklemünd klingt, ist eine eigene Weltstadt, mehr als 2,5 Millionen Menschen leben hier. Trotz der Größe wird die Stadt, die angeblich niemals schläft, in Brooklyn zum Dorf. Idyllisch, mit überschaubaren, mal wieder Filmkulissereifen Wohnhäusern, vor denen die Bürgersteige fast überall um 22.00 Uhr hoch geklappt werden. Um die Ecke liegt der große Prospect Park, der tolle Laufstrecken, einen See, einen Zoo bietet und Lust macht auf den Central Park mitten in Manhattan.

Das ist es, was amerikanische Städte wirklich heraushebt: Der Lebenswert steht an erster Stelle, die besten Grundstücke mit der tollsten Aussicht sind nicht verbaut, sondern Parks, Uferpromenade oder Platz für die Menschen. Hier scheint Geld für öffentliche Projekte vorhanden zu sein. Wahrscheinlich sind die Verantwortlichen aber einfach nur kreativer und engagierter als die Verwalter und Zauderer zu Hause, die sich jammernd mit dem Bestehenden abfinden. Wie sähe New York City wohl aus, wenn es den legendären Rudolph Giuliani nicht gegeben hätte? Auch wenn er mit seiner „Null-Toleranzstrategie" weit über das Ziel hinaus geschossen ist, hat er doch dazu beigetragen, dass eine in die Kriminalität abdriftende Stadt heute nicht wie Buenos Aires ist, sondern sicher und einladend, und Einheimische wie Gäste sich zu jeder Tages- und Nachtzeit wohl fühlen. Langsam geht die Sonne unter, spiegelt sich weiß-orange blendend in den Hochhäusern von downtown Manhattan. Große Schiffe, Segel- und Motorboote ziehen am Ufer vorbei Richtung offenes Meer, ein Schwarm Wildgänse malt das typische V in den Himmel. Wir sitzen inmitten hunderter Menschen im Brooklyn Bridge Park am Pier 1 und warten auf den Beginn des Films im Open Air-Kino, das im Sommer jeden Donnerstagabend kostenlos stattfindet. Die Sonne verschwindet, der erste Stern geht auf, links am Horizont strahlt die Freiheitsstatue, rechts von der Leinwand grüßt die schönste Skyline der Welt mit tausenden Lichtern. Die Titelmelodie startet, alle jubeln, Rocky, „The Italian Stallion", ist der schlagende Beweis dafür, dass dieses Land für jeden eine Chance zu bieten hat. Auch wenn der Film im Philadelphia der 70er Jahre spielt, gehört er genau in diesem Moment genau an diese Stelle genau in diese Stadt. Ein anderes Lied, eine andere Zeile kommt in den Sinn: In „Down here below" vom Wahl-New Yorker Steve Earle heißt es: „God, I love this town".

New Yorker Stil und die misanthropische Wolkendecke

Nach zehn Tagen New York City sind die Schuhe durchgelatscht, Kopf und Körper müde von zahllosen Meilen, die wir kreuz und quer durch die Stadt getigert sind, vor allem durch Manhattan und Brooklyn – und von den tiefen Eindrücken, die der „Big Apple" hinterlässt. New York City ist eigen- und einzigartig, hat mit den ländlichen Ecken der USA (und wir haben ausschließlich zivilisierte Staaten besucht) so viel gemeinsam wie ein Smart mit einem Ford-Truck. Die Stadt hat Stil, genauso wie ihre Bewohner, selbst wenn ein Großteil von ihnen selbst bei einem Allerweltsregen Gummistiefel zu Designerklamotten anzieht. Rote Fußgängerampeln beachtet der New Yorker an sich nicht, dafür fragt er die Umstehenden und Umsitzenden, ob er rauchen darf, bevor er sich eine Fluppe anzündet – draußen wohlgemerkt. Echte Drogis hängen sich in der U-Bahn an E-Zigaretten.

Schlange stehen mögen die Metropolitaner sehr. Wir haben manchmal den Eindruck, dass ein Restaurant-Erlebnis für den echten New Yorker erst dann gut ist, wenn die Wartezeit auf einen freien Tisch länger als eine Stunde dauert. Sogar eine etwas bessere Würstchenbude im Madison Square Park erzeugt eine Schlange von fast 50 Wartenden. Wir gehen nebenan ins „Eataly", einen riesigen, stilechten Indoor-Markt mit original italienischen Produkten. New York City ist die internationalste Stadt, die wir je erlebt haben. Wer durch Little Italy geht, fühlt sich in Italien, wer in Chinatown landet, ist mitten im schlechten Viertel einer asiatischen Großstadt, Nippes, Gezerre, Gestank und Dreck auf den Straßen inklusive. Ukrainer haben hier ihre Straßen und Viertel genauso wie Griechen und Deutsche. Nur Irisch-Stämmige sind überall, genauso wie Mexikaner und Südamerikaner.

Bis auf die Letztgenannten haben die Vorfahren der meisten sicher zuerst die französische Statue of Liberty am Horizont gesehen. Seit 1886 grüßt die von Bartholdi und Eiffel (der schon wieder) als Symbol für die politischen Ideale der USA errichtete Mademoiselle die aus aller Herren Länder anreisenden Ankömmlinge in der Neuen Welt. Darunter waren viele Künstler, die dem in Weltkriegen zerfallenden Europa entflohen und sich in New York City das Weiterarbeiten und den Biss in den großen Apfel erhofften. Dabei spielte das Museum of Modern Art (MoMA) eine besondere Rolle. Es gilt vielen heute noch als das beste Museum der Welt, versammelt die Highlights der Kunst des 20. Jahrhunderts – Van Gogh, Monet, Kandinsky, Magritte, Ernst, Gaugin, Cezanne, lassen wir SIE zusammenfassen: „Es gibt eigentlich niemanden von Bedeutung, der hier nicht hängt". Und Platz haben die Werke, oft eine ganze Wand, manchmal einen ganzen Raum. Die „nervöse Hängung" früherer Museumsbesuche ist Geschichte.

In kurzen, selbst für Museumsbanausen verständlichen Texten werden Epochen und einzelne Künstler beschrieben und plötzlich sieht sogar ER in Pollock mehr als sinnfrei hingespritzte Farbe, in Rothko mehr als plane Flächen. In Picassos Werken sieht er sogar mehr als alle anderen, unter anderem den FC-Geißbock und das Vorbild für die Hauptfigur von Walter Moers. Als Belohnung gibt es abends im MoMA-Kino den dritten Teil von „Lord of the rings". Welch ein Bogen dieser Reise, die beiden ersten Teile der Monumental-Trilogie haben wir sieben Monate zuvor im Fünf-Häuser Dorf Otira nahe Arthur's Pass/Neuseeland gesehen.
Nach zwei Gaffel in der unübersehbar kölnisch-stämmigen Kneipe „Der schwarze Kölner" in Brooklyn-Williamsburg, gefolgt von zwei Peroni in der „Bar Toto" in Brooklyn-Park-Slope, lassen wir es am nächsten Tag ruhiger angehen, genießen den mitten in der Innenstadt von Manhattan liegenden Central Park, in den das Fürstentum Monaco zweimal passen würde. US-amerikanische Städteplaner wissen einfach, dass Erholungsgebiete den wichtigsten Aspekt für den Lebenswert einer Stadt ausmachen. Das war Ende des 19. Jahrhunderts so (der Central Park wurde 1873 fertig gestellt) und gilt auch heute noch. Bestes Beispiel ist der High

Line Park. Wo noch vor wenigen Jahren eine Metro-Linie oberirdisch zwischen Wohnhäusern und Industrieareal in der Nähe des Hudson River durchrauschte, ist die Trasse mittlerweile auf zwei, drei Kilometern zu einem Park umgebaut, mit Holzstegen, Grünanlagen, öffentlicher Kunst. Das alles ohne Sponsor-Hinweise, komisch, sind manche Städte der Welt doch noch kreativer als andere? In unserem Hinterkopf trabt eine x-beliebige deutsche Rathaus-Mannschaft auf die Bühne, dirigiert von verwirrt aussehenden Vorturnern, auf deren fahrigen Taktstockschlag hin die ganze Truppe in das Wehklagen einer Beerdigung verfällt und unter Tränen „Haushaltssicherungsgesetz" herauspressen, als Trauer-Kanon. Nach allerlei Geschrei-Litanei tritt die Rotte ab, und die Stimmen im Kopf verstummen wieder.

Lange noch hallt uns ein ganz anderer Gesang in Schädel, Herz und Seele nach, der uns zu besseren Menschen macht, zumindest für ein paar Stunden. Vielleicht hat sich – ganz nach den lebensverbessernden Theorien, denen ER gerne nachhängt – aber auch tief drinnen ein winziges Zahnrädchen anders eingeordnet, und wir reagieren ab sofort ein wenig weniger misanthropisch auf die Holzköpfigkeit der Welt und unserer Selbst. Richtig, wir sind in einer US-Kirche, genauer gesagt in „The Brooklyn Tabernacle", einer Gospelkirche.
Musik und Gesang haben wir erwartet, das aber nicht. Die Kirche ähnelt einem Theater, einer Philharmonie. Chor und Gemeinde sitzen sich in zwei Halbrund gegenüber, das Mobiliar ist hochwertig, um nicht zu sagen luxuriös. Auf Leinwänden und Bildschirmen läuft Werbung für die Angebote des kircheneigenen Cafés (Puten-Sandwich etc.), für Gottesdienste und gemeinsame Gebete (zum Beispiel das Tuesday Prayer Meeting), für Seminare (jeden Freitag: „The leading man – Wie Du die göttliche Führungskraft wirst, so wie Gott Dich haben will") oder Vorträge („Gefangen im Iran"). Unser deutsch-katholisches Misstrauen wächst sich zur Panik aus, an Flucht ist aber nicht zu denken, der Saal ist mit hunderten Menschen voll besetzt. Wir beschließen, uns auf die Musik zu freuen und nach unserem morgendlichen langen Spaziergang die weichen Sitze zu genießen.

Leider funktioniert das nicht, denn schon bei den ersten Takten springen alle (wirklich alle, jedes Alter!) auf und singen und tanzen mit. Die Musik ist rockig-poppig, mit Schlagzeug und E-Gitarre, die Texte laufen zum Mitsingen auf den Leinwänden, sind einfach, die Botschaften eingängig – eigentlich geht es nur gefühlte hundert Mal darum, Gott und Jesus zu danken. Dagegen haben wir nichts und wie von Geisterhand sind wir Teil des Ganzen, singen und klatschen mit, wie in einem Rockkonzert. Das Misstrauen meldet sich kurz, als die Chorleiterin ihren Dank an Jesus etwas zu intensiv vorträgt, fast wie Meg Ryan in der Restaurant-

Szene in „Harry und Sally". Auch manches „Halleluja" vor, hinter, neben uns gerät sehr euphorisch.

Dann ist Werbepause auf den Bildschirmen, nach der das seltsam wohlige Gefühl, das uns von Anfang an erfasst hat, sich aber schnell wieder einstellt. Denn der Prediger erklärt die Bibel, wie wir es seit dem Kommunionsunterricht als Kind nicht mehr gehört haben. Zwei Dutzend neue Mitglieder aus aller Welt werden in der Gemeinde begrüßt, später stehen sogar mit uns etliche „First Time Visitors" auf und werden vom Rest mit Applaus bedacht. Ganz am Ende der Predigt – in der es schlicht darum geht, dass Fremde nicht automatisch Dünnbrettbohrer oder Verbrecher sind – drücken und herzen wir sogar wildfremde Menschen und merken erst, als wir wieder auf der Straße stehen, dass dies der erste mehr als zweistündige Kirchenbesuch aller Zeiten war und gleichzeitig der erste, an dem wir nicht ein einziges Mal vor Langeweile auf die Uhr sehen mussten.

Seitdem sind ein paar Tage vergangen, und etliche Nervensägen haben schon wieder unseren Weg gekreuzt. Dennoch ist uns, als würde hin und wieder ein winzig kleines Zahnrädchen nun runder laufen als vorher, als habe die misanthropische Wolkendecke kleine Risse bekommen, dazwischen dünne Sonnenstrahlen. Eine fürchterliche Vorstellung.

DIE *ZEHN* WICHTIGSTEN GRÜNDE FÜR EINE JAHRESREISE UM DIE WELT

AUCH SCHÖNSTE PLÄTZE MUSS MAN VERLASSEN KÖNNEN, UM WEITER ZU ZIEHEN – DAS HABEN WIR GELERNT.

DAS UNTERBEWUSSTSEIN SPÜLT LÄNGST VERGESSENE GESCHICHTEN UND VERSCHOLLENE NAMEN UND GESICHTER AN DIE OBERFLÄCHE.

DIE MAGELLANWOLKE UND SATURN HABEN WIR MIT BLOSSEM AUGE GESEHEN.

FREUNDE UND FAMILIE HABEN SICH OFT NÄHER ANGEFÜHLT ALS ZU HAUSE.

GESCHLAFEN HABEN WIR, WENN WIR MÜDE WAREN, SIND NACH DEM WACHWERDEN AUFGESTANDEN UND HABEN GEGESSEN, WENN WIR HUNGER HATTEN – GANZ OHNE WECKER ODER MITTAGSPAUSEN-ZEITEN.

JEDER DER 365 WELTREISETAGE WAR NEU UND VOLLER ABENTEUER.

NUR „ON THE ROAD" IST DER HIMMEL SO GROSS UND DER HORIZONT SO WEIT.

UNSERE PHOBIEN HABEN WIR IN DEN GRIFF BEKOMMEN.

WIR HABEN TIERE IN FREIHEIT GESEHEN, DIE WIR NUR AUS DEM ZOO KANNTEN.

WIR HABEN UNS OFT KAPUTT GELACHT UND MANCHMAL GEHEULT VOR GLÜCK.

Ein den ganzen Bus penetrierender, ganz widerlich stinkender Megatranspirierer, dazu eine halb volle, dafür ganz laute White Trash-Tussi und schon wird die Greyhound-Fahrt von Boston nach Concord/New Hampshire selbst im nur spärlich gefüllten Wagen zum Überlebenstraining. Keine Angst – auch wenn wir schon wieder weiter ziehen, landen fünf Tage in Boston nicht auf dem unerwähnten Müllhaufen dieser Reise. Zum Wegwerfen ist aber schon das ein oder andere in diesen Tagen, da hilft auch nicht, dass der legendäre John F. Kennedy um die Ecke geboren wurde. Boston ist im Vergleich zu New York so spannend wie ein Tümpel im Vergleich zum Atlantik. Die tägliche Anreise von West-Roxbury, dem südwestlichsten Stadtteil – danach kommt Dedham (toter Schinken oder was?) –, erinnert arg an die Linie 4 in Chicago. Außerdem sind wir das erste Mal nicht froh mit unserer Airbnb-Übernachtungssituation, auch wenn die Toilette tadellos ihren Dienst verrichtet und Zimmer und Wohnung schön sind.

Schon die Anzeige, die uns „Shangri-La" (also: das Paradies) verspricht, hätte uns stutzig machen sollen. Unsere Gastgeberin ist deutlich älter als die 17,5 Jahre, die ihrem Verhalten eher entsprochen hätten und die sie wohl nochmal gerne wäre. Ihr unsteter Lebenswandel sollte nicht unser Problem sein, aber wenn man auf recht engem Raum zusammenlebt, wüsste man schon gerne, ob der Typ, der immer mal wieder – und gerne mit freiem Oberkörper – in der Wohnung rumhängt, eine Lebensfunktion hat oder zum Mobiliar gehört. Der Ex-Mann jedenfalls ist es nicht, der schreibt ihr, eröffnet sie uns am ersten Abend und deshalb sei sie auch etwas betrübt, „gerade ganz böse E-Mails". Wir haben sicherheitshalber nachts die Tür zu unserem Zimmer abgeschlossen. Gerne sähen wir auch die Wohnungstür verschlossen, vor allem, wenn wir unterwegs sind. Die Tür bleibt aber immer offen, einen Schlüssel gibt es nicht. So friedlich kommt uns die Nachbarschaft gar nicht vor, aber gut, unsere Wertsachen haben wir dann immer dabei.

Selten sehen wir das Mädel in diesen Tagen, dafür hören wir sie mehr, mitten in der Nacht nach Hause kommend, manchmal leise, manchmal mit Theater, manchmal alleine, manchmal mit Gesellschaft(en) und früh wieder gehend. Dabei lässt sie gerne alle Lichter an, PC, Waschmaschine, Trockner etc. und ist 24 Stunden nicht zu sehen. Die Wohnung verändert sich dabei ständig, als ziehe dauernd jemand ein oder aus. Ein Erlebnis sind dann unsere Begegnungen mit ihrem Vermieter, einem über 80-jährigen, griechisch-stämmigen Herrn Marke Shorts, weiße Träger-Feinripp-Unterhemden und lange schwarze Kniestrümpfe dazu. Der Mann weiß nämlich weder von uns noch von den Airbnb-Tätigkeiten unserer Gastgeberin. Fast jeden Tag passt er uns ab und bittet zur Fragestunde, woher wir uns denn kennen. Wir erwähnen imaginäre Freunde und das Internet. Er sieht uns an, als hätten wir gesagt: „Aus einem Porno". Auf die Frage, ob wir fürs Wohnen zahlen, stellen wir uns beide blöd, was sowohl Pressesprechern als auch Juristen offensichtlich aus dem Stegreif überzeugend gelingt.

Mit der Antwort auf seine Frage nach unserer Herkunft („Germany") treffen wir sein Lebensthema. Elf Jahre alt war er damals, als die Nazis kamen und elf seiner Verwandten erschossen, er mit dem Rest seiner Familie in die Berge flüchten musste, wo sie fast verhungerten. All das erzählt er in wenigen Sekunden, es schießt aus ihm raus, als liege es ihm immer noch oder im Alter immer mehr auf der Zunge. Er hat dabei diese furchtbar traurigen Augen, die viele Alte angesichts der Untiefen ihres Lebens bekommen. Wir murmeln „das ist ja schrecklich" und „Gott sei Dank lange her", ziehen uns zurück und lassen ihn stehen. Ganz schön feige irgendwie, aber was sollen wir sagen? Seine traurigen Augen werden uns auf jeden Fall begleiten.

Ach ja, Boston. Boston ist alt und Geschichte. Hier gab es – 1635 – die erste öffentliche Schule der USA, in Boston erschien die erste US-Zeitung, die erste Gewerkschaft wurde hier gegründet, das erste Pub öffnete, die erste U-Bahn Amerikas wurde hier gebaut, sogar auf den Feuerwehrautos steht „The Nation's first". Für einen Alt-Europäer ist es schon interessant, durch ein Land zu reisen, das so unterschiedlich junge moderne Zivilisationen hat. Seattle beispielsweise wurde erst Mitte des 19. Jahrhunderts gegründet.
Auch die Wurzeln der heutigen USA liegen in Boston. 1773 schmissen erboste Bostonianer den Tee von drei englischen Schiffen ins Hafenbecken, aus Protest gegen eine neue Teesteuer der Krone, die „Boston Tea Party". Das war der Anfang der amerikanischen Revolution. Boston selbst sah damals noch ziemlich anders aus, war lediglich eine kleinere Halbinsel. Die Großstadt von heute steht auf in mehreren Schritten im Meer aufgeschüttetem Grund. Hoffentlich hält das dem mit dem Klimawandel einhergehenden Steigen der Meeresspiegel stand. Die zu lesende Ignoranz vor allem republikanischer Politiker gegenüber der Gefahr für US-amerikanische Küstenstädte wie New York City oder Miami ist schon erschreckend.

Eins noch: Boston ist – außer in West-Roxbury – unglaublich schlau. Hier stehen zwei Lehranstalten von Weltrang, das MIT und Harvard, das ein Dutzend Nobelpreisträger und acht US-Präsidenten hervorgebracht hat. Hier dürfen wir dem

Einzug des neuen Semesters beiwohnen („Welcome, Freshmen!"). „Harvard sieht auch nicht anders aus als ein englisches Internat", sagt SIE und hat das letzte Wort für dieses Kapitel.

Über Die Angst vor Google oder NSA

„Live free or die" – das ist nicht der Kuttenspruch des lokalen Rocker-Chapters, sondern das Motto des Staates New Hampshire, übrigens einer der ersten, der sich 1776 von England lossagte. Der martialische Spruch prangt auf jedem Nummernschild, meist klebt daneben ein eindeutig den Republikanern zuzuordnender Sticker – ob pro McCain oder „NObama" – denn wir sind im republikanischsten Staat von New England. In einem immer tiefer in die Tages- und Weltpolitik vordringenden Gespräch bis in die Nacht mit unseren Gastgebern Madison und James auf der Breakwind Farm merken wir aber schnell, dass es New Hampsherianern – der derzeit berühmteste ist Thriller-Autor Dan Brown – vor allem um die eigene Unabhängigkeit geht. Die dann gerne mal Auswirkungen auf das ganze Land haben kann, denn in diesem kleinen Staat (1,3 Millionen Einwohner auf knapp 9.000 Quadratmeilen) finden traditionell die ersten Präsidentschaftsvorwahlen statt.

Einmal beim Thema sind wir uns einig, dass das US-amerikanische Wahlsystem reichlich undemokratisch ist und zwar nicht nur wegen des Zwei-Parteienapparates, sondern weil geheime Wahlen hier nicht möglich sind. Wenn unsere Gastgeber beispielsweise ins Wahlbüro gehen, müssen sie am Eingang laut und deutlich entweder um die Wahlliste der Demokraten oder um die der Republikaner bitten, auf der sie dann ihre Kreuzchen machen. Schnell sind wir, die Hände immer wieder zupackend in der riesigen Schüssel mit selbst gemachtem Salz-Knoblauch-Popcorn, bei der antiquierten Verfassung der USA. Sie hat wunderbare Inhalte, ist aber eben aus den 80er Jahren des 18. Jahrhunderts, für ein modernes Staatswesen damit schlicht nicht mehr aktuell. Dass Staaten Wahlmänner zur Präsidentschaftswahl nach Washington schicken, die dann stellvertretend für das Volk ihres Landes die Stimme abgeben, war zum Beispiel vor 200 Jahren sinnvoll, um eine Völkerwanderung zu vermeiden. Das ist aber heute ziemlicher Unsinn und führt nur – da sind wir uns heftigst einig – zu Größten Anzunehmenden Unfällen wie George W. Bush, der nachweislich weniger Stimmen als sein Kontrahent hatte und dennoch oberster Weltpolizist wurde.

Wie schwierig sich gerade ein freier New Hampsherianer mit der aktuellen politischen Situation tut, lernen wir von James, der bekennt, dass er, anders als der Rest der Welt außerhalb den USA, vor Obama genau so viel Angst hat wie vor George Dabbelju. In Windeseile haben er und seine Gattin nach Bekanntwerden der Datensammelwut der NSA (die „Snowden-Akte") all ihre Internetdienste überprüft und diejenigen aufgegeben, die allzu sorglos mit den Behörden zusammenarbeiteten. ER gibt zu, als Deutscher mehr Angst vor Google oder Facebook als vor der eigenen Regierung zu haben. Beide schauen ihn an wie einen Alien. Bleibt eine Frage: Warum raten eigentlich alle US-Reiseführer, man solle mit US-Amerikanern keine tiefgreifenden politischen Gespräche führen? Das ist völliger Quatsch, wir haben hervorragende Diskussionen in diesem Land und waren dabei oftmals USA-freundlicher und optimistischer als die Einheimischen.

Mehr als 200 Jahre alt ist die Breakwind Farm, auf der wir vier Tage verbringen, in wunderbar ländlicher Idylle, der Farmgrund umrahmt von Wald und einem trägen Flüsschen, in dem unsere Gastgeber schon mal schwimmen oder gemütlich ins nächste Dorf paddeln. Wenn sie denn Zeit dazu finden. Die beiden Mittfünfziger haben die halb verfallene Farm seiner Eltern zwei Jahre zuvor übernommen und halten sich vor allem mit dem Vermieten von Zimmern und dem Verkauf von Gemüse und Bohnen über Wasser. Er vertreibt und installiert dazu Solaranlagen. Beide haben ihre ursprünglichen Fulltimejobs dafür aufgegeben. Sie erst im vergangenen April, nachdem sie – nach einer fast sechs Monate dauernden Schulterblessur – zurück an ihren Schreibtisch bei einem der größten Mobilfunkanbieter der USA kam und merkte, dass es der Job ist, der sie krank macht. Jetzt arbeitet sie meist doppelt so viel wie vorher, aber jede Minute macht ihr Spaß, denn sie arbeitet für sich und ihre gar nicht mal so kleine Farm. Hundemüde ist sie oft, aber noch keinen einzigen Morgen seit April mit einem schlechten Gefühl aufgewacht. Das sehen wir ihr tatsächlich an, wir hätten sie nie auf älter als Mitte 40 geschätzt, aus der ziemlich übergewichtigen, träge aussehenden Frau auf dem drei Jahre alten Hochzeitsfoto im Flur ist ein drahtiges Energiebündel geworden, deren Lachen uns ans Herz gewachsen ist.
Der Renner der Farm sind die selbst gemachten „Organic Baked Beans", die die Kunden den beiden auf Bauernmärkten aus der Hand reißen. Nicht eine der Zutaten bauen sie auf der Farm selbst an. Sie kaufen sie bei anderen Farmern und kochen sie dann in einer großen Gemeindeküche nach vier verschiedenen eigenen Rezepten vor. Mit dieser „Schnapsidee", wie sie selbst zugeben, verdienen sie mittlerweile gutes Geld, auch wenn sie alles dazu einkaufen müssen. Auch die Marketingstrategie ist in keinem PR-Büro entstanden, sondern in einer Kneipe. Alle Sprüche spielen mit den englischen Wörtern für „Pupsen", „Furzen",

„Hupen" und „Gas". Auch die entsprechenden T-Shirts und Baseball-Caps dazu finden reißenden Absatz. Es gibt sogar eine Sorte Baked Beans für – laut Eigenwerbung – Langstreckenflüge und Hochzeiten, die ist dank einer bestimmten Methode des Einkochens angeblich garantiert abgasfrei. Wir haben uns selbstverständlich für katalysatorfreie Bohnen entschieden und werden sie heute Abend nach der Greyhound-Fahrt in Bristol/Vermont ausprobieren, in der Hoffnung auf verschnupfte Gastgeber.

FEUCHTGEBIETE IM STAATE VERMONT – AU REVOIR, USA!

Spätestens seit dem auch verfilmten Roman „Feuchtgebiete" weiß die Welt, dass nicht nur Männer Schweine sein können. Wir haben weder das Buch gelesen noch den Film gesehen, sondern uns persönlich ein Bild davon machen können. Was auf den ersten Blick wie ein von zwei Damen in unserem Alter bewohntes idyllisches altes Häuschen in Bristol, einem herrlichen alten Dorf tief in Vermont, aussieht, entpuppt sich schon auf den zweiten Blick als Saustall. Kein Mensch erwartet, dass die ganze Bude blitzt und blankt, wenn neue Gäste ankommen. Aber wenn die Hausdamen schon große Haarbündel aus dem Abfluss der Badewanne im gemeinsam genutzten Badezimmer fördern, müssen sie das Gewölle dann auf dem Wannenrand liegen lassen? Erkältungen sind bitter, aber muss man wirklich buchstäblich Berge von benutzten Papiertaschentüchern auf dem Boden des gemeinsam genutzten Wohnzimmers hinterlassen? Auch nett ist ja, nachts leise sein zu wollen und die wasserfallartige Spülung der gemeinsamen Toilette nicht zu betätigen. Hat dann aber zur Folge, dass der nachfolgende Schwachblasler sich an den Hinterlassenschaften der Vorderfrau erfreuen kann. Ist aber auch nicht so schlimm, denn das Klo ist so verdreckt, dass wir nie ganz sicher sind, ob die Vornutzerinnen die Spülung betätigt haben oder nicht. Last but not least: Wer gerne Schmutzwäsche in seinem Haus auf dem Boden verteilt, möge das auch tun, wenn er/sie Gäste hat. Aber muss es sich dabei unbedingt um triefend verdreckte Unterhosen handeln? Da denkt man immer, dass selbst ernannte Umweltschützer und Kräuterhexen zivilisiert wohnen, diese beiden tun es jedenfalls nicht.

Wir lassen uns davon Vermont und auch das schöne Dorf Bristol nicht versauen, in dem am Tag alle drei Stunden Kirchenlieder vom Glockenturm durch das ganze Tal schallen. Wir mieten einen Wagen und fahren ein wenig in diesem zu 80 Prozent bewaldeten Teil Neuenglands herum. Ganz untypisch für die USA sind die engen Straßen hier, die durch eine traumhafte Kulisse führen. Wir entdecken nicht nur viele und schier endlose, sondern auch sehr bunte Wälder voller Laubbäume, von denen sich die ersten schon in das Rot des Indian Summer kleiden. Wilde Bäche und Flüsse, Teiche und Seen durchziehen die einsame Landschaft. Vereinzelt tauchen idyllische Farmhäuser mit mächtigen knallroten Scheunen auf, prachtvolle Gemüsegärten davor, umrahmt von üppigen Blumenwiesen, riesige Obstbäume hängen voller Früchte. Fast jede Farm verkauft etwas, von Antikmöbeln über Ahornsirup und Gemüse bis hin zu Obst und Milchprodukten.

Vermont ist ähnlich wie Portland/Oregon berühmt für seine Brauereien (in keinem Staat der USA gibt es mehr Bierproduzenten pro Einwohner) sowie hausgemachten Käse und Eis. Nur wenige Meilen von der Staatshauptstadt Montpelier entfernt steht die Fabrik von Ben und Jerry's. Gott sei Dank müssen wir den Mietwagen zurückgeben und schaffen es nicht, die eisheilige Stätte zu besuchen. In den USA wird das legendäre Leckerli nur in bombengroßen Packungen verkauft, vom Kauf an schaufeln kleine Bens und Jerrys Gold auf die Hüfte. Montpelier ist mit 9.000 Einwohnern übrigens die kleinste Hauptstadt der USA und die einzige ohne McDonalds-Brutzelei.

Wir konzentrieren uns auf die heimliche Hauptstadt Vermonts, Burlington, das sowohl Reiseführer als auch vorherige Gastgeber fast überschwänglich empfehlen. Zu Recht, der Ort am Lake Champlain, durch den die Grenze zum Staat New York führt, ist idyllisch, mit europäischer Fußgängerzone in der Mitte, tollem Seeufer und herrlichen Cafés. Das französische Erbe – Herr Champlain aus dem Land von Foie gras und Amuse gueule entdeckte das heutige Vermont 1609 – ist hier unverkennbar. Die Anreise nach Burlington lohnt sich also, auch wenn sie für uns strapaziös ist. Denn spätestens am Öffentlichen Personennahverkehr merken wir auch in New England, dass wir in den USA sind. Von unserem Dorf fahren nur zwei Busse in die nächst größere Stadt, einer morgens, einer nachmittags. Wobei morgens für Weltreisende „nachts" bedeutet, denn es geht um 6.30 Uhr los!

Kein Wunder, dass es hier kein ausgeprägtes Bussystem gibt, und ein schnuckeliger 20-Sitzer uns einsammelt: Kaum jemand fährt mit, alle Fahrgäste – meist mittelalte Damen – kennen sich und tauschen sich strickend, lesend oder facebookend über das Wochenende bzw. den Arbeitstag aus („Wir kriegen heute einen Pferdekopf rein, bin mal gespannt, woran das Vieh gestorben ist." – „Habt Ihr schon mein neues Video auf Facebook gesehen? Meine Oma ist fast von einem Felsen überrollt worden.").

In diesem Moment, nach Abgabe des Mietwagen am „Burlington International Airport", Einsteigen in den Greyhound nach Montreal und Betreten des Grenzhäuschen, ist unsere Zeit in den USA abgelaufen, genau 90 Tage nach der Einreise am San Francisco-Airport müssen wir wieder raus. Der kanadische Einreisestempel prangt schon im Reisepass, wir warten nur noch auf einen Mitfahrer, der beim Einsteigen in den Greyhound erzählt, dass er vergangene Woche schon nicht ins Land gelassen wurde. Jetzt, nach einer halben Stunde Warten, kommt der Busfahrer alleine zurück, offensichtlich hat es der junge Mann wieder nicht geschafft. Merde und à bientôt.

Bonjour-Hi!, Portufranenglisch und Tustemal?

Europa liegt nur rund 500 Kilometer von New York City entfernt. In etwa jedenfalls, denn was könnte sich europäischer anfühlen als Montreal, das kanadische Königsberg? Überall diese nasale Sprache, die aus dem guten alten Frank einen Frohnk macht, in jedem zweiten Schaufenster Werbung für nur durch Tierquälerei herstellbare Esswaren und natürlich: Schöne und schicke Menschen. Vor allem die Damen tragen hier Sachen, die andere Frauen, egal in welchem Land außer natürlich Frankreich, nicht einmal auf dem Weg vom Schlafzimmer zur Toilette tragen würden und sehen dabei auch noch gut aus. Das ist ein interessanter Kontrast zu einem Teil Montreals, denn die Stadt hat manche langweiligen Ecken, Längen wie beim Warten auf Godot. Die fallen natürlich ganz besonders auf, da andere Teile der nach Paris zweitgrößten frankophonen Stadt der Welt richtig schön und spannend sind. Beispielsweise die idyllische Altstadt, mit Gässchen und Kopfsteinpflaster, einem typisch französischen Hotel de Ville und der kanadischen Variante von Notre-Dame. Nie nach der Abreise vor mehr als zehn Monaten haben wir uns Europa näher gefühlt als hier. Das geht sicher auch dem bekennenden Montreal-Fan Wim Wenders so, der vor Ort gerade einen Film dreht. In der örtlichen Zeitung ist er mit den Worten zitiert, dass keine Metropole gleichzeitig so schöne Sommer (bis 40 Grad plus) und schneesichere Winter (bis minus 40 Grad) hat wie die ostkanadische Inselstadt.

Typisch Montreal ist dann auch wieder, dass nur 200 Meter von der Kathedrale Notre-Dame entfernt eine hässliche Baulücke zwischen den historischen Gemäuern klafft, die zu einem ebenso hässlichen Parkplatz umfunktioniert wurde. Typisch Montreal ist auch, dass es keine vernünftige Verbindung gibt zwischen der modernen Innen- und der historischen Altstadt. Wir latschen lange durch ein unattraktives Büro- und Bankenviertel bis wir dann zufällig auf Klein-Frankreich stoßen. Die Stadt kann mit tollen Wohnhäusern protzen, stilprägend sind hier vor allem die ins zweite oder anderthalbte Geschoss führenden Außentreppen. Dazu gibt es schöne Museen (freier Eintritt in die Dauerausstellung!), Kirchen, Universitäten. Direkt daneben steht aber fast immer ein Gemäuer – egal ob Hütte oder Hochhaus –, das nicht wirklich schön ist. Wir können uns nur drei Gründe vorstellen: 1. Montreal hatte noch nie einen Stadtplaner 2. Man hat ihn oder sie vor den ersten Taten jeweils rausgeschmissen; 3. Die Stadtplaner arbeiten hier nach dem Prinzip, das auch Teenagerinnen-Freundschaften prägt. Sprich: Stelle ich neben ein gut aussehendes Gebäude eines mit eher inneren Werten, dann wirkt Ersteres – Zauber, Zauber! – noch schöner.

Haben wir eigentlich schon erwähnt, dass viele Menschen hier unglaublich gut aussehen und gut gekleidet sind, zum Beim-Hinterhergucken-gegen-die-nächste-Laterne-rennen gut? Haben wir? Nicht nur das ist ein untrügliches Zeichen, dass wir nicht mehr in den USA sind – wobei wir uns auch in New York City die eine oder andere Laternen-Beule geholt haben. Hier ist jetzt jedenfalls Schluss mit dem omnipräsenten Einheits-Sportler-Look, der in Masse dann auch stillos ist. Überall in den USA, im Supermarkt, im Museum, in der Kirche, auf der Straße sieht die Hälfte der Leute aus, als würde sie direkt nach Einkauf, Kunstschau oder Gebet zu einem Marathon aufbrechen. Die andere Hälfte wiederum sieht aus, als bewegte sie in ihrem Leben außer Kaulappen und Schluckmuskel äußerst wenig von ihrem Körper. Wir haben erst einen auffallend adipösen Menschen in Kanada gesehen, und beide sofort gleichzeitig und mit denselben Worten gesagt: „Guck mal, ein Amerikaner!" Der Fairness halber müssen wir gestehen, dass die dritte Hälfte der US-Bürger (hier gibt sich niemand mit 100 Prozent zufrieden) ganz normal aussieht. Wir sind in Kanada auch deutlich fühlbar in einem anderen Land Nordamerikas, denn wir müssen nicht mehr im Hochsommer eine Jacke für Bus- und Bahnfahrten, für Restaurantbesuche und Einkäufe mitnehmen. Wenn hier mal eine Klimaanlage läuft, dann auf vernünftigen Temperaturen und nicht wie beim Nachbarn auf 12 Grad.

Eines der auffälligsten Unterscheidungsmerkmale ist und bleibt aber die Sprache. Vom ersten Tag in Buenos Aires Anfang Februar an waren wir nun das Spanische gewöhnt. In den USA kam das Englische hinzu, von San Francisco bis hoch nach Vermont blieb das Spanische aber als Zweitsprache auf der Straße im Ohr und auf Hinweisschildern im Auge. In Kanada ist nun Schluss damit, in ganz Québec ist Französisch Erstsprache. Viele Einheimische sprechen dazu ein – recht drolliges – Englisch, was dann auf dem Land auch aufhört, dann hilft nur noch „Frohnk". In Montreal, der einzigen offiziell zweisprachigen Stadt Nordamerikas, weiß man also nie, welche Sprache einem da gegenübersteht. Daher begrüßen Verkäufer, Bedienungen, Busfahrer Kunden und Gäste mit „Bonjour-Hi!". Je nach Antwort des Gegenübers geht das Gespräch in einer der beiden Sprachen weiter.

Wir versuchen, unser Schulfranzösisch zu bemühen, was manchmal gelingt. Spätestens bei Ja und Nein, Danke und Bitte verfallen wir automatisch ins Spanische, sagen „Si" statt „Oui". Wobei hier auch niemand „Oui" sagt, man würgt eher ein fastnachtkateriges „Uuuäääähhh" hin. Das hiesige Französisch ist der Muttersprache schon etwas entfremdet, wie Bayerisch vom Deutschen. Das wunderbare Multikulti-Klima Montreals macht unsere Köpfe dann endgültig Matsche. In Little Italy ist Erstsprache Italienisch (wir trinken den ersten Espresso an der Bar seit mehr als einem Jahr!), vor Französisch und Englisch, dann tapern wir zufällig in das portugiesische Viertel, und eine Bedienung quält sich durch ein verzweifeltes Portufranenglisch (wir antworten auf Holländisch!). In einer polnischen Bäckerei kaufen wir Berliner und sowohl den ungarischen als auch den slowenischen Metzger lassen wir links liegen. Das Wichtigste ist doch überall auf der Welt: „Dos cervezas, por favor!", „Deux bière, s.v.p.!", „Twij biertje, a.u.b.!", „Two beers, please!", „Due birre, per favore!" oder eben: „Dummernochenszweikölsch!" – also: „Tuste uns mal die Luft aus den zwei Stängelchen lassen?".

WER FÄHRT SCHON WEGEN HEIDI IN DIE BERGE?

So langsam aber sicher wird aus unserer Weltreise ein handelsüblicher Urlaub, wir genießen Spätsommer, Meer und Strand. Natürlich ist die Panik vor dem bevorstehenden Ende des Reisens etwas größer als bei den normalen Ferien. Erkennen uns Familie, Freunde, Kollegen, Nachbarn zu Hause bzw. erkennen wir sie? Sprechen wir die Sprache noch? Finden wir auf Anhieb den nächst gelegenen REWE oder dm? Und die drängendste Frage: Wie sollen wir nach einem Jahr unterwegs wieder jeden Tag zehn Stunden in einem Büro sitzen? Dank dieser und anderer Problematiken verzweifeln wir immer wieder im Osten Kanadas.

Ein ums andere Mal wird die Reise aber auch rund. Wir sind gerade auf P.E.I. bzw. I.P.E., Prince Edward Island bzw. Ile Prince Edouard und zwar einem Tipp folgend, den wir vor vielen, vielen Monaten in einem Hostel in Südchile von einer Kanadierin bekommen haben. Recht hatte sie, richtig idyllisch ist es auf der ehemaligen Insel, die 1997 durch eine 13 Kilometer lange Brücke über das Meer, eine der längsten ihrer Art in der Welt, ihres Status' beraubt wurde. Egal, die Sonne scheint, schön ist's. Dass sich das Meer bei nachts niedrigen einstelligen Temperaturen tagsüber nicht ganz so schnell aufwärmt, merken wir bei einem masochistischen Schwimmversuch.

Etliche Tote hat diese Insel im 18. und 19. Jahrhundert gekostet. Trotz zahlloser Leuchttürme, fast so viele wie heutzutage Windkraftanlagen in einem Nordsee-Offshore-Park, sind hier an den ruppigen Küsten ebenso zahllose Schiffe gekentert und untergegangen. Dabei leuchtet die gesamte Insel doch herrlich rot-grün. Auf dem eisenhaltigen Boden – sogar der Sandstrand hat eine rötliche Farbe – wachsen dichte Nadelwälder, bunte Wiesen voller Wildblumen und Weideland. Durchzogen wird das Grün von Flüssen, Buchten und Seen. Das ergibt eine sehr reizvolle landschaftliche Mischung aus kanadischer Wildnis, holländischen Dünen (südwestaustralisch bewachsen), englischer Baukultur, irischer Abgeschiedenheit und deutscher Viehhaltung. Entsprechend bunt gemischt sind in der Region die Ortsnamen: New Glasgow, New Zealand, Irishtown, Perth, New Denmark, Madrid. Besonders interessant auf dem Weg hierher: Saint Louis de Ha! Ha! – da lachen ja die Kühe. Die sind auf Prince Edward Island seit Anfang September längst wieder in der Überzahl, die Touristen-Saison dauert nur vier bis fünf Monate. Wir schätzen, dass drei Viertel der Häuser für Sommergäste sind. Die Insel hat jetzt zum Teil den Charme einer Geistersiedlung, die kann ein Kapitän schon mal übersehen und dagegen donnern.

Auch unser Hostelchef, Colby, macht Ende September die Schotten dicht und sich selbst auf Achse. Er hat von seinem Großvater eine Scheune in Brackley Beach im Norden der Insel geerbt und sie mit Freunden zu einer Herberge umgebaut, im Erdgeschoss Küche, Schlafräume und Bäder, oben auf der ganzen Fläche TV-, Billard- und Tischtennisraum. Gäste gibt es kaum noch, aber es passt zu unserem Glück mit Hostels, dass ausgerechnet zwei weibliche Dauergäste immer tief in der Nacht nach Hause kommen und eine Mischung aus „Wer schreit am Lautesten?" bzw. „Wer ist die beste Türknallerin?" spielen. Wir stehen jedes Mal senkrecht im Bett und werden mental zu Meuchelmördern. Wie kann man nur so viel Vakuum im Schädel haben? Aber bald fliegen auch die beiden Krachliesln raus, und Colby geht als selbst ernannter „Beachbumper" (in etwa: „Strandabhänger") acht Monate auf Reisen: Südamerika und Thailand. Tauschen möchten wir nicht mit ihm, aber vier Monate Arbeiten und dann acht Monate Urlaub kommt definitiv in die obere Tabellenhälfte unserer Lieblings-Lebensformen.

Erste menschliche Lebensformen gab es auf P.E.I. schon vor 10.000 Jahren, die Mi'kmaq nannten die Insel wunderschön poetisch „Land in der Wiege der Wellen". Die ersten Europäer hier waren Franzosen, dann kamen und blieben die Briten. Die alten Royaliker gaben der Insel den heutigen Namen zu Ehren des Vaters von Königin Victoria. Die Inselprovinzen heißen übrigens Prince, Kings und Queens, gähn. Die heutigen Brückeninseler verstehen sich laut Nummernschild als „Geburtsstätte der Konföderation", denn in der Provinzhauptstadt Charlottetown fanden die ersten Gespräche zum Zusammenschluss verschiedener Kolonien zur kanadischen Konföderation statt. Gesagt, getan, nur Prince Edward Island trat 1867 zuerst nicht bei und flirtete mit den USA. Erst als der neue Staat Kanada der Insel ein Eisenbahnnetz spendierte, wurde P.E.I. kanadisch. Jeder und alles ist käuflich.

Angeblich weltberühmt ist die Insel übrigens durch ein 1908 erschienenes Kinderbuch, später eine TV-Serie und in Japan ein Comic-Hit. „Anne of Green Gables" spielt hier, in den 1980ern lief die Geschichte als „Anne mit den roten Haaren" im ZDF. Trotz ausgiebigsten TV-Konsums in der Jugend sagt uns das gar nichts, was uns in das ein oder andere Fettnäpfchen führt, denn die meisten Touristen kommen nicht wegen Wellen oder Wäldern her, sondern wegen dieser Anne. Da sind wir doch gerne Kulturbanausen. Mia foan joah ah net wegnd Hääidi i die Berg, oda?

Liberale, ein titanischer Untergang und die rote Basis

Nicht nur in Deutschland wird gewählt, auch Neu-Schottland (Nova Scotia) braucht im September 2013 ein neues Parlament. Anders als in Good Old Germany, in dem Millionen Wahlplakate vor allem an Masten den überschaubaren Straßenverkehr noch übersichtlicher machen, setzt man hier auf halb mannshohe, bedruckte Holzschilder, die in (fast) jedem Vorgarten in die Erde gerammt werden. Während sich die Heimat Dank des Parlamentseinzuges des gebürtigen Senegalesen Dr. Karamba Diaby für seine Weltoffenheit feiert, macht hier, in Multikulti-Kanada, keiner ein Aufheben um all die Exoten, die zur Wahl stehen. Für die Liberalen tritt in „unserem" Viertel der Hauptstadt Halifax zum Beispiel Joachim Stroink an. Als wir an seinem Wahlbüro vorbeitapern, um ihm eine kanadische Namensvereinfachung vorzuschlagen (Jo Drunk?), finden wir ein Schild, das beweist, dass coole Menschen auch mit ihren Namen spielen können. Stroink fordert das kanadische Publikum auf, seinen Namen auszusprechen, das Ganze aufzuzeichnen und ins Netz zu stellen. Der Witzigste gewinnt. Dank so viel in Politik und Business seltener Uneitelkeit nehmen wir Abstand von unserer Beratung und drücken gönnerhaft Joachims Parteigenossen im Nachbarviertel die Daumen: Labi Kousoulis. Grieche und Liberaler in einer Person, das sind schwere Zeiten.

Der grüne Spitzenkandidat in der Nachbarschaft heißt übrigens Dr. Thomas Trappenberg. Der Kandidat der progressiven Konservativen bleibt schön in der uns bekannten Farbenlehre: Andrew Black. Sozialdemokraten gibt es hier nicht. Vielleicht nicht mehr?, fragen wir uns. Was mag da passiert sein? Machtgeiler Parteichef intrigierte ständig gegen Spitzenkandidaten? Generalsekretärin freute sich lieber auf Ministeramt in Großer Koalition statt einen ernst zu nehmenden Wahlkampf zu organisieren? Fort sind sie, in Neuschottland zumindest.

Dabei ist Nova Scotia an der Basis schon ganz schön rot. Genau wie auf Prince Edward Island schimmert der Boden in verschiedensten Tönen zwischen Zinnober und Eisen. Gerade jetzt ist viel Erde zu sehen, denn der größte Teil der Provinz ist Farmland. Die Bauern ernten die Felder ab, alle paar hundert Meter ist an der Straße ein Stand aufgebaut. Wir kaufen Tomaten, die wie Tomaten schmecken, große Kürbisse und pflücken uns selbst Äpfel. Die wachsen sogar direkt am Meer, tausende hängen an den Ästen der Bäume am Rand der erodierten roten Steilküste. Vielleicht das letzte Mal, denn manche Bäume hängen mit halbem Wurzelwerk in der Luft, der nächste Wintersturm könnte ihnen den Rest Boden wegziehen. Wir fahren durch diese herrlich bunte Landschaft, rote Felder, blaues Meer, grüne Weiden, Wald in den verschiedensten Nuancen der Ampelfarben. Am Anfang von Wanderwegen warnen Schilder vor Kojoten und geben Verhaltensratschläge, die wir ähnlich schwierig zu befolgen finden wie die im Westen Kanadas, die dort den Kontakt zu Schwarzbären überlebbar machen sollen.

Der Name Neu Schottland ist treffend. Viele Menschen hier haben gälische Wurzeln, die Telefonbücher sind voll von Macs, Mcs und O's. Zwar haben sich – nicht nur in Lunenburg am South Shore – auch deutsche Siedler hier niedergelassen, und die französischen Wurzeln Ostkanadas sind unverkennbar, aber: Neu Schottland ist keltisch geprägt. An jeder zweiten Kneipe wird beispielsweise Ceilidh angekündigt, also Folk-Musik-Konzerte, gerne garniert vom irischen Hüpftanz. Enge Küstenstraßen führen uns durch idyllische Fischerdörfer, nur rechts fahren und der viele Wald halten uns davon ab, uns in Großbritannien oder auf der Grünen Insel zu wähnen. Die Gegend hier ist hart, der Boden aus Granit, wir kraxeln direkt am Wasser über herrliche Gesteinsformationen. Tiefe Rillen zeigen die Kraft der Gletscher, die während der Eiszeit drei Kilometer dick waren.

Dass die Natur in der Region auch in moderneren Zeiten noch unberechenbar sein kann, wissen Flugzeugpiloten und Schiffskapitäne, vor allem seit einer der ihren sein Schiffchen über- und die Natur völlig unterschätzt hat: In Halifax sind 150 Opfer der 1912 vor dem kanadischen Neufundland gesunkenen Titanic begraben. Viele Rettungsboote fuhren von hier, dem größten Hafen in der Umgebung, zur Unglücksstelle. Auch in den beiden Weltkriegen spielte die Lage der Hafenstadt eine wichtige Rolle. Tief ragt Nova Scotia Richtung Europa in den Atlantik. Die nächste Großstadt Richtung Osten ist nach 4.650 Kilometern Rennes in Frankreich (Das ist übrigens fast so weit wie von hier nach Vancouver im Westen Kanadas). Der internationale Militäraufmarsch wurde Halifax im Dezember 1917 zum Verhängnis. Bei einem Zusammenstoß mit einem norwegischen Schiff im Hafen explodierte ein französischer Munitionsfrachter. Dabei wurde die halbe Stadt verwüstet, mit mehr als 1.600 Todesopfern. Der Wiederaufbau ist nur zum Teil gelungen. Städtebau scheint im Osten Kanadas ein Fremdwort zu sein. Wie in Montreal steht – in kleinerem Rahmen natürlich – schön neben hässlich, neben verdammt hässlich, neben ganz nett.

Damit können wir unseren eigenen Weltstädte-Wettbewerb auflösen. Dabei waren: Singapur, Sydney, Brisbane, Cairns, Perth, Melbourne, Adelaide, Christchurch, Buenos Aires, Valparaiso, Quito, Panama City, San Francisco, Portland, Seattle, Vancouver B.C., Chicago, Washington D.C., New York City, Boston, Montreal, Halifax. Gewonnen hat: NEW YORK CITY (oder vielleicht doch Seattle oder Melbourne?, fragt SIE)!

SYDNEY, GABARUS UND DAS ENDE

Endlich wieder in Sydney! – Keine Angst, wir fangen die Reise nicht wie im vergangenen Oktober einfach nochmal von vorne an. Obwohl der Gedanke daran durchaus seinen Reiz hat. Nicht alle, aber viele Orte auf unserer Route haben wir mit dem drängenden Wunsch verlassen, irgendwann nochmal wiederzukommen. Schon nach zwei Tagen ist klar, dass das definitiv auch für Cape Breton Island im Norden von Novia Scotia gelten wird. Das einzig nicht besonders attraktive hier ist die zweitgrößte Stadt des Staates, eben jenes Sydney. Leider müssen wir hin und wieder die 40 Kilometer vom Fischerkaff Gabarus, in dem wir in einem wunderbaren alten Cottage mit Seeblick wohnen, in die Stadt auf uns nehmen. Denn hier, an einem der schönsten Enden der Welt, gibt es viel Wind, Wasser, Wald und Wiese, aber weder Mobilfunk noch Internet. Und ganz ohne geht es dann doch in der letzten Woche unserer Weltreise nicht. Mit dem Kopf manchmal schon in der Zeit danach, gibt es schon Einiges zu organisieren. Wie erholsam ist es da, in diese Hütte zurückzukehren, in der das einzige Entertainment aus einem uralten Radio und vom Spiel der Wellen direkt vor uns kommt. 3.000 Menschen haben in Gabarus mal gelebt, vor allem von der Fischerei. Niemand mehr da, haben wir bei der Ankunft hier gedacht, mittlerweile aber eine Handvoll Zweibeiner gesehen, mehr nicht.

Cape Breton ist von vielen Reisemagazinen als eines der Top-Ziele der Welt ausgerufen. Hier ist die typische kanadische Küstenlandschaft aus riesigen, tief-bunten Wäldern, dramatisch-wilden Klippenlandschaften und weiten Stränden auf die Spitze getrieben. Das alles auf großer Fläche, denn auch wenn Nova Scotia auf einer Weltkarte kaum zu finden ist, sind die Entfernungen riesig. Um zum hiesigen Nationalpark zu kommen, müssten wir zweieinhalb Stunden fahren (eine Richtung!), wir sind fast 2.000 Kilometer von Montreal weg, das wird ein ziemlicher Zweitages-Ritt, wenn wir rechtzeitig in unserem Flieger nach Paris sitzen wollen. Kein Wunder bei diesen Entfernungen vom Rest der Welt, dass ausgerechnet ein Wahl-Cape Bretone das Telefon erfunden hat: Alexander Graham Bell, der auch hier, in der Nähe seines Sommerhauses in Beinn Bhreagm, begraben ist. Und ist nicht der berühmteste Entdecker unendlicher Weiten, Raumschiff Enterprise-Captain James Tiberius Kirk, in seinem Zweitleben als William Shatner, auch Kanadier?

Genauso typisch kanadisch ist die Viel-Kulturengesellschaft. Cape Breton Island ist die Heimat vieler schottischer Einwanderer, die zum Teil noch gälisch sprechen. Davon zeugen die zweisprachig, in Englisch und Gälisch geschriebenen Ortsschilder in der Gegend. Die ist auch Heimat der größten Schottisch-Folk-Szene außerhalb Europas. In das keltische Gefiedel mischen sich französische Töne, die foie-grasischen Einwanderer pflegen laut und deutlich ihre Kultur, die Trikolore hängt in Orten wie St. Esprit, Chéticamp, L'Ardoise und auf der Isle Madame. Eine der ältesten europäischen Siedlungen Nordamerikas ist übrigens von französischen Fischern 1597 gegründet worden und heißt: Englishtown. Die spinnen, die Gallier.

Last but not least werden die Verkehrsschilder irgendwann völlig unleserlich und unbekannt, steht auf dem rot-weißen Achteck nicht mehr Stop, sondern Nq'asik oder so ähnlich (der Notizstift streikte genauso wie jetzt die exakte Erinnerung an dieses fremdartige Wort). Das ist nicht für sichere Verkehrsverhältnisse im Falle einer klingonischen Invasion gedacht, sondern indianisch. So fahren wir in den von den First Nations bevölkerten Gegenden durch We'koqma'q, Nyanza und Wagmatcook, helfen einer dackelgroßen Schildkröte beim Überqueren einer Landstraße, retten uns selbst per Vollbremsung vor einem direkt vor uns aus dem Wald preschenden Karibu und hören dabei Phillip Poisel zu: „Es gibt im Leben viele Zeiten, das hier sind die Guten!"

Wahrscheinlich regnet es, weint der Himmel wieder, wenn wir von hier aufbrechen, wie es so oft gewesen ist, wenn wir im vergangenen Jahr weitergezogen sind. Dieses Mal geht es mit Corsair nach Paris, dann mit Air France zurück nach Deutschland, wo wir exakt – und fast auf die Stunde genau – nach insgesamt 365 Tagen Reise um die Welt wieder ankommen. Zwanzig Mal werden wir dann auf unserer Reise geflogen sein, ohne die Flugkilometer zusammengerechnet zu haben. Mit Bus, Bahn und manchmal auch per Mietwagen haben wir jedenfalls fast 30.000 Kilometer zurückgelegt. Sollte uns irgendwann an der Himmelspforte Petrus oder Joschka die CO_2-Bilanz der Reise vorlegen, marschieren wir direkt weiter in Richtung Hölle. Exakt an 106 Orten haben wir gewohnt, dazu kommen 11 Übernachtungen in Zug, Bus und Flugzeug. Im Durchschnitt sind wir also nach fast jeder dritten Nacht an einem Ort weitergezogen. Was uns vor allem wegen der nicht-deutschen Bauweise überall gefehlt hat, merken wir hier, in unserer lauschigen, einsamen Hütte: Schlaf. Den holen wir gerade nach, bei leichtem Wind, Meeresrauschen und Bäumeblätterrascheln.

Hand in Hand stehen wir an einem Abend auf den Holzbohlen der Terrasse unserer Hütte, sehen dem fernen Sonnenuntergang zu, sind traurig, dass die Reise fast vorbei ist, gleichzeitig unendlich froh, dass wir sie erlebt haben und fragen uns, ob es tatsächlich zurück geht in unser altes Leben, in alte Bahnen und Pfade. Oder kommt da nach all den Erfahrungen in anderen Ländern und Kulturen, mit anderen Menschen und uns selbst, mit den Erlebnissen, den Herausforderungen und den atemberaubend schönen Landschaften der Welt doch im Bekannten etwas Neues auf uns zu, weil die Reise uns verändert hat, weil wir uns selbst verändert haben?

Wir freuen uns auf zu Hause!

DIE ROUTE

SINGAPUR

AUSTRALIEN
Sydney, Anna Bay, Bellingen, Hastings Point, Brisbane, Rainbow Beach,
Agnes Water/1770, Kroombit Station, Yeppoon, Bowen, Long Island,
South Mission Beach, Yungaburra, Cairns, Ellis Beach, Perth, Margaret River,
Pemberton, Melbourne, Summertown/Adelaide Hills, Adelaide, Nuriootpa,
Robe, Peterborough, Aireys Inlet, Beechworth, Gundigai, Kangaroo Valley,
Sydney

NEUSEELAND
Onuku, Hanmer Springs, Hector, Otira, Fox, Wanaka, Manapouri, Tahakopa,
Omarama, Onuku, Kaikoura, Nelson, Motueka, Hector, Christchurch

ARGENTINIEN
Buenos Aires, Ushuaia, El Calafate

CHILE
Puerto Natales, Torres del Paine

ARGENTINIEN
El Chaltén, Llao Llao

CHILE
Puerto Varas, Pucon, Valparaiso, La Serena, San Pedro de Atacama

BOLIVIEN
Laguna Colorada, San Juan, Villa Mar

CHILE
San Pedro de Atacama, Arica, Putre, Arica

PERU
Tacna, Lima

ECUADOR
Quito, Alausí, Quito

PANAMA
Panama City, Bocas del Toro, Panama City

USA

San Francisco, King City, Bakersfield, Panamint Springs, Las Vegas, Flagstaff, Bluff, Parowan, Bishop, San Francisco, Emeryville, Portland (Oregon), Seattle

KANADA

Vancouver B.C., Jasper, Canmore

USA

Chicago, Derwood, New York City, Boston, Hopkinton, Bristol (Vermont)

KANADA

Montreal, Témiscouata-sur-le-Lac, Charlottetown, Halifax, Gabarus, Témiscouata-sur-le-Lac

Aufgeklärt: Verwirrter Anzugträger kommt aus dem Urwald

KöSta, 06.11.2013 Der Hintergrund des offensichtlich verwirrten Mannes, der am Montag in der Kölner Innenstadt ein Verkehrschaos ausgelöst hat, ist aufgeklärt. Mehrere Stunden war der Anfang 40-jährige, trotz der arktischen Kälte nur mit einem Business-Anzug bekleidete Mann, am frühen Montagvormittag an verschiedenen Stellen der Stadt aufgetaucht, hatte sich auf die Straße gestellt, die Fahrzeuge angehalten, „Muss arbeiten!" gebrüllt, dann „etwas irre in einer Mischung aus Tarzan und Winnetou gelacht", wie Ohrenzeugen berichteten und war verschwunden. Kurze Zeit später tauchte er in einem anderen Teil der Stadt auf und vollführte dasselbe Spiel, das gegen 9.00 Uhr abrupt endete, ohne dass die Einsatzkräfte des Mannes habhaft wurden.

Nach Angaben aus Polizeikreisen hatte der Mann zu diesem Zeitpunkt selbständig das Ziel seiner Suche – einen großen Kölner Arbeitgeber – gefunden. Danach habe der Mann im Verwaltungsgebäude das geübte Spiel vorgeführt, „inklusive Tarzan und Winnetou", wie ein Firmensprecher bestätigte. Mitarbeiter hätten den Mann als früheren Kollegen wiedererkannt, der vor gut einem Jahr aus noch unbekannten Gründen nicht mehr zur Arbeit erschienen war. „In dessen früherer Abteilung haben die Kollegen den völlig durchgefrorenen und halb verhungerten Mann erst einmal gefüttert und an seinen Schreibtisch gesetzt," berichtete der Sprecher weiter. Mehrere Stunden habe er aus dem Fenster gestarrt und unverständliche Worte gemurmelt. Wie zwischenzeitlich hinzugezogene Experten herausfanden, handelt es sich dabei um Quechua, eine indigene Sprache Südamerikas, sowie Dialekte ostkanadischer Ureinwohner-Stämme.

„Bis auf ‚muss arbeiten' spricht der Kollege kein Deutsch mehr," erklärte der Firmensprecher. Dieser sei am gestrigen Tag aber ohne größere Umwege zu seinem Arbeitsplatz gelangt, wo er weiter vor sich hingemurmelt habe. Das für sein soziales Engagement bekannte Unternehmen werde dem Mann bis auf Weiteres ein Dach über dem Kopf geben. „Er steht ja nicht im Weg," bestätigte der Firmensprecher. „Vielleicht kann er uns auch neue Zielmärkte im südamerikanischen Urwald und in Ostkanada öffnen!", hofft er. Eine Herausforderung bleibt: „Wir müssen ihm abgewöhnen, mittags im Büro ein Feuer zu entzünden und Tofu-Würstchen zu grillen!", erläuterte der Sprecher und ergänzte: „Das ist gegen unsere Brandschutzvorschriften!"

Vielen Dank!

… an unsere Familien und Freunde.
Wir haben Euch vermisst und uns über jede Nachricht von Euch gefreut.

… an alle Leser und Kommentatoren unseres Blogs,
auf dem dieser Text basiert. Ihr habt uns angespornt, weiterzuschreiben.

… an alle, die unsere Reise so reich gemacht haben.

… an Helga, Karin und alle Helfer bei der Realisierung dieses Buches.

… an Erhard für seine Neugier.

Zum guten Schluss!

Die menschliche Wahrnehmung ist bekanntermaßen subjektiv. Wir haben die Welt so beschrieben, wie wir sie vorgefunden haben. Keine Haftung übernehmen wir für den wahrscheinlichen Fall, dass eventuelle Nachahmer sie selbst bei identischer Route völlig anders erleben.

Wir haben in diesem Buch manche Namen und identifizierenden Details von Personen geändert, um deren Privatsphäre zu wahren.